LÉGISLATION

PRIMITIVE.

prix 10.f.50f. & franc deport par la
14.f.

M. Ladesque

De la part de l'auteur

LÉGISLATION

PRIMITIVE,

CONSIDÉRÉE DANS LES DERNIERS TEMPS

PAR

LES SEULES LUMIÈRES

DE LA RAISON,

SUIVIE DE DIVERS TRAITÉS ET
DISCOURS POLITIQUES;

PAR L. G. A. DE BONALD.

« Un peuple qui a perdu ses mœurs en voulant se
» donner des lois écrites, s'est imposé la néces-
» sité de tout écrire, et même les mœurs ».

DISC. PRÉLIM.

TOME TROISIÈME.

A PARIS,

Chez LE CLERE, Imprimeur-Libraire, quai des
Augustins, n°. 39, au coin de la rue Pavée.

AN XI. — 1802.

LÉGISLATION PRIMITIVE,

CONSIDÉREE

PAR LA RAISON.

DE L'ÉDUCATION DANS LA SOCIÉTÉ.

« J'ai toujours pensé qu'on réformeroit le genre
» humain, si l'on réformoit l'éducation de la
» jeunesse ». LEIBNITZ, *Epist. ad Placcium.*

CHAPITRE PREMIER.

De l'Éducation en général.

LA nation française, effrayée du vide immense que d'anciennes fautes, et des désordres récens ont laissé dans l'instruction
publique, soupire depuis long-temps après
un établissement public d'éducation, et le
Gouvernement, pour qui *le désordre est
plus pesant qu'aux peuples même*, pour
me servir de l'expression de Montesquieu,
a interrogé les autorités locales sur les

Tome III.   A

anciens moyens d'éducation qui existoient en France; et il annonce l'intention prochaine d'acquitter enfin cette première dette de l'administration, ou plutôt de pourvoir au premier besoin de l'État.

Les vrais amis de leur pays ne doivent pas laisser échapper cette occasion d'entourer l'administration de toutes les lumières que l'expérience et l'observation ont pu fournir sur cet objet important; car si c'est un devoir de dire la vérité aux Gouvernemens même lorsqu'ils la repoussent, c'est un bonheur de la leur offrir, lorsqu'ils la cherchent.

J'entre sur-le-champ en matière; je me garderois bien d'écrire sur l'éducation, si j'avois à en prouver la nécessité. « J'ai tou-» jours pensé, écrivoit Leibnitz, qu'on ré-» formeroit le genre humain, si l'on réformoit » l'éducation de la jeunesse ».

On a confondu de notre révolution les différentes sociétés auxquelles l'homme appartient, et ses divers rapports dans chaque société. On n'a pas distingué l'homme de la famille de l'homme de l'État, l'homme privé de l'homme public, et il a résulté de cette confusion un système d'éducation, qui n'est pas plus propre à former l'homme pour la société domestique, qu'à le former pour la société publique.

Il faut donc remonter aux élémens de la société, pour établir les principes de l'éducation qui convient à l'homme. L'homme et la société sont aujourd'hui comme un pays hérissé, faute de culture, de halliers épais qui en dérobent la vue, et en défendent l'approche. Il faut, pour s'y reconnoître et en tracer la carte, se placer sur le point le plus élevé.

L'homme naît ignorant et foible, mais capable d'apprendre, par le secours d'autres êtres intelligens, à connoître et à agir ; bien différent de la brute qui naît avec un instinct qui, sans aucune instruction, suffit à ses besoins. En un mot, l'homme naît *perfectible*, l'animal naît *parfait*.

L'art de faire passer l'homme, *educere*, *educare*, de l'état d'ignorance et de foiblesse à l'état de connoissance et d'action, s'appelle *éducation*.

Quelle éducation faut-il donner à l'homme, c'est-à-dire, à quelles connoissances faut-il appliquer sa capacité de connoître, ou son esprit, et à quelle action faut-il appliquer sa force d'agir, ou son corps? à la connoissance et à la pratique de tout ce qui est *bon*, c'est-à-dire, nécessaire à la conservation des êtres, qui comprnd aussi leur perfection; conservation confirme par conséquent à la volonté de l'être qui les a créés, puisque la conservation des êtres n'est que la continuation de son ouvrage, et l'accomplissement de ses desseins.

Le moyen général de cette conservation est la société, ou l'ensemble des rapports qui unissent entre eux les êtres intelligens et physiques capables de connoître et d'agir.

Les rapports connus et *exprimés* s'appellent des *lois*. Les lois sont des *volontés*; d'où suivent des *actions* qui s'appellent des *devoirs*. Il faut, pour vivre en société, connoître les lois et pratiquer les devoirs.

Ainsi nous commençons à découvrir les connoissances que l'éducation doit donner à notre faculté de penser, et à quelles actions elle doit nous apprendre à appliquer notre faculté d'agir.

L'homme appartient, par son esprit et par son corps, sous le rapport religieux, comme sous le rapport politique, à une société domestique et à une société publique. L'éducation qui doit former l'homme pour la société, en lui apprenant à connoître des lois, et à pratiquer des devoirs, doit donc être domestique et publique, religieuse et politique.

Ainsi l'on peut distinguer deux systèmes d'éducation ; éducation domestique, éducation publique, qui doivent toutes les deux former l'homme pour la société avec Dieu, et pour la société avec les hommes. L'éducation domestique est celle que l'enfant, dans la maison paternelle, reçoit des parens ou des personnes préposées par eux, et qui a pour but de former l'homme pour la famille, et de l'instruire des élémens de la religion. L'éducation publique est celle que les enfans reçoivent de l'État dans des établissemens publics, c'est-à-dire, perpétuels quant au temps, généraux quant aux lieux, uniformes quant à la discipline et à l'instruction, dépendans par conséquent de l'autorité publique, et dont le but est de former l'homme pour la société publique, et les devoirs religieux et politiques qu'elle commande.

Ainsi, il ne suffit pas que l'éducation soit commune pour être publique, puisqu'un peusionnat, tenu à volonté par un particulier, n'est pas un établissement public d'éducation, et ne fait que remplacer pour plusieurs enfans à la fois l'éducation domestique; et de même un enfant élevé par un homme seul, peut ne pas recevoir une éducation purement domestique, s'il est instruit dans les connoissances qui forment l'homme public; mais il faut, pour que l'éducation soit publique, réunir la perpétuité de l'établissement, l'indépendance des maîtres, la communauté d'enseignement, le genre des connoissances.

Ainsi des écoles communes, ouvertes par le Gouvernement pour enseigner des arts mécaniques, ou même la peinture, l'architecture, la musique, ne seroient point un établissement d'éducation publique, puisque l'enfant n'y apprendroit que des professions purement domestiques.

Ainsi, une raison sensible d'analogie nous conduit déjà à penser que l'éducation domestique doit former l'homme privé, et que l'éducation publique doit former l'homme public, parce que la société publique, qui a besoin de ses services, doit veiller à ce qu'il reçoive une éducation analogue à ses devoirs, et qu'elle ne peut étendre sa surveillance sur l'intérieur de la famille.

L'éducation privée ou publique doit donner la connoissance des lois qui règlent l'une ou l'autre société; mais la pratique des devoirs est-elle une suite nécessaire de la connoissance des lois? Oui, dit une fausse philosophie, qui ne parle jamais que d'éclairer la raison de l'homme; non, dit la religion, qui veut surtout échauffer son cœur, et qui regarde l'amour comme la faculté souveraine des deux autres facultés; véritable *pouvoir* dans l'homme, puisqu'il donne la volonté à sa pensée, et l'action à ses organes.

Ce n'est pas que la philosophie ne reconnoisse aussi dans l'homme des affections et un amour; mais c'est l'amour de soi dont elle fait le mobile de toutes nos actions, même sociales, et elle veut que la bienveillance universelle ne soit qu'un égoïsme éclairé. La religion, au contraire, commande, inspire l'amour des autres, et en fait le fondement de la société. Ainsi, une fausse philosophie commence par isoler les hommes, et les concentre en eux-mêmes pour mieux les porter au dehors, et les réunir dans une réciprocité de secours et de services; et la véritable sagesse nous dit que, pour servir les autres comme on se sert soi-même, il faut les aimer comme on s'aime soi-même.

Résumons. Le but général de l'éducation est de donner à l'homme la connoissance des lois qu'il doit suivre, de lui inspirer de l'affection pour les objets qu'il doit aimer, de diriger son action vers les devoirs qu'il doit pratiquer. *Connoître, aimer, agir*, voilà tout l'homme et toute la société : « L'Egypte » n'oublioit rien pour polir l'*esprit*, ennoblir » le *cœur* et fortifier le *corps* », dit M. Bossuet, qui admet cette distinction.

Les êtres moraux ou sociaux sont tous compris dans les manières d'être générales de *pouvoir*, de *ministre* et de *sujet*. Mais les hommes naissent et vivent tous sujets; sujets, au moins dans la famille, d'un pouvoir humain, sujets partout, et pour jamais, du pouvoir divin. Tous les hommes ont donc, sous ce rapport, les mêmes lois à connoître, les mêmes devoirs à pratiquer, donc la même éducation à recevoir. Les principes de cette éducation générale se trouvent dans les *Commandemens de Dieu*, comme les principes de l'éducation particulière des chrétiens, dans les *Commandemens de l'Eglise*. En effet, les *Commandemens de Dieu* « renferment, selon M. Bossuet, les premiers » principes du culte de Dieu et de la société humaine »; et l'instruction qu'on en retire, qu'on ne croit que religieuse, est tout aussi politique.

Cette éducation élémentaire, générale pour tous, suffisante pour le plus grand nombre, et qui consiste en exemples autant qu'en leçons, et en habitudes plutôt qu'en raisonnemens, n'est que préparatoire à l'éducation spéciale que chacun doit recevoir, suivant la profession à laquelle il se destine lui-même, ou à laquelle il est destiné par la société. Ces derniers mots demandent une explication plus étendue.

CHAPITRE II.

Des professions domestiques et publiques.

Trois sortes de personnes appartiennent exclusivement à l'état domestique de société, et ces trois personnes, livrées aux soins domestiques, ne peuvent exercer de fonctions publiques. Ce sont les femmes, les enfans, le peuple, tant qu'il est occupé de travaux mécaniques; c'est ce qu'on appelle la foiblesse du sexe, de l'âge et de la condition.

La famille a des besoins pour son entretien et sa subsistance; et tant qu'elle est isolée de toute autre famille, elle est forcée d'y pourvoir elle-même. Elle construit son habitation, prépare sa nourriture et ses vêtemens, fabrique ses ustensiles et ses armes, et même, dans l'état le plus civilisé, l'homme champêtre est plus industrieux, à mesure que son habitation est plus écartée des autres habitations, et qu'il peut moins compter sur le secours de ses semblables. C'est ce qu'on peut remarquer surtout dans les habitans des montagnes. Les administrations modernes, occupées à provoquer l'invention de mécaniques qui puissent multiplier le travail de l'homme et le rendre plus facile, ne voient peut-être pas assez que plus il y a de machines qui remplacent les hommes, plus, dans la société, il y a des hommes qui ne sont que des machines.

Mais la division du travail s'introduit avec

la multiplication des familles. Chacun se livre exclusivement à un genre particulier
d'occupations d'abord nécessaires, ensuite
utiles, plus tard agréables à la famille, et il
fait plus vite et mieux ce qu'il fait uniquement et habituellement. Il en résulte des
professions domestiques, appelées aussi *arts
mécaniques*. L'agriculture n'est pas une profession, c'est la condition naturelle et nécessaire de la société domestique lorsqu'elle
est fixée, comme la chasse est sa condition
naturelle tant qu'elle est errante; et c'est ce
qui fait que l'agriculture et la chasse sont
également honorables. La famille nomade,
qui tient le milieu entre la famille civilisée
ou fixée sur le sol, et la famille en état
sauvage, vit du produit de ses troupeaux :
subsistance moins précaire que celle que
fournit la chasse, mais moins assurée que
celle que l'homme tire de l'agriculture.

Ceux donc qui se livrent exclusivement
aux professions domestiques, sont dans un
état général de dépendance domestique,
puisqu'ils sont au service de la famille, et
qu'ils vivent de leur travail et de ses besoins.

La société publique a aussi des besoins.

Elle a besoin d'une action publique continuellement exercée sur un grand nombre
d'hommes , pour régler leurs volontés et
leurs actions personnelles : cette action publique s'appelle *culte ;* discipline, dans la
religion ; *gouvernement,* administration ,
dans l'Etat. Elle est dans l'une et dans l'autre société, la fonction de connoître les
lois, et de contraindre les sujets à les observer ; ce qu'on appelle *juger* et *combattre.*
Ceux qui *servent* à cette action, s'appellent
ministres, du mot *ministrare,* qui veut dire
servir. Ce sont les prêtres dans la religion,
les magistrats ou guerriers dans l'Etat, et
leur emploi ou fonction s'appelle *devoir* ou
office, officium, ou même *service.* Ceux-là
sont les serviteurs de la société, et trop souvent elle les traite comme des esclaves. Ils
jugent, ils combattent, ils périssent pour
elle, et quelquefois par elle. Ce sont les
hommes publics, et leur distinction, par un
étrange renversement de toutes les idées,
passoit, et même à leurs propres yeux, pour
une prérogative, lorsqu'elle n'étoit qu'une
servitude. « Que celui d'entre vous qui veut
» être le premier, soit le serviteur des au-

» tres », dit le pouvoir universel à ses premiers ministres.

Ces professions domestiques ou publiques
sont nécessaires à la société domestique ou
publique, et l'on ne peut pas plus concevoir
l'existence de la famille sans des professions
de maçon, de tailleur, etc., qui la défendent
des injures des saisons, que l'existence de
l'Etat et de la religion sans des professions
de magistrats, et de prêtres qui les défendent
contre les passions des hommes.

Mais il y a des professions qui ne sont *nécessaires* ni à la famille, puisqu'elles ne naissent que long-temps après elle, ni à la société publique, puisqu'elles hâtent souvent
sa dégénération. Ce sont les arts agréables,
et le commerce qui trafique de leurs produits.
Il est vrai que ces occupations enrichissent,
amusent la famille, et que leurs produits
donnent à un Etat un grand éclat ; cependant,
quelque haute considération que la révolution
présente ait donnée aux arts et au commerce,
il est vrai de dire que des forgerons sont plus
nécessaires à la société domestique que des
peintres, et des magistrats plus nécessaires
à la société politique que des banquiers. C'est

précisément parce que ces professions n'é-
toient au fond *nécessaires*, dans toute la
rigueur du mot, ni à l'une, ni à l'autre société, qu'elles ont été funestes à toutes les
deux, et qu'après les avoir dépravées par la
corruption et la cupidité, elles les ont préci-
pitées dans une révolution, en soulevant les
professions domestiques contre les professions publiques, et les hommes privés contre
les hommes publics.

Ce que je dis du commerce et des arts, peut
s'appliquer aux sciences autres que les sciences sociales, qui sont, pour la religion, la
théologie et la morale, et, pour l'État, la
politique et la jurisprudence, c'est-à-dire,
la science du pouvoir et celle des devoirs,
qui instruit les hommes de leurs rapports
avec le pouvoir, soit religieux, soit politique,
et des rapports qu'ils ont entre eux comme
fidèles et comme citoyens.

Les sciences physiques, qui traitent des
rapports des corps, ces sciences si favorisées
de nos jours, changeront, si l'on n'y prend
garde, une nation de Français en un peuple
de géomètres et de naturalistes, et à la place
de hautes pensées, de sentimens généreux,

de brillantes images, mettront de secs axiomes, et des raisonnemens froids et abstraits : « Vaine pâture des esprits curieux et foibles, » dit le grand Bossuet, qui après tout ne » mène à rien qui existe » ; parce qu'occupant sans cesse l'homme à des objets purement matériels, elles le détournent de la considération de sa propre intelligence, et de l'intelligence qui gouverne l'Univers, raison de ses devoirs et motif de ses vertus. Aussi ces connoissances, dont quelques-unes ne sont que des nomenclatures arides, ou des manipulations amusantes, font disparoître les plus nobles des arts, les arts de la pensée et du sentiment, l'éloquence et la poésie, instrumens de l'instruction la plus relevée, et qui, plus que nos conquêtes, avoient établi en Europe l'incontestable domination de la nation française.

Le Gouvernement doit donc remettre et tenir à leur place les sciences physiques ou naturelles, en rendre les résultats utiles à la société, en récompenser la pratique, en empêcher l'abus, et ne pas oublier surtout que la considération publique doit être mesurée sur l'utilité publique, et qu'après tout

si les sciences physiques *policent* une nation, les seules sciences morales la *civili-*
sent. Je connois le prix des arts, et l'utilité qu'un gouvernement sage peut en retirer;
je ne parle ici que de l'abus qu'on en fait, et
de la nécessité qu'il y a d'en fixer la place
et d'en régler l'usage.

Distinguons donc l'homme privé de l'homme public, comme la nature elle-même distingue la société domestique de la société
publique.

Les hommes publics sont ceux qui concourent à l'action du pouvoir de la société publique, sacerdoce dans l'église, magistrature
civile et militaire dans l'État.

Tous les autres travaillant pour la famille
ou dans la famille, sont des hommes privés;
mais telle a été, dans tous les temps, l'opinion des hommes civilisés sur la partie spirituelle de leur être, qu'ils n'ont pas mesuré
le degré de considération due aux différentes
professions, même privées, sur leur utilité
réelle, mais sur le plus ou le moins de part
qu'a l'esprit aux études qu'elles exigent, et
aux produits qui en résultent. C'est ce qui
fait qu'ils ont donné le pas aux physiciens,

aux

aux architectes, aux peintres, sur les char-
pentiers, les boulangers, les tailleurs, in-
comparablement plus utiles. Rien ne prouve
mieux le sentiment qu'ont tous les hommes
de la spiritualité de leur être, que cette opinion générale sur l'arrangement des diverses
professions dans la société ; et c'est une
étrange inconséquence que celle de ces savans occupés de sciences qui supposent de
grands efforts d'intelligence, et qui ne voient
dans l'homme qu'une *masse organisée et
sensible*.

De même, dans les professions publiques,
le grade est d'autant plus honorable, que
l'homme intelligent est plus occupé, et c'est
ce qui fait que l'état d'officier est plus considéré que celui de soldat, et celui de juge
plus que celui d'huissier, quoique le soldat
et l'huissier concourent directement aussi, et
même avec plus d'effort et de péril, à l'action du pouvoir public.

Mais (et je prie d'observer ici comment les
opinions raisonnables se forment sans les
hommes, et se maintiennent même malgré
les hommes), les professions domestiques et
publiques s'étoient classées dans la société

tans qu'on eût fait toutes ces réflexions, et par la seule raison naturelle du plus ou du moins de *spiritualité*, si je puis parler ainsi, de chacune, et aussi du service plus ou moins direct qu'en retiroit la société. Ainsi, dès les premiers temps où les savans firent corps dans les universités, on donna le pas à la théologie, à l'étude du droit sur la médecine et les humanités, comme dans le monde on considéra un architecte plus qu'un boulanger, et un peintre plus qu'un maçon.

Mais lorsqu'on a voulu dans ce siècle élever les comédiens au rang d'hommes publics, parce qu'ils jouoient devant le public, l'opinion s'est soulevée contre cette absurdité. La profession même s'est avilie à proportion des efforts qu'on a faits pour la rendre honorable, et l'on peut assurer que le jugement qui la flétrissoit subsiste dans toute sa force. En effet, la révolution ayant développé les vérités sociales, on jugera plus distinctement qu'on ne le faisoit, qu'il est noble de se dévouer à l'utilité publique, et ignoble de se vendre aux plaisirs du public, et c'est ce qui fait que le titre d'homme public est un honneur, et celui de femme publique un outrage.

On doit observer ici que l'enseignement public de la théologie a toujours été entre les mains des ministres de la religion, et peut-être un jour sera-t-il permis de remarquer que ceux qui ont traité avec plus d'éclat du droit public des nations, bien différent de la jurisprudence qui n'est que le droit privé des familles, ont été des hommes attachés au ministère public de l'Etat, tels que Grotius, Pufendorff et Montesquieu.

Ce qui constitue le dernier état de domesticité, est la solde qui met l'homme pour sa subsistance sous la dépendance de l'homme; la culture des arts même libéraux, lorsqu'on en retire un gain, participe en quelque chose de ce défaut de considération; et même l'homme public est moins public, si l'on peut s'exprimer ainsi, lorsqu'il n'est pas propriétaire, et qu'il a une solde journalière, précaire et variable comme la volonté de l'homme, et les chances des événemens. C'est ce qui ennoblissoit l'état de propriétaire-cultivateur, et qui le rendoit compatible même avec les professions publiques : car jadis en France, une classe d'hommes servoit l'Etat, soit dans les cours de justice, soit aux armées, *avec le capital de son bien*, comme l'observe très-bien Montesquieu, liv. XX. D'autres institutions produisent d'autres effets ; et là même où il ne manque rien à la puissance, il peut manquer quelque chose à la dignité.

CHAPITRE III.

De l'Éducation Religieuse.

DEPUIS l'Hébreu, adorateur d'un seul Dieu, jusqu'au sauvage prosterné devant son fétiche, toutes les familles ont fait de la connoissance de quelque divinité, et par conséquent de quelques institutions religieuses, la base de leurs institutions domestiques : tous les États en ont fait la base de leur établissement public, et le sacrifice sanglant ou mystique, réel ou représentatif de l'homme, et l'offrande de la propriété ont été jusqu'à nous l'*action* publique ou le *culte* de toutes les nations qui ont adoré un Dieu, ou qui en ont adoré plusieurs.

L'homme autrefois, même avec les ins-

titutions religieuses les plus parfaites, cédoit trop souvent à des passions nées avec
lui, et que la religion ne pourroit détruire
sans dénaturer l'homme, et ôter tout exercice à ses vertus; mais s'il étoit foible, il
n'étoit pas corrompu, les cris tumultueux
des passions n'étouffoient pas la voix sévère
de la morale, qui le ramenoit lassé des
désordres au devoir par la crainte, à la vertu
par l'amour ; souvent même d'éclatantes ex-
piations rendoient utiles à la société les
fautes de l'homme. Les fondations les plus
célèbres, destinées au soulagement des misères humaines, n'ont pas eu un autre motif;
et du moins à une jeunesse orageuse suc-
cédoit une vieillesse grave et décente, qui re-
venue de la périlleuse navigation de la vie,
en traçoit la route à l'inexpérience, et lui en
indiquoit les écueils.

Cependant une secte de penseurs qui se disent libres, et que, dans le siècle dernier, on
appeloit *libertins*, dernière *variation* de quelques doctrines sans règle fixe de croyance,
minoit sourdement ces principes conserva-
teurs, et troubloit le genre humain dans la
possession immémoriale de cet antique pa-

trimoine. La licence de penser et d'agir, parée de tous les attraits du bel-esprit, et quelquefois des dehors de la vertu, d'intelligence avec les passions, pénétroit au sein de la société domestique, y corrompoit les mœurs, en affoiblissoit les lois, et l'attaquè à force ouverte que cette audacieuse philosophie méditoit contre la société publique, n'étoit retardée que par la force d'inertie de gouvernemens partout imprévoyans, et qui s'endormoient au bord des abîmes.

Dès que le gouvernement eut péri en France, la religion disparut de l'Etat, et se réfugia dans quelques familles : et l'anarchie, appuyée sur l'athéisme, et lui prêtant de nouvelles forces, se composa un trône sanglant des débris de l'édifice qu'elle avoit renversé. Tout fut employé contre la famille pour la détruire, contre l'Etat, et plus encore contre la religion, pour les anéantir; la ruse et la violence, le mépris et la haine, la persécution, et même la tolérence. Enfin pour en consommer la perte, et rendre les générations futures complices des crimes de la génération présente, et victimes de ses erreurs, bannit des écoles publiques toute connois-

sance de lois divines, toute pratique de de‑
voirs religieux, et l'on éleva pour les révo‑
lutions cette jeunesse née dans la révolution
aux jours de confusion et de licence, non
pas dans l'absence de l'époux et hors du ma‑
riage, comme les soldats de Phalante, mais
dans l'absence de tout pouvoir domestique
et public. Il y a à peine dix ans de ce ren‑
versement total de la raison de tous les
siècles, et déjà les terribles effets s'en font
sentir. Il faut que le Gouvernement dépense
en procédures criminelles ce qu'il épargne
en instructions religieuses, et qu'il punisse
des actions, puisqu'il a renoncé à diriger les
volontés. On vient de voir le citoyen *Scipion
Bexon*, vice-président du tribunal de pre‑
mière instance du département de la S   ie,
révéler au public que dans le cours de cinq
mois de la présente année, il a été jugé à
la police correctionnelle de ce département
soixante-quinze enfans au-dessous de seize
ans, *pour larcins, vols et atteintes aux
mœurs;* et il ajoute qu'on ne doit pas cal‑
culer le nombre des enfans coupables par le
nombre de ceux qui ont été jugés, puisque
plus de la moitié des vols qui se commettent

dans Paris , sont commis par des enfans : effrayante perspective que celle que présente une époque de la société où la foiblesse de l'âge ne défend plus l'homme de la force des passions !

Des jeunes gens élevés dans de pareils principes , seroient préservés des tentations de l'indigence par leur fortune , ou des vices de l'obscurité par leur condition , je le veux; mais ne peut-on nuire à son semblable qu'en l'égorgeant , ou le dépouiller que par le vol avec effraction ? Quelle garantie publique de leur probité , offriroient à la société ces hommes élevés à l'école d'Helvétius; justes par sensation , bons par égoïsme , ces hommes qui n'auroient entendu qu'une instruction purement humaine , et pour qui à trente ans la conscience seroit une découverte , et Dieu même une nouveauté? Seroient-ils nos juges, ceux qui n'en reconnoîtroient aucun? et mettroit-on la force publique aux mains de ceux qui pourroient regarder toute modération comme une foiblesse , puisqu'ils regarderoient toute vertu comme une convention ?

Il faut le dire avec le premier philosophe de l'antiquité , ou plutôt avec la raison éternelle : ôtez Dieu de ce monde ; l'homme ne doit rien à l'homme, la société n'est plus possible, et tout devoir cesse là où il n'y a plus de pouvoir : *Pietate adversùs Deos sublatâ*, dit Cicéron, *fides etiam et societas humani generis, et excellentissima virtus justitia tollitur.*

Archimède ne demandoit pour soulever le monde, qu'un point d'appui, placé hors de la terre. Dieu est le point d'appui sur lequel se meut le monde des intelligences, et ils sont coupables d'une étrange présomption, s'ils ne l'étoient pas d'une insigne folie, ces écrivains, qui, nouveaux venus dans l'Univers, et seuls contre le genre humain, cherchent dans les affections de l'homme le contre-poids de ses passions, ôtent ainsi tout fondement à la morale (1), toute sanc-

_____

(1) M. Deluc, célèbre professeur de Gottingue, encore vivant, célèbre par ses écrits, et entre autres par ses *Lettres Géologiques*, magnifique commentaire du récit de Moïse sur la création, et le plus beau monument que la physique ait consacré à la religion ; M. Deluc crut long-temps aux devoirs de l'homme, puisés dans ses affections et dans les relations natu-

tion aux lois, et ne laissent à l'homme
d'autre direction à sa raison que sa raison

---

relles; mais il en fut dissuadé par les réflexions que
lui suggéra l'anecdote que nos lecteurs nous sauront
gré de leur rapporter. Un célèbre professeur de philosophie morale, à Edimbourg (le chevalier Pringle,
médecin de la reine d'Angleterre, et président de la
société royale de Londres avant le chevalier Bancks)
s'entretenoit avec M. Deluc, et celui-ci lui ayant offert le livre intitulé, *Morale universelle, ou les Devoirs
de l'Homme fondés sur sa nature*, ce vieillard refusa
l'offre, et dit : « J'ai été, pendant plusieurs années,
» professeur de cette prétendue science; j'avois épuisé
» les bibliothèques et mon cerveau pour en trouver
» les fondemens; mais plus je cherchois à persuader
» mes disciples, et moins j'avois moi-même de con-
» fiance en ce que je leur enseignois, tellement qu'enfin
» je changeai de vocation et repris la médecine, qui
» avoit été l'objet de mes premières études. J'ai néan-
» moins continué pendant quelque temps d'examiner
» tout ce qui paroissoit sur ce sujet, où je ne m'étois
» pas senti en état d'enseigner avec conviction; mais
» enfin j'ai lâché prise, et reconnoissant bien profon-
» dément que, sans une sanction divine immédiate
» des lois morales, sans des lois positives, accompa-
» gnées de motifs précis et pressans, les hommes ne
» sauroient être convaincus qu'ils doivent se soumettre
» à aucun code pareil, ni en convenir entre eux. De-

même, toujours si foible contre ses pen-
chans. Ils placent dans l'égoïsme le principe
de la justice, parce qu'ils sont égoïstes, et
qu'ils veulent paroître justes, et dans la sensibilité physique le principe de l'humanité,
parce qu'ils ont les nerfs foibles, et qu'ils veulent qu'on les croie humains. Ils ne voient
pas que l'égoïsme même le plus éclairé,
n'enseigne qu'à éviter l'éclat dans le mal que
l'on fait aux autres, et la sensibilité physique la plus exquise, qu'à ne pas les voir souffrir; et de là vient que des hommes qui ont
commandé l'incendie et la dévastation de
royaumes entiers, n'auroient pas peut-être
vu de sang froid égorger un animal (1).

L'éducation doit donc être religieuse,
comme elle est domestique et politique,
parce que la religion, lien universel des
êtres intelligens, consacre à la fois la famille et l'Etat.

» puis ce temps-là, je ne lis aucun ouvrage de morale
» que la Bible, et je le fais toujours avec un nouveau
» plaisir ».

(1) On assure que la sensibilité du fameux Cou-
thon alloit jusque-là.

Nos pères, qui regardoient la Divinité comme le principe et la fin de toutes choses, élevoient leurs enfans dans la connoissance de ses lois, fondement de toute moralité des actions humaines ; dans son amour, règle de toutes les affections légitimes, et dans les pratiques de son culte, qui sont les actions de cet amour et le témoignage de notre obéissance. Lorsqu'ils parloient à un enfant de pouvoir et d'obéissance, de bonté et d'amour, de bien et de mal, l'enfant instruit à connoître la volonté de son père, à sentir la bonté de sa mère, à obéir et à aimer, à faire et à éviter, ne faisoit que généraliser ses idées et ses sentimens, et concevoit, imaginoit, si l'on veut, un être qu'on lui disoit *puissant plus* que son père, *bon plus* que sa mère, et dont on lui montroit les magnifiques ouvrages dans le spectacle de l'Univers ; car on appeloit l'imagination au secours de la raison. L'enfant qui a de si bonne heure des notions de *plus* et de *moins*, concluoit naturellement qu'il y avoit plus de puissance là où il voyoit des effets plus merveilleux, qu'il falloit plus de soumission là où il y avoit plus de puis-

sance, plus de reconnoissance envers une
plus grande bonté, et il se développoit naturellement dans son esprit des idées *de pouvoir et de devoir*, fondement de toutes les
vérités sociales, moins explicites sans doute,
mais aussi justes que celles que peuvent se
former les plus grands génies. En effet, les
uns ont plus d'idées que les autres, c'est-à-
dire, saisissent plus de rapports d'un même
objet; mais ils n'ont pas des idées différentes
les uns des autres, lorsqu'ils considèrent l'objet sous le même rapport : M. Bossuet avoit
plus d'idées sur Dieu, qu'un enfant qui sait
les premiers élémens de sa religion; mais
il ne pouvoit avoir une autre idée de Dieu,
car une autre idée de Dieu seroit l'idée d'un
autre Dieu.

Ces vérités, j'ose le dire, avoient été com-
prises par les hommes raisonnables de tous
les temps et de tous les lieux. L'enfant des ca-
banes et celui des rois; l'enfant sauvage et
Descartes enfant, avoient tous été élevés dans
ces croyances générales, et toute éducation
reposoit sur ce fondement. J.-J. Rousseau
parut, et confondant, comme tous les mé-
taphysiciens de ce siècle, les idées et les

images, parce qu'ils ont tous eu, et lui surtout, plus d'imagination que de force d'intelligence, il nia que l'enfant pût avoir l'idée de ce qui ne tombe pas sous ses sens. L'enfant ne pouvoit avoir toutes les idées de la Divinité, de son âme, des êtres intelligens; Rousseau en conclut qu'il falloit ne lui en donner aucune idée, comme si une idée pouvoit être fausse en elle-même (1); et que l'erreur de nos jugemens vînt d'ailleurs que du défaut de développement de nos idées. Il défendit donc qu'on parlât à l'enfant des premiers et des plus importans objets dont puisse s'occuper l'intelligence humaine. «Mon » Émile, dit-il, ne saura pas à quinze ans » s'il a une âme, et il est peut-être trop » tôt à dix-huit ans pour le lui apprendre »

· Le monde civilisé auroit dû se soulever d'indignation contre un écrivain atteint d'une folie aussi dangereuse: funeste puissance des phrases ! Ce prodige d'erreur fut accueilli par des hommes corrompus ou distraits, par des femmes beaux-esprits; et une éducation

_____

(1) Voyez les premiers Chapitres de la première Partie.

nouvelle fut dirigée sur ses principes inouïs.
L'éducation chrétienne, des effets remon-
toit à la cause, et faisoit voir dans l'univers physique, l'action d'une volonté toute-
puissante; et si cette discussion ne m'en-
traînoit trop loin, je ferois voir combien le
livre le plus (1) élémentaire de la religion
donnoit aux enfans de principes féconds, d'i-
dées fixes, de hautes connoissances, et cependant faciles à la raison, parce qu'elles sont
naturelles à notre être. L'éducation philosophique commence aussi par les effets, mais
elle ne va pas plus loin. Elle encombre la
mémoire des enfans de vaines et stériles nomenclatures de minéraux, d'animaux, de
plantes, qui rétrécissent leur intelligence, qui
dessèchent leur cœur, qui énervent même
leurs forces, en les appliquant à de petites
manipulations, et un enfant croit savoir
quelque chose, parce qu'il cloue des pa-
pillons, colle des plantes, ou arrange de pe-

(1) Il seroit plus important qu'on ne pense d'avoir
un seul catéchisme pour toute la France. *Unité, uniformité, union.* Unité dans la constitution, uniformité
dans l'administration, union entre les hommes.

tits morceaux de substances métalliques.

Croiroit-on que l'erreur de Rousseau est fondée sur une croyance fanatique des *idées innées*, contre lesquelles les philosophes se sont élevés avec tant de mépris? Il ne veut pas qu'on parle à un enfant de Dieu et de son âme, parce qu'il suppose, s'il existe un Dieu et une âme, que l'homme doit en avoir une connoissance d'inspiration, une connoissance naturelle, c'est-à-dire, *innée*, et indépendante de toute instruction de la part de ses semblables; ou il semble qu'il veuille éprouver ce qu'un enfant sauroit de Dieu et de son âme, si on ne lui en disoit rien. La réponse est aisée. Telle est la condition de la sociabilité, et la loi générale sur laquelle repose la société, que les hommes reçoivent les uns des autres l'existence physique par la génération, l'existence morale par la parole, et que les connoissances même religieuses leur viennent par communication, selon cette parole de l'apôtre, *fides ex auditu*.

Loin donc des pères et des mères, loin des enfans, loin de la société, les funestes principes de l'auteur d'Émile. Si vous ne

parlez

parlez aux enfans du pouvoir divin que lorsque leur raison sera assez forte pour développer toutes les idées que ce mot renferme, la plupart n'en entendront jamais parler; si vous ne leur parlez de devoirs que lorsque les passions leur auront parlé de plaisirs, vos leçons seront perdues.

CHAPITRE IV.

De l'Éducation particulière ou domestique.

L'ÉDUCATION particulière ou domestique est celle que l'enfant reçoit dans la famille, et elle commence avec la vie.

L'homme a un esprit, un corps, des affections, trois facultés dépendantes l'une de l'autre, en vertu des lois de leur union. Ces trois facultés doivent se développer ensemble, et l'on remarque que les enfans chez qui le développement des connoissances ou même des affections précède de trop loin l'accroissement physique, qui montrent de trop bonne heure, ou un esprit extrêmement cultivé, ou un cœur extrêmement sensible, ne parviennent presque jamais à l'âge d'homme; et en général aussi ceux dont les développemens physiques sont trop rapides, s'élèvent rarement à un haut degré d'instruction et de connoissance.

L'éducation de l'homme, à quelque âge qu'il soit, doit être à la fois celle de son esprit et celle de son corps; mais comme il ne faut pas surcharger son esprit de trop de leçons, il ne faut pas accabler son corps de trop de soins.

Les sophistes, qui ont tout dénaturé en parlant sans cesse de nature, J.-J. Rousseau surtout, n'ont vu dans l'enfant que des sens; et comme dans leurs systèmes métaphysiques ils ne trouvoient l'origine de toutes nos connoissances que dans les sens, conséquens à leurs idées, ils ne se sont occupés qu'à perfectionner dans l'enfant les organes de l'action, sans songer du tout à diriger sa raison vers des objets plus capables d'étendre et d'ennoblir l'intelligence. Mais même pour les soins physiques qui conviennent au premier âge, ces sophistes se sont écartés de la nature de l'homme civilisé, pour se jeter dans la nature brute de l'animal ou du sauvage. De là toutes ces pratiques anglaises,

américaines, philosophiques, impraticables ;
au moins pour le plus grand nombre des
mères et des enfans ; ces immersions perpétuelles, ces lavages de tête à l'eau froide,
comme si l'homme étoit un animal destiné à
vivre dans l'eau, ou une plante qu'il fallût
arroser. On commence à revenir de tous ces
systèmes inventés par l'amour du paradoxe,
accueillis par le goût de la nouveauté. De
meilleurs esprits soutiennent à présent qu'une
chaleur modérée est nécessaire à la santé des
enfans, et aux développemens de leurs organes. Les petits animaux eux-mêmes sont
long-temps réchauffés par leurs mères, et
l'air dans lequel l'homme est né et doit vivre,
endurcit le corps autant que l'eau, et avec
moins d'embarras pour les mères, et de danger pour les enfans. Des vêtemens légers, la
tête découverte, un lit dur, sobriété et exercice, des privations plutôt que des jouissances, en un mot, presque toujours ce qui
coûte le moins, est en tout ce qui convient
le mieux, et la nature n'emploie ni tant de
frais, ni tant de soins pour élever ce frêle
édifice qui ne doit durer que quelques instans, et qu'un souffle peut renverser.

Comme l'auteur des êtres a placé l'homme dans tout l'Univers, tel qu'un propriétaire dans son domaine, la nature le fait naître, croître et vivre sous les latitudes les plus différentes, et dans les climats même les plus opposés; seulement on remarque que les peuples civilisés sont plus nombreux, vivent plus long-temps que les peuples sauvages, et que les hommes tempérans, toutes choses égales, conservent leurs facultés plus long-temps que les autres hommes : ce qui prouve deux vérités contestées, ou du moins affoiblies par nos sophistes; l'une, que la civilisation est dans la nature de la société; l'autre, que la tempérance est dans la nature de l'homme.

J.-J. Rousseau, le romancier de l'état sauvage, le détracteur de l'état civilisé, à force d'exalter la vigueur de corps, la perfection des sens, et même les vertus de l'homme sauvage, mit l'état sauvage à la mode; et aussitôt les femmes, que leur foiblesse dispose à prêter l'oreille aux nouveautés, et leur vanité à les répandre, élevèrent leurs enfans comme de petits *Esquimaux*, ne s'occupèrent que du développement de leurs organes, et point du tout de celui de leur intelligence.

Mais le sophiste Genevois, qui regrette la vue perçante, la course rapide, la force musculaire des Iroquois, comme il en exalte les prétendues vertus, ne voit pas que ces hommes si forts sont les plus foibles des peuples, que ces pères si tendres sont les plus féroces des guerriers, que ces hommes si hospitaliers pour les voyageurs sont impitoyables pour leurs ennemis; et que la société civilisée, au contraire, composée d'hommes si égoïstes, fonde des établissemens où toutes les misères de l'humanité sont soulagées; et que la guerre même y respecte l'ennemi désarmé, comme la famille sans armes. Il ne voit pas que cette société, formée d'hommes si foibles et si amollis, chasse devant elle la société sauvage, comme le vent chasse la poussière, et accule aux extrémités du globe ces peuplades livrées aux passions les plus violentes, et qui se détruisent par leurs guerres impitoyables et leur intempérance effrénée.

Comme le premier instrument de nos connoissances est le langage, la nature donne

aux enfans, et à tous les enfans, une singulière aptitude à apprendre et à retenir les
mots, expressions des idées, et qui, en entrant dans la pensée, donnent à l'esprit la
conscience ou la perception de lui-même,
et de ses propres idées, comme la lumière
pénétrant dans un lieu obscur, donne à nos
yeux la vue de notre propre corps et des
corps environnans (1).

L'enfant profite, pour s'instruire, à peu
près également de ce qu'on dit et fait devant
lui, comme de ce qu'on dit et fait pour lui.
Il faut donc un grand respect pour les yeux
et les oreilles des enfans : *Maxima debetur
puero reverentia.*

La première instruction de l'enfant, cette
instruction dont il n'est pas donné à l'homme
d'apprécier l'étendue, ni d'évaluer l'influence,
consiste donc en habitudes plutôt qu'en raisonnemens, en exemples bien plus qu'en le-

---

(1) Le lecteur trouvera peut-être quelque répétition
des mêmes idées ; mais j'ai à combattre des préjugés si
enracinés, qu'on me permettra d'insister sur ces mêmes
vérités.

çons directes; c'est-à-dire, dans ce qu'il entend plutôt que dans ce qu'il écoute : et il est également funeste pour l'éducation des enfans de ne pas s'observer devant eux, et de leur laisser apercevoir qu'on craint trop d'être observé.

A mesure que les enfans font, pour ainsi dire, leur provision de mots, et par conséquent d'expressions de leurs idées, ils deviennent plus capables de les lier entre elles et de recevoir les élémens d'un système quelconque de connoissances, qui n'est autre chose qu'un ensemble d'idées sur un même objet. Alors doit commencer l'instruction de la religion publique : car dans son premier âge, et avant l'âge de raison, l'enfant n'est chrétien en quelque sorte que par la foi de ses parens; mais lorsqu'il a acquis une force suffisante de raison, il passe au nombre des fidèles ou des croyans; et avant d'être initié aux mystères du christianisme, il reçoit l'instruction publique des ministres de la religion.

Il y avoit en France une institution excellente, connue sous le nom de *F. F. des*

Ecoles chrétiennes : il faut les rétablir, s'il est possible, et se pénétrer de cette vérité, qu'une éducation commune pour les enfans n'est pas possible, sans une institution commune de maîtres.

On a souvent agité la question, s'il convient de donner au peuple les élémens des connoissances qu'il ne peut pas perfectionner; et dans cette question, comme dans toutes celles qui tiennent à de grands intérêts et à des vérités importantes, on s'est jeté dans les extrêmes. Les uns ont voulu faire de tous les hommes, des philosophes conduits par la pure raison; les autres en ont voulu faire des machines qui ne vont qu'avec des poids et des ressorts, ou des animaux qu'on ne gouverne que par le bâton. Ces deux excès d'opinions prennent leur source dans des erreurs opposées. Les philosophes qui ont beaucoup lu et peu observé, croient volontiers à l'existence *des esprits*, et au grand nombre de talens enfouis : ils pensent qu'il suffit d'éveiller par l'instruction la raison du peuple, pour faire éclore de toutes parts, et même dans la classe la plus obscure, des Descartes et des Bossuet. Les

hommes supérieurs aux autres en connoissances, ne peuvent être que des hommes su-
périeurement utiles, et ils sont rares, parce
qu'ils sont plus rarement qu'on ne pense nécessaires à la société, et qu'elle vit habituellement sur un fonds héréditaire d'anciennes
vérités, qui ne reçoivent de nouveaux développemens que successivement et à mesure
que de nouveaux besoins les rendent nécessaires ; car les hommes n'inventent pas
des vérités, ils ne font que tirer des conséquences, et trouver les rapports des vérités
connues. Les hommes véritablement supérieurs aux autres hommes, s'élèvent d'eux-
mêmes, quand il le faut, forcent tous les
obstacles, et tirent d'une éducation commune à tous, des connoissances particulières
à eux seuls ; car s'ils avoient, autant que les
autres hommes, besoin pour s'élever de la faveur des circonstances ou des secours d'une
instruction particulière, ils ne leur seroient
pas supérieurs. Mais comme la société ne peut
les connoître, ni prévoir le moment de leur
apparition, elle donne à tous, autant qu'elle
le peut, les premiers élémens des connoissances humaines, dont le plus grand nombre

ne tire aucun profit, mais qui ouvrent aux
génies supérieurs la carrière qu'il leur est
donné de parcourir.

Ceux, au contraire, qui, sur de fausses
apparences, pensent que les révolutions naissent du progrès de lumières, confondent les
lueurs du mensonge avec la lumière de la
vérité. La vérité ne peut pas être nuisible
aux hommes, puisqu'elle n'est vérité que
parce qu'elle leur est utile : les hommes même
ne sont malheureux que faute de la connoître,
d'une connoissance aussi distincte que le sentiment de leurs passions est vif et pressant.
Les grands désordres des sociétés ne sont
jamais venus que de l'ignorance des hommes
et de la faute des gouvernemens, qui ne connoissoient pas plus leur pouvoir que les sujets ne connoissoient leurs devoirs ; et en
particulier, la révolution présente de l'Europe ne peut être attribuée qu'à la crédulité
des gouvernemens dans toute l'Europe, à
la doctrine *des droits de l'homme*, et au
dogme impie et insensé de la souveraineté
du peuple.

Mais, et c'est une vérité sur laquelle on
ne sauroit assez insister, tout est relatif dans

la société, puisque la société elle-même n'est
qu'un ensemble de relations et de rapports.
Si les gouvernemens établissent des écoles
où les enfans des peuples puissent apprendre
à lire, et devenir ainsi susceptibles de recevoir les erreurs les plus funestes comme les
vérités les plus utiles, ils doivent ne permettre que la circulation de bons livres,
qui sont toujours en petit nombre sur chaque
sujet, et se pénétrer de ce principe, qu'il
faut peu de livres à des peuples qui lisent
beaucoup.

Il n'est pas inutile de remarquer que la
religion chrétienne, qu'on accuse de perpé-
tuer l'ignorance, a été cause que l'art de lire
s'est répandu dans le peuple, qu'elle invite à
s'unir aux prières publiques, et au chant des
ministres de la religion; et sous ce rapport,
les petites écoles sont convenables.

Les gouvernemens, si attentifs à propager
la connoissance de nouveaux procédés d'agriculture, ou les découvertes des arts, l'étoient
beaucoup moins à répandre des ouvrages propres à l'instruction familière des enfans du
peuple. La philosophie s'étoit chargée de ce
soin, et elle y travailloit avec ardeur et per-

sévérance, tandis que les ministres de la religion ne sentoient pas assez, ou du moins assez généralement, que la sèche répétition d'un catéchisme extrêmement abrégé ne suffisoit peut-être plus à la vivacité, à la pénétration même de la nation française. Lorsque les vérités sociales, fondamentales de *pouvoir* et de *devoir*, étoient hautement attaquées avec tout l'art du sophisme, il étoit nécessaire de fournir aux fidèles des moyens de défense et des motifs de crédibilité; et cette instruction, toute relevée qu'elle paroît être, est d'autant plus à la portée de tous les hommes, qu'elle est plus naturelle à leur esprit, et qu'ils en trouvent la raison dans leurs propres relations domestiques, où tout, comme dans la société religieuse, comme dans la société politique, n'est que *pouvoir* et *devoir*.

Au reste, qu'on ne pense pas qu'il soit absolument nécessaire au bonheur et au bien-être du peuple qu'il sache lire et écrire; cette connoissance n'est pas même nécessaire à ses intérêts, et la société lui doit une garantie plus efficace contre la mauvaise foi de ceux avec qui il a à traiter. De bonnes lois, et un gouvernement ferme et vigilant, voilà ce qu'il faut à tous les hommes, et *tout le reste leur est donné comme par surcroît.*

Les enfans, en s'élevant au sein de la famille, se forment insensiblement à l'esprit et à la pratique de la profession paternelle, pour laquelle ils prennent ce goût si puissant qui naît des premiers objets, des premiers exemples, des premières habitudes. Cette vérité, si féconde en administration, s'applique également à la famille livrée aux travaux domestiques, et même à la famille occupée des soins plus nobles du ministère public. C'est dans cette disposition naturelle à l'homme, à contracter dans son enfance des habitudes qu'il conserve toute la vie, qu'est la raison de l'hérédité des professions, sans laquelle une société ne peut subsister long-temps, et qui assure la perpétuité des métiers les plus vils et les plus périlleux, comme celle des fonctions les plus honorables. Cette hérédité étoit connue des peuples qui ont laissé après eux le plus de monumens de leur passage sur la terre des Hébreux, des Egyptiens et des Romains; de ces Romains dont nous avons tout pris, hors ce qu'il y avoit de sévère dans leurs mœurs, et de sage dans leurs lois.

Comme la nature classe les hommes par familles, la société doit classer les familles par corps ou corporations, et l'on ne sauroit croire avec quelle force les familles des mêmes professions tendent à faire corps. Cet esprit de corps s'aperçoit même dans les métiers les plus vils. De là les corporations de professions mécaniques, connues sous le nom de *jurandes* ou *maîtrises*, reçues dans tous les Etats chrétiens, et dont la philosophie, ce dissolvant universel, n'avoit cessé de poursuivre la destruction, sous de vains prétextes d'une concurrence qui n'a tourné au profit, ni du commerçant honnête, ni des arts, ni des acheteurs. Ces corporations, où la religion fortifioit, par ses pratiques, les règlemens de l'autorité civile, avoient, entre autres avantages, celui de contenir, par le pouvoir un peu dur des maîtres, une jeunesse grossière, que le besoin de vivre soustrait de bonne heure au pouvoir paternel, et que son obscurité dérobe au pouvoir politique. Un enfant du peuple qui parcouroit la France pour s'instruire de son métier, muni

d'un certificat de son maître, trouvoit partout du travail, et ce qui est plus précieux,
la surveillance, et je le dis avec connoissance
de cause : il n'existe pas une institution politique dont une administration attentive
puisse se servir avec plus d'avantage pour
former les mœurs du peuple, et ajouter même
à son aisance.

L'homme ennemi qui sème toujours l'ivraie
sur le bon grain, avoit opposé les unes aux
autres ces corporations, quelquefois même
les ouvriers les uns aux autres dans la même
corporation, où deux associations *maçoni-
ques*, connues sous le nom de *gaveaux* et
de compagnons du *devoir*, formoient comme
deux peuplades continuellement en guerre,
et plus ennemies l'une de l'autre que les Hu-
rons et les Algonquins. L'administration,
qui se réveilloit quelquefois, avoit fait de
vains efforts pour extirper ces associations
inutiles aux progrès des arts, et dont la première loi étoit d'assister ses frères, et d'as-
sommer les autres. Lorsque les gouvernemens se pénétreront de cette vérité, qu'ils
ne sont investis de la force publique que
pour empêcher l'action des forces particu-

lières ; que leur bonté ne doit pas être une
sensation du genre nerveux, mais un sentiment profond de justice, qui, tel que la
bonté de Dieu, ne s'appaise qu'après la pu-
nition ; lorsqu'ils voudront enfin, car il est
rare qu'ils aient une volonté, de concert
avec l'autorité de la religion, plus efficace
que l'autorité politique contre les institutions occultes (et il y en a de bien plus dangereuses), ils feront rentrer dans la bienveillance générale ces affections particulières
et désordonnées. Avec la fermeté et le temps,
le temps qu'on peut appeler le premier ministre de toute autorité légitime, et l'irrésistible moyen de toute institution utile, les
gouvernemens feroient des prodiges. « Si
» nous étions assez heureux, dit Leibnitz,
» pour qu'un grand monarque voulût un jour
» prendre à cœur les moyens d'augmenter
» en nous la connoissance du bien, et la *lu-
» mière naturelle de la Divinité*, on avan-
» ceroit plus en dix ans pour le bonheur du
» genre humain, qu'on ne fera autrement en
» plusieurs siècles ».

Les corporations ont encore cet avantage
de réunir les hommes que leur fortune et leur
état

état condamnent à l'obscurité, et de leur donner, par leur réunion, de la considération et de l'importance. Je crois que les grands seigneurs, en Flandre, s'honoroient de se faire recevoir chacun dans une corporation de marchands ou d'artisans, et je ne sais s'il n'y avoit pas, pour les patrons comme pour les cliens, de grands avantages à cette coutume. Ce que nous avons dit des corporations civiles, peut s'appliquer aux corporations religieuses ou aux confrairies, qu'on peut maintenir quand elles ont un objet utile, mais qu'il faut assujettir à des règles, de peur qu'elles ne s'en donnent à elles-mêmes de déplacées.

Le Gouvernement doit regarder le *compagnonage* comme l'éducation domestique des enfans du peuple : il faut donc, pour l'intérêt même des jeunes gens, donner une grande autorité aux maîtres, pour qu'ils en abusent moins, ou plutôt il faut faire exécuter les lois portées en France, et qui étoient parfaites sur ce point, comme sur tous les autres. Mais si la force étoit dans les lois, la foiblesse étoit dans les hommes. La religion tonnoit en vain aux oreilles des rois; en vain,

pour exciter leur vigilance, elle leur montroit l'homme porté, en naissant, au désordre
et à la révolte; une philosophie molle et sans
vigueur les invitoit au sommeil, en leur ré-
pétant sans cesse que les hommes sont naturellement bons : et cependant ces hommes
si bons n'estiment l'autorité qu'autant qu'elle
se fait craindre, et le mépris du peuple pour
les autorités subordonnées, qu'il voyoit bien
plus occupées à répartir des taxes, à ordonner des travaux publics , qu'à prévenir
ou corriger les désordres, amenoit insensiblement l'avilissement et la chute des autorités les plus éminentes.

Un abus intolérable est le vagabondage
des enfans, véritable école de corruption et
de brigandage. Des mendians de profession,
et presque toujours des aveugles, pour exciter la commisération publique, traînent de
ville en ville des enfans des deux sexes, qui
s'élèvent ainsi sans frein, sans instruction,
n'ayant sous les yeux que l'exemple de la
fainéantise, dans le cœur que les appétits du
besoin, dans la bouche que les supplications
de la bassesse, et souvent les ruses de l'imposture. Le premier devoir du Gouverne-

ment est d'empêcher ce désordre par tous les
moyens de secours, et, s'il le faut, de vigueur, dont il dispose. Il doit une protection plus vigilante à la famille la plus pauvre, et s'il ne peut empêcher que les vieillards et les estropiés ne demandent, il ne doit
permettre le vagabondage à personne. Le
vagabondage est dans l'Etat, comme ces hu-
meurs errantes dans le corps humain, qui
jettent le trouble dans toutes ses fonctions,
et qu'il faut fixer dans une partie, lorsqu'on
ne peut s'en délivrer entièrement. Si le Gouvernement doit interdire le vagabondage
aux enfans, même lorsqu'ils demandent pour
leurs parens, encore moins doit-il permettre
que des parens avides fassent servir les dif-
formités de leurs enfans d'objet à la curiosité
publique. L'humanité, les mœurs, les égards
dus aux imaginations foibles et aux femmes
enceintes, tout réclame contre cet usage in-
digne de temps et de peuples chrétiens; et
l'administration doit veiller à ce qu'il ne
s'établisse jamais de spéculation lucrative
sur des accidens malheureux.

Je n'ai pas parlé de l'éducation propre à
certains arts, que les élèves reçoivent dans

des cours publics. L'autorité doit veiller à ce que la jeunesse n'y apprenne rien que d'utile, et qu'on ne lui donne pas des leçons de matérialisme pour des cours de médecine, et des leçons de volupté pour des modèles de peinture.

CHAPITRE V.

De l'Éducation commune et publique.

CE n'est pas, comme on l'a dit, un droit à tous les hommes d'avoir part au pouvoir; mais c'est un devoir au moins politique à toutes les familles de se mettre en état, par le résultat naturel d'une industrie honnête, de passer de l'état purement domestique de société, celui où l'on ne s'occupe que de soi et de ses propres intérêts, à l'état public de société, celui où l'on s'occupe du *service* des autres, et où, débarrassé du soin d'acquérir, l'homme, ou plutôt la famille, n'a plus qu'à vaquer à la profession honorable du ministère public. De là venoit en France, plus constituée que toute autre société chrétienne, cette tendance de toutes les familles à s'ennoblir, c'est-à-dire, à passer à l'état public de société, à cet état qui interdisoit aux individus tout métier lucratif, et consacroit les familles elles-mêmes au service de la société.

La nature, qui ordonne tout avec sagesse, ne vouloit pas qu'un homme passât de plein pied, pour ainsi dire, et sans préparation, des derniers emplois de la société domestique aux plus nobles fonctions de l'État, et qu'il courût juger en sortant de bêcher la terre. Il y a même peu d'hommes dont la raison puisse, sans en être ébranlée, supporter une élévation aussi subite, et de là sont venues toutes les extravagances du règne de la terreur. Tout ce qui doit durer est lent à croître; et la constitution en France, d'accord avec la nature, faisoit passer la famille successivement par des professions plus relevées qui occupoient l'esprit plus que le corps, tels que le commerce et la pratique des affaires, et elle la disposoit ainsi à l'ennoblissement, qui étoit le premier grade de l'ordre du ministère public, et le caractère qu'il falloit recevoir, pour être capable d'en exercer toutes les fonctions et d'en posséder tous les grades : car c'est dans ses principes, et non dans les abus, qu'il faut considérer cette institution.

Le Gouvernement, revenu de ces théories insensées, renouvelées des Grecs, qui faisoient de la boutique le vestibule du palais de justice, reconnoît enfin la nécessité d'une éducation spéciale qui dispose l'homme aux fonctions publiques, différente de celle qui le prépare aux travaux domestiques.

Ainsi, il faut une éducation pour l'homme public, permise à tous ceux qui aspirent à remplir un jour des fonctions publiques, religieuses ou politiques, et même obligée pour les enfans des familles qui y sont parvenues, dans les gouvernemens où il y a des familles revêtues du périlleux honneur, d'une destination spéciale au service de la société. Un gouvernement sage qui veut élever l'instruction publique au rang qu'elle mérite d'occuper entre les objets d'administration, et donner aux établissemens publics d'éducation, une direction uniforme et parfaitement appropriée à leur but, doit, avant tout, faire un ministère de l'instruction publique, séparé de tout autre détail, et auquel ressortiront naturellement les productions de l'esprit et de l'imagination. Honneur au gouvernement qui le premier, en Europe, donnera à l'éducation de l'homme des soins aussi actifs, aussi constans que ceux que donnent toutes les administrations modernes à l'élève des bestiaux, au perfectionnement de leur race, de leurs laines, etc. !

Si l'éducation domestique commence avec la vie, l'éducation publique doit commencer avec la raison : c'est-à-dire, que la famille doit commencer l'homme, et que la société publique doit l'achever. L'éducation privée doit donc finir, et l'éducation publique commencer à peu près entre huit et onze ans.

La société veut former l'homme pour son service, et tout l'homme, c'est-à-dire, sa faculté *pensante*, sa faculté *aimante*, sa faculté *agissante*. « L'Egypte, dit M. Bossuet, que je répète ici, n'oublioit rien de ce qui peut polir l'*esprit*, ennoblir le *cœur*, et fortifier le *corps* ».

Mais l'homme n'a pas seulement des facultés, il a des passions, ou plutôt une passion, la source de toutes les autres, c'est la passion de dominer; et selon que l'homme est fort d'esprit ou de corps, il cherche à dominer les autres par l'ascendant de son esprit, ou par celui de ses forces.

Cette passion est un ressort puissant, que l'éducation doit mettre en jeu pour rendre l'homme capable de grands devoirs, en attendant que la religion puisse proposer un motif plus désintéressé à ses vertus.

Ici paroît toute l'insuffisance de l'éducation domestique. Si l'enfant est seul, comme il arrive souvent, l'instituteur ne peut employer le ressort de l'émulation. S'ils sont plusieurs enfans, il est forcé de le briser; car l'émulation entre frères dégénéreroit en rivalité, produiroit des divisions, et affoibliroit le respect que les plus jeunes doivent porter à l'aîné : d'ailleurs, il ne peut y avoir de concurrence, ni par conséquent d'émulation entre frères toujours inégaux en âge, et par là plus ou moins avancés dans leurs études.

L'éducation particulière rétrécit l'esprit, parce qu'elle élève un enfant au milieu des soins domestiques et des affaires personnelles; elle concentre les affections, parce que l'enfant ne voit que sa famille et ses pa-

rens; elle n'exerce pas assez le corps, parce
que l'enfant, toujours seul, se promène plus
qu'il ne se sert de ses forces.

Non-seulement l'éducation particulière est
insuffisante pour former l'homme public,
mais elle est dangereuse, parce que les parens exigeans, s'ils sont éclairés, admirateurs
aveugles, s'ils ne le sont pas, voient trop, ou
ne voient pas assez les imperfections de leurs
enfans, et contractent ainsi, pour toute la
vie, des préventions injustes, ou une mollesse déplorable.

Elle est dangereuse, parce que les enfans
y apprennent ou y devinent tout ce qu'ils
doivent ignorer; parce qu'elle place un enfant au milieu de petits intérêts et de petites passions; que s'il apprend à saluer avec
grâce, à manger proprement, on le forme
trop souvent à la vanité, à la curiosité,
à l'humeur; on fait entrer dans les moyens
d'éducation, des observations critiques sur
les personnes qu'il a accoutumé de voir, et
on lui donne ainsi le goût de la médisance
et du persifflage, toutes choses qui rétrécissent le moral, ou même le dépravent à
un point qu'on ne sauroit dire.

L'éducation particulière seroit insuffisante et dangereuse, même quand on commenceroit par faire l'éducation de toute la maison, maîtres et valets. Aussi, ceux qui ont écrit sur l'éducation particulière, veulent qu'on élève les enfans loin des villes, et exigent la perfection dans tous ceux qui les entourent, et qui sont employés à leur instruction. Mais en conseillant aux parens de vaquer eux-mêmes à l'éducation de leurs enfans, ils supposent que les pères n'ont aucune fonction publique à exercer, et ils ne sentent pas que si cette méthode étoit universellement répandue, les enfans seroient toujours élevés, et la société ne seroit jamais servie ; ils supposent encore que les parens auront une fortune assez considérable pour payer à grands frais d'habiles instituteurs, et fournir à la dépense des divers objets relatifs aux connoissances humaines qui entrent dans le plan de l'éducation publique, et qu'on ne trouve que dans les grands établissemens ; ils supposent enfin ce qui ne peut convenir qu'au particulier opulent, et ils proposent par conséquent ce qui ne peut être pratiqué que par un très-petit nombre de personnes.

Il faut donc une éducation publique pour disposer les hommes aux fonctions publiques, c'est-à-dire, qu'il faut des lieux publics, des maîtres publics, et une instruction publique, pour instituer des hommes publics. Essayons de présenter quelques vues générales sur ces différens objets.

~~~~~~

CHAPITRE VI.

Des lieux propres à donner l'éducation publique.

Les lieux publics destinés à l'éducation commune des enfans, doivent être en nombre proportionné aux besoins de la société publique ; il est moins difficile qu'on ne pense de déterminer la quantité des besoins, lorsque l'étendue déterminée du territoire, dans une société qui a fini son accroissement, permet de fixer à peu près la proportion du ministère public à la population totale.

Quel que soit le nombre total des maisons d'éducation publique ou des colléges, chaque collége contiendra de quatre à cinq cents enfans. Je ne tiens pas à ces nombres plutôt qu'à d'autres; mais les grands établissemens sont toujours le mieux réglés, parce que la règle y est plus nécessaire, et que l'expérience a appris qu'il n'y a pas de petite confusion dans un grand ensemble.

Les colléges doivent, je crois, être placés à la campagne, parce qu'il faut supprimer les classes externes, et que tous les colléges soient pensions. Il y a trop de corr tion dans les villes, pour qu'on puisse per.   ttre la fréquentation des élèves du dehors et des pensionnaires ; les externes reçoivent l'instruction, mais les seuls pensionnaires reçoivent l'éducation ; et ce n'est pas assez d'instruire des enfans, il faut surtout former des hommes.

Salubrité assurée par l'air des champs, mœurs préservées de la contagion des villes, instruction défendue contre les distractions des visites, habitudes des objets champêtres, si précieuses à conserver, sont des avantages qu'on ne trouve qu'à la campagne, et qu'aucun autre particulier aux villes ne peut compenser.

Les anciens monastères spacieux, isolés, sont très-propres à former des colléges : ils existent partout dans les campagnes, et la société, première propriétaire de tout ce qui lui est nécessaire, peut rembourser aux possesseurs actuels le prix de l'acquisition. L'administration arrêteroit un plan de distribution intérieure et extérieure, le même pour tous les édifices, plan auquel chaque maison seroit tenue de se conformer à mesure qu'elle seroit rebâtie. L'uniformité des distributions suit naturellement de l'uniformité des exercices. De là vient que dans certains ordres religieux, comme les Capucins, les maisons étoient parfaitement semblables dans les divers pays. Rien n'est à négliger lorsqu'il est question d'établir l'unité, et c'est ce qui fait qu'un corps militaire, modèle le plus parfait de la société, comme il en est le plus puissant agent, est soumis à une uniformité rigoureuse de vêtemens, d'habitudes, de mouvemens, et qu'on y règle des hommes faits mieux qu'on ne peut régler des enfans.

Les colléges doivent être répartis à peu près également dans les diverses provinces ou divisions de l'État, et peut-être la capitale est de tous les endroits celui où il faudroit le moins réunir les établissemens de première éducation.

Lors de la fondation des anciens colléges, l'Etat pauvre et affairé laissoit à la libéralité des particuliers cette partie importante de l'ordre public : des princes, des cardinaux, des évêques, des maisons puissantes, des particuliers riches, léguoient des colléges à l'Etat, et les fondoient presque toujours à Paris, lieu de leur séjour. Aujourd'hui que l'Etat veut tout faire, et tout faire seul, et qu'en s'appropriant tous les dons, il s'est chargé de toutes les intentions, il doit distribuer partout et à peu près uniformément les établissemens publics, parce que la première intention des fondateurs a été de faire du bien, et que le bien public demande cette distribution égale, que l'exacte division du territoire rend possible.

CHAPITRE VII.

Des Maîtres.

LE ministère public qui accomplit, ou plutôt qui est lui-même l'action légitime et légale
du pouvoir dans les fonctions publiques de
juger et de *combattre*, doit être perpétuel,
général, uniforme; car s'il y avoit interruption de ministère pendant un temps, défaut
de ministère dans un lieu, variation de ministère dans l'action, il y auroit désordre
dans la société, c'est-à-dire, cessation de
société.

Ainsi l'on peut dire que l'homme public
est un homme perpétuel, général, uniforme,
et de là vient cette maxime, *que le roi ne
meurt pas*, reçue autrefois en France, pour
l'homme éminemment public, directeur et
conservateur de tout l'ordre social.

Il faut donc une éducation perpétuelle,
universelle, uniforme, et par conséquent un
instituteur perpétuel, universel, uniforme:
il faut donc un corps; car hors d'un corps il

ne peut y avoir ni perpétuité, ni généralité, ni uniformité.

Ce corps, car il n'en faut qu'un, chargé de l'éducation publique, ne peut pas être un corps purement séculier; car où seroit le lien qui en assureroit la perpétuité, et par conséquent l'uniformité? Seroit-ce l'intérêt personnel? mais des séculiers auront ou pourront avoir une famille. Ils appartiendront donc à leur famille plus qu'à l'État, à leurs enfans plus qu'aux enfans des autres, à leur intérêt personnel plus qu'à l'intérêt public; car l'amour de soi, dont on veut faire le lien universel des hommes, est et sera toujours le mortel ennemi de l'amour des autres. Nous avons vu en France, dès le commencement de la révolution, les autorités même les moins religieuses persuadées que les seuls motifs humains sont insuffisans pour former un seul corps de plusieurs individus, au point qu'elles exigeoient sans cesse des sermens pour garantie de la fidélité des citoyens. Or, le serment n'est qu'une vaine formule, s'il n'est pas fait à la Divinité que les hommes appellent à leurs engagemens, pour en assurer par sa présence la stabilité;

stabilité ; et loin de s'offrir les uns aux autres leur intérêt personnel , comme une garantie suffisante de la solidité de leurs promesses , ils n'accordent une confiance réciproque qu'en leur foi mutuelle en celui qui
a mis la perfection de l'homme dans le re-
noncement à l'intérêt personnel, et qui lui a
dit : *Renonce-toi toi-même.*

Si les instituteurs publics sont célibataires,
quoique séculiers , ils ne pourront faire corps
entre eux; leur agrégation fortuite ne sera
qu'une succession continuelle d'individus, en-
trés pour vivre, et sortis pour s'établir; et
quel père de famille osera confier ses enfans
à des célibataires , dont une discipline religieuse ne garantira pas les mœurs ? S'ils sont
mariés, comment l'État pourroit-il assurer à
des hommes chargés de famille, animés d'une
juste ambition de fortune , et plus capables
que d'autres de s'y livrer avec succès, un établissement qui puisse les détourner d'une spéculation plus lucrative ? Si par des vues d'é-
conomie on les réunit sous le même toit avec
leurs femmes et leurs enfans, la concorde est
impossible; si on leur permet de vivre sépa-
rément , les frais sont incalculables. Des

hommes instruits ne voudront pas soumettre
leur esprit à des règlemens devenus routi-
niers, à des méthodes d'enseignement qui
leur paroîtront défectueuses; des hommes
avides et accablés de besoins voudront s'enrichir, des pères de famille oublieront les
soins publics pour les affections domestiques. L'Etat peut être assuré de ne conserver dans les établissemens d'éducation
que les hommes qui ne seront propres à aucune autre profession, de mauvais sujets;
et l'on peut se convaincre aisément, en se
rappelant le temps et les hommes, que les
instrumens les plus actifs de nos désordres,
ont été à Paris cette classe d'instituteurs
laïques attachés aux colléges, qui, dans
leurs idées classiques, ont vu le *forum* de
Rome à l'assemblée de leurs sections, et se
sont crus des orateurs chargés des destinées
de la république, lorsqu'ils n'étoient que des
brouillons bouffis d'orgueil, et impatiens de
sortir de leur état. Il faut donc un corps qui
ne puisse se dissoudre, un corps où des
hommes fassent, à une règle commune, le
sacrifice de leurs opinions personnelles; à
une richesse commune, le sacrifice de leurs

cupidités personnelles ; à la famille com•
mune de l'Etat, le sacrifice de leurs familles
personnelles : mais quelle autre force que
celle de la religion, quels autres engagemens que ceux qu'elle consacre, peuvent
lier des hommes à des devoirs aussi austères,
et leur commander des sacrifices aussi pénibles ?

Les philosophes pourroient-ils trouver •••
traordinaire que l'Etat confiât l'éducation
publique à des corps de célibataires, lorsque tout homme sensé, pour faire donner à
ses enfans l'éducation privée, préfère un instituteur libre de soins domestiques?

Il faut donc un corps religieux, un corps
réuni par des vœux ; car il ne peut pas plus
exister des corps sans vœux, que des sociétés
sans religion.

Rien n'est plus conforme à la nature de
l'homme public, que les vœux par lesquels,
renonçant à lui-même, il se consacre tout
entier au service des autres ; son esprit par
le vœu d'obéissance, son cœur par le vœu
de pauvreté, ses sens par le vœu de célibat,
ce qui ne veut dire autre chose que renoncer à la société domestique pour servir la

société publique, et à soi, pour l'utilité des autres.

Et comment, après tout, l'homme ne pourroit-il pas se *dévouer* librement au service de ses semblables, en obligeant son esprit à se soumettre, et son corps à s'abstenir, lorsque la loi l'emploie malgré lui dans la profession militaire, et qu'elle le soumet à l'obéissance la plus passive, aux privations les plus dures, à la perte de ses membres, et même à la mort? Si des formes différentes en imposent à l'imagination, le principe ou l'engagement n'est-il pas le même, et le soldat ne fait-il pas un vœu d'obéissance plus ponctuelle, et même de pauvreté plus entière que le religieux, puisqu'il a au fond moins à dépenser par jour qu'un cénobite de l'ordre le plus austère, et qu'il ne lui est pas plus possible qu'à un reclus d'exercer de profession lucrative? Ne fait-il pas le vœu de célibat, puisque la plupart des gouvernemens lui interdisent la liberté indéfinie du mariage, et que son état même ne le lui permet pas? Que manque-t-il à ces vœux pour les rendre en tout semblables à ceux des religieux même dans leur perpétuité, et ne sont-ils pas aussi pour la vie, puisqu'ils conduisent le plus grand nombre à la mort, et à une mort violente et prématurée? La liberté seroit-elle plus blessée d'un dévouement volontaire que d'un engagement forcé, et seroit-il moins noble et moins utile d'élever le citoyen que de défendre le territoire? Dira-t-on que la profession de soldat n'est pas naturelle? A qui? à l'homme; c'est dans le métier des armes que se développent les plus grandes qualités de l'esprit et du cœur. A la société? il n'y a pas assurément de profession plus naturelle à la société que celle qui la défend. C'est pour comprimer dans tous la passion de se battre sans raison, que l'Etat a fait à quelques-uns un devoir de combattre sans passion, et il y auroit bien plus de guerres, s'il n'y avoit pas de guerriers. « La politique » et la guerre, dit quelque part M. de Voltaire, sont malheureusement les professions les plus naturelles aux hommes ». La vraie nature de l'homme est la société; et le célibat utile ou nécessaire à la société, est par cela seul dans la nature de l'homme. Les célibataires religieux, en élevant les

jeunes citoyens dans des principes de respect
pour les mœurs et pour les lois, perpétuent
les familles et font fleurir l'Etat; les célibataires militaires, en défendant l'Etat, em-
pêchent les désordres intérieurs, et même
les invasions étrangères qui ruinent et dé-
vastent les familles. Ce célibat social donne
des enfans à l'Etat, puisqu'il conserve les
familles; mais le célibat véritablement stérile et nuisible à la population, est le célibat
de débauche, d'égoïsme, d'indépendance,
le célibat philosophique, et sans aucun motif social, qui corrompt l'homme, empêche
la famille et dissout l'Etat.

Il faut donc un corps, un corps religieux,
chargé, dans toute l'étendue de l'Etat, de
l'éducation commune des enfans qui se des-
tinent aux fonctions publiques.

Il faut un corps, parce qu'il faut dans
l'éducation publique, perpétuité, généralité,
uniformité; même vêtement, même nourriture, même instruction, même distribution dans les heures de l'étude et du repos,
mêmes maîtres, mêmes livres, mêmes exercices, uniformité en tout et pour tout, dans
tous les temps et dans tous les lieux, depuis

Brest jusqu'à Strasbourg, et depuis Mayence
jusqu'à Perpignan. Une fois l'organisation
faite par les hommes, éprouvée par le temps,
corrigée par l'expérience, le ministre de l'é-
ducation publique n'aura pas d'ordonnance
à faire; ses fonctions se borneront à empêcher que personne n'en fasse, à prévenir
toutes les innovations, même les plus indif-
férentes en apparence, qui pourroient se
glisser dans des établissemens nombreux, et
éloignés les uns des autres.

Le conseiller d'Etat qui fit, en l'an 9, le
rapport au conseil, du projet d'éducation
publique (1), convint des avantages d'une
corporation; il les développa et les considéra
même sous d'autres aspects; mais il fit à ces
institutions des reproches, qui sont les mêmes
que ceux dont on se sert généralement pour
les combattre, et que, pour cette raison, il
est nécessaire de discuter ici avec quelque
étendue.

« Si les corporations, dit le rapporteur,
» possédoient l'art de transmettre les con-

_____

(1) Rapport sur l'instruction publique, fait au conseil d'Etat par le citoyen Chaptal.

» noissances acquises, rarement elles s'éle-
» voient au mérite de l'invention ». Mais
outre qu'on pourroit citer d'heureuses découvertes en géométrie, d'ingénieuses inventions en mécanique, des développemens
en morale, marqués au coin du génie, et sortis
du recueillement des cloîtres, témoins les découvertes physiques et morales de *Schwartz,*
de *Kircher*, de *Sébastien*, de *Castel*, de
Bourdaloue, de *Malebranche*, et de tant
d'autres, des maîtres qui n'inventent pas,
forment des élèves qui inventent, parce que
c'est la méthode d'enseignement, bien plus
que le génie du maître, qui développe dans
l'élève l'esprit d'invention. Certainement
les maîtres de nos plus grands inventeurs,
des Pascal, des Descartes, des Malherbe,
des Corneille, des Molière, des La Fontaine,
des La Bruyère, des Bossuet, étoient fort
inférieurs à leurs élèves. A-t-on plus et mieux
inventé en France, depuis que l'éducation
n'est plus confiée à des corps? D'ailleurs il
n'est pas question, dans l'éducation publique,
de former des artistes, et les corporations
religieuses ne s'en occupoient pas, mais de
former des hommes publics, des hommes

qui connoissent des lois, et qui pratiquent des devoirs ; et malheur au peuple chez lequel on invente sur les lois et sur les devoirs !

« Les corporations conservent, mais elles » ne perfectionnent, ni n'inventent ». L'auteur du rapport fait en deux mots le plus bel éloge qu'on puisse faire de l'utilité des corporations : elles conservent, parce qu'elles sont faites pour conserver ; mais elles n'inventent pas, parce qu'on ne peut pas supposer un corps d'inventeurs, et qu'on n'invente pas en corps. Nous avons vu en France, depuis dix ans, des corps qui ont inventé, et nous gémirons long-temps de leurs inventions. Tous perfectionnent ce qu'un seul invente ; si toutefois l'on peut dire que l'homme invente, puisqu'il ne fait jamais que développer des conséquences des vérités déjà connues, à mesure que les progrès de la société, qui toujours devance l'homme, exigent et indiquent de nouveaux développemens. La vérité est toujours ancienne, et rien ne commence dans le monde, que l'erreur.

« Le second vice qu'on peut reprocher aux

» corporations, c'est celui d'enseigner comme
» vérités, des opinions consacrées par une
» longue tradition dans l'école ».

Aujourd'hui une opinion est vraie, parce
qu'elle est nouvelle ; jadis elle étoit vraie,
parce qu'elle étoit ancienne ; et à tout prendre, la présomption de vérité, comme la présomption de justice, est en faveur de l'ancienneté de possession. Ce respect même
superstitieux des corps pour les anciennes
opinions, qui rend plus difficile l'introduction
des opinions nouvelles, est cette quaran-
taine rigoureuse qu'on fait subir aux mar-
chandises qui viennent d'un pays suspect : et
telle est la force nécessaire de la vérité, que
toute opinion qui, à la longue, ne triomphe
pas de la résistance des hommes, ou qui succombe, malgré leur protection, est une erreur. Ainsi il est aisé de juger que la législation sévère du christianisme l'emportera,
malgré les hommes, sur la législation foible
de la philosophie moderne.

« Un troisième vice, et peut-être le plus
» grand de tous, est celui de commander
» despotiquement la croyance des élèves dans
» les sciences comme dans la morale ; de ne

» jamais proposer le doute, qui seul excite
» et développe les facultés de l'entende-
» ment.... Ainsi, au lieu de laisser à l'en-
» tendement humain cette extension de li-
» berté qui le porte sans cesse vers le per-
» fectionnement, et le rend capable des plus
» grands efforts, les instituteurs éloignoient
» avec soin, ou condamnoient avec humeur
» les élans de l'imagination, les inquiétudes
» du génie, qui cherchent l'appui des vérités
» jusque dans le vague des préjugés et, des
» erreurs ». Tous ces reproches rentrent au
fond les uns dans les autres, et se réduisent
tous à refuser aux corps le génie de l'invention, et à leur faire un crime de défendre ce
qui est ancien, contre ce qui est nouveau.

Mais on n'envoie pas un enfant dans un
collége pour douter, on l'y envoie pour savoir; et l'on peut s'en reposer sur les passions, du soin de nous mettre des doutes
dans l'esprit ; l'auteur du rapport le dira
tout à l'heure. Jamais aucun corps n'a commandé la croyance dans les sciences exactes
sans en exposer les principes, ni dans la
morale sans en donner les motifs. Et certes,
si les sciences admettent le doute de l'incer-

titude, la morale, règle nécessaire de nos devoirs, ne permet que le doute de la discussion, et la société est entre l'*être* et le *néant*, tant que la morale est entre le *oui* ou le *non*. On a joui, dans la révolution, d'une plus *grande extension de liberté*; et loin de comprimer les élans de l'imagination et les inquiétudes du génie, on a lâché la bride à tous les écarts, à toutes les extravagances de l'esprit humain. Qu'en est-il résulté de grand, d'utile, et même d'ingénieux? Le perfectionnement de quelques méthodes, quelques nomenclatures faites avec plus d'art et d'ordre, ou quelque mécanique qui n'est nulle part *usuelle*, pas même chez son inventeur; mais que d'erreurs en morale, que d'absurdités en législation, que de fautes en politique, que de sottises en littérature, que d'impostures en histoire, que d'obscénité dans les arts d'imitation, quelle dégénération même dans la langue, et combien nous devons être humiliés que tant d'essor permis à l'imagination et au génie, tant d'extension donnée à la liberté de tout penser et de tout dire, n'ait pas produit, même dans l'art dramatique, dans cet art dont on a voulu faire

le *palladium* de la morale, le supplément
des lois, et le premier moyen d'instruction
publique, un ouvrage, un seul ouvrage à
peine qui puisse survivre aux circonstances
qui l'ont fait naître, et aux prôneurs qui
l'ont vanté !

« Cependant, continue le rapport, le mé-
» canisme de l'instruction étoit si bien orga-
» nisé dans les écoles, qu'on y contractoit
» l'habitude du travail, et que le vrai talent
» en sortoit impatient de se porter à l'étude
» des vérités.... Et l'on peut poser comme
» base fondamentale, que dans les temps qui
» ont précédé la révolution, la nature de
» l'instruction publique exigeoit quelques ré-
» formes; mais on ne peut pas nier que la
» méthode ne fût admirable... ». Saisissons
cet aveu, et disons qu'il faut un corps pour
l'enseignement public : le passage que je
viens de citer décide la question.

Mais comment former un corps en France...? Il faut *vouloir;* car *vouloir* est en
tout ce qu'il y a de plus difficile ; car le gouvernement, ainsi que l'homme, prend souvent ses désirs pour des volontés. Ce n'est
pas que les gouvernemens n'aient souvent

des *volontés*, mais c'est toujours du côté où ils éprouvent le moins de résistance, et c'est ce qui fait que tous les gouvernemens d'Europe font à grands frais tant de choses faciles, et qu'ils entreprendroient plus volontiers de détourner le cours d'un fleuve, que de réformer les mœurs d'un village.

Les commencemens de tout corps qu'on pourroit former en France seroient imparfaits comme tous les commencemens; mais les corps ont bientôt perfectionné les hommes et les choses.

Une fois le corps formé, c'est au gouvernement à empêcher qu'il ne dégénère; et il est sûr d'en maintenir la discipline, tant qu'il ne s'immiscera point dans son régime intérieur. Ce corps chargé de l'éducation publique, et parfaitement institué pour remplir cette destination, existoit dans toute l'Europe, et sa suppression combinée pour le vaste système de destruction, qui a fait de la France un monceau de ruines, a été le premier acte de cette sanglante tragédie où nous avons vu tant de catastrophes, et dont l'Europe attend le dénoûment.

La religion chrétienne règle les Etats,

les États règlent les corps, les corps règlent les familles, la famille règle l'individu :
tout tend à faire corps dans le monde social ;
c'est la force d'adhérence du monde physique ; et l'on peut dire qu'il n'y a d'esprit
public ou social que dans les corps publics :
esprit de religion , esprit de patrie, esprit
de corps, esprit de famille, esprit public
enfin, âme de la société, principe de sa vie ;
de sa force et de ses progrès.

CHAPITRE VIII.

Des Élèves.

LES élèves seront envoyés dans le collége
de leur arrondissement, et cette condition
sera d'absolue nécessité. Il ne peut y avoir
de motif au déplacement, et il y en a mille
contre le déplacement.

Il n'y a nul motif au déplacement, puisque la plus entière, la plus constante uniformité doit régner dans tous les colléges. On
doit excepter le seul cas où il seroit reconnu
et constaté que la santé d'un enfant exige-

roit une température différente de celle de
son collége naturel.

Il y a des raisons contre le déplacement;
car, 1°. puisque les colléges seroient placés
dans l'Etat, relativement au nombre des sujets que chaque arrondissement devroit ou
pourroit fournir, eu égard à sa population,
ce seroit déranger cette proportion, que d'envoyer dans un collége des enfans qui appartiennent à un autre.

2°. L'Etat seroit exposé à voir un collége
régorger de sujets, et un autre à ne pas en
avoir assez, parce qu'il n'y a rien de plus
commun chez les parens qu'un engouement
sans raison pour un collége, ou une prévention sans motif contre un autre. Les gens peu
instruits jugent du mérite des colléges par
les talens des sujets qui en sortent, comme
si l'éducation pouvoit donner des talens à
ceux à qui la nature les a refusés, ou les ôter
à ceux à qui la nature les a donnés.

3°. L'éducation qui réunit les enfans d'une
même contrée, fortifie les liens puissans et
précieux de parenté, d'amitié, de voisinage,
de patrie commune; elle dispose les familles
à se lier par les sentimens, à s'entr'aider par
les

les services, à s'unir même par les alliances ;
et la société réunit ainsi ceux que la naissance a déjà rapprochés.

4°. La proximité des familles permettra aux
maîtres d'employer sur les enfans, comme
un motif d'encouragement ou de répression,
le désir d'être agréables à leurs parens, ou
la crainte de leur déplaire : motif sans force,
lorsque les parens sont trop éloignés, mais
motif que l'éducation doit employer préfé-
rablement à tout autre ; car il faut que l'Etat
reporte l'homme vers la famille, et que la
famille le rende à l'Etat.

D'ailleurs, hors le cas de maladie grave,
les parens ne pourroient voir leurs enfans
qu'un nombre de fois déterminé dans l'année,
à moins que le supérieur ne jugeât leur présence nécessaire. Toute communication hors
des communications ordinaires, tout envoi
d'argent ou de comestibles seroit sévèrement
interdit ; les parens même ne pourroient faire
venir l'enfant chez eux, et un enfant ne sor-
tiroit du collége que pour n'y plus rentrer.
Je n'ai pas besoin de dire que la plus rigoureuse égalité régneroit entre les enfans, et
qu'on banniroit avec soin des maisons d'édu-

cation le luxe des précepteurs particuliers;
et l'abus des valets de chambre.

⁓⁓⁓⁓⁓⁓⁓⁓⁓⁓⁓⁓⁓⁓

CHAPITRE IX.

Entretien, Instruction.

L'AUTEUR s'est interdit les détails.
L'administration trouveroit, dans des mémoires particuliers, et même dans quelques
ouvrages, publiés depuis long-temps, les
vues les plus saines sur tout ce qui a rapport à l'entretien physique des enfans, et
qui comprend le logement, le vêtement,
la nourriture, les exercices du corps, les
jeux, etc.

Il faut, avant d'aller plus loin, convenir
que l'objet de l'éducation publique et commune, est moins de former des hommes
publics, que des hommes capables de le devenir. Ainsi l'éducation publique ouvre l'esprit plutôt qu'elle ne le cultive, et exerce
les forces du corps plus qu'elle ne règle leur
action. Les enfans y apprennent la morale,
et non la théologie, l'histoire plutôt que la

politique, à courir, à sauter, et non à monter à cheval et à tirer des armes.

Peu d'hommes naissent avec une disposition particulière et déterminée à un seul objet qu'on appelle *talent*, bienfait de la nature, si des circonstances favorables en secondent le développement, en permettent l'emploi; malheur réel, tourment de l'homme, si elles le contrarient. Quoi qu'il en soit, l'éducation doit développer le talent, qui est l'aptitude à faire une chose, ou donner à l'homme des dispositions générales à faire indifféremment plusieurs choses.

Les arts frivoles font perdre aux enfans beaucoup de temps, s'ils les apprennent sans un goût décidé, et aux hommes une certaine considération, s'ils s'y adonnent avec passion. Les sciences, comme la botanique, la zoologie, l'anatomie, la minéralogie, la chimie, ne sont pas d'une absolue nécessité dans l'éducation publique, et ne pourroient être cultivées avec un grand succès, sans nuire à des études plus importantes. Les Romains, les plus constitués de tous les peuples anciens, abandonnoient à des esclaves ou à des affranchis les arts et les sciences , et ne se réservoient que l'art de commander , et la science du gouvernement.

Tu regere imperii populos , Romane , memento :
(Hæ tibi erunt artes); pacique imponere morem.

Il faut cependant faire apprendre aux enfans, et même de bonne heure , la danse, qui les forme à se tenir en public avec grâce et décence, et un peu de musique vocale , qui donne de la justesse à l'organe de la parole et à celui de l'ouïe, et se lie ainsi à l'harmonie oratoire et poétique.

Les exercices du corps, qui sont un des premiers devoirs de l'homme destiné au service militaire , doivent être renvoyés à la sortie du collège, parce qu'ils forment une distraction trop forte aux études de l'esprit. D'ailleurs, le progrès de nos lumières, l'âge de la société , et l'espèce de ses ennemis, demandent que ses défenseurs joignent désormais la raison à la force , parce que la force ne doit plus être séparée de la raison.

CHAPITRE X.

Des Études.

UNE *parole*, nous disent les traditions les plus respectables, tira l'Univers du néant, et la parole encore fait sortir l'homme intelligent du néant de l'ignorance. L'art de parler, et de bien parler, *ars bene dicendi*, qui comprend les humanités et la rhétorique, précède même l'art de penser ou la *logique*, si même il y a un autre art de penser que celui de parler, puisque l'homme ne reçoit aucune connoissance positive que sous les formes du langage, et par le ministère de la parole, et que dans le développement de ses facultés intellectuelles, il est nécessaire que l'expression vienne chercher l'idée pour la présenter à son esprit, comme il est nécessaire que la lumière vienne frapper les corps pour les représenter à ses yeux.

L'homme ne pense donc pas plus sans expressions, même avec l'esprit le plus prompt, qu'il ne voit sans lumière, même

avec les meilleurs yeux. « La faculté (1)
» de penser, ou l'esprit, est la faculté d'at-
» tacher des pensées aux mots, et la fa-
» culté de parler est la faculté d'attacher
» des mots aux pensées, qualités dont la
» dernière tient à l'homme physique et à
» la flexibilité des organes, et c'est ce qui
» fait qu'elle est plus commune que l'autre,
» et qu'on voit plus de gens qui parlent fa-
» cilement, que de gens qui pensent très-
» juste. Ainsi un enfant qui fait un thème a
» des idées dont il cherche les mots, et celui
» qui fait une version a des mots dont il
» cherche les idées. Le premier va de l'idée
» connue au mot inconnu ; le second du mot
» connu à l'idée inconnue ; aussi l'enfant qui
» trouve dans son thème le mot *ravager*, a
» une idée en *français* dont il cherche l'ex-
» pression *latine*, et le dictionnaire fran-
» çais-latin lui indique *populari*. Celui qui,
» dans sa version, trouve le mot *parere*, a un
» mot latin sans idée, ou plutôt un son, et le
» dictionnaire latin-français qu'il consulte
» lui donne *obéir* pour l'idée qu'il cherchoit,

---

(1) Voyez la Dissertation sur les idées, à la fin
de la première Partie.

» et qui correspond à ce son; en sorte que les
» dictionnaires sont tantôt des recueils de
» mots, et tantôt des recueils d'idées. Ce dou-
» ble exercice est également utile à l'acquisi-
» tion des mots et au développement des idées,
» motif pour lequel il étoit pratiqué dans l'an-
» cien système d'éducation, et qu'il ne peut
» être remplacé par aucun autre. L'enfant
» qui annonce le plus d'esprit, c'est-à-dire,
» de facilité à développer ses idées et à saisir
» leurs rapports, doit donc réussir dans la ver-
» sion mieux que dans le thème, et c'est aussi
» ce qui arrive presque toujours ». En même
temps que l'exercice dont nous venons de
parler ouvre l'esprit de l'enfant, il fortifie
sa mémoire par l'habitude de retenir, il
étend son imagination par la nécessité de
composer, il forme même son jugement, lui
présentant sans cesse des objets à comparer,
et l'on peut regarder, comme une vérité démontrée dans la question qui nous occupe,
que la base de l'éducation propre à ouvrir
l'esprit de l'homme, en en exerçant toutes
les facultés, est l'étude d'une langue étrangère. Or, la religion, la politique, la littérature, et même la philosophie, réclament

la préférence en faveur de la langue latine, de la langue de Virgile, de Cicéron, de Tacite, de César, mère des vocabulaires de nos plus belles langues modernes, et particulièrement du Vocabulaire Français; langue parlée par le seul peuple de l'antiquité que ses monumens rendent contemporains des temps modernes, connue partout, usuelle dans quelques endroits, et qui, étant la langue de la religion, tend à faire de l'Europe un seul corps religieux, comme la langue française, répandue aujourd'hui dans toutes les cours, et usitée dans tous les traités, tend à en faire un seul corps politique.

L'histoire du peuple qui a parlé la langue latine, offre de beaux traits de courage, de désintéressement, de magnanimité, d'amour de la patrie; et ces exemples, quoique puisés dans l'histoire d'une société où le principe populaire du gouvernement a produit de si terribles effets, tourneront au profit des connoissances politiques qu'il faut donner aux jeunes gens destinés au ministère public, lorsqu'on aura soin de leur faire remarquer que tout ce qu'il y a eu de grand, de noble, de digne d'admiration chez les

Romains, précéda l'irruption du peuple dans
les fonctions publiques, et qu'à compter de
cette époque, on ne voit plus que corruption
dans les mœurs, instabilité dans les lois,
dissolution dans la famille, et désordre dans
l'Etat.

D'ailleurs, les enfans au collége sont entre eux dans un état en quelque sorte populaire, puisqu'ils ne reconnoissent d'autres
distinctions que celles de l'esprit ou du corps,
et c'est précisément ce qui développe l'un et
l'autre.

Quant aux langues vivantes, il n'y en a
aucune, du moins hors la nôtre, dont l'utilité soit assez générale, et la supériorité assez reconnue, pour en faire la base de l'enseignement public. Apprendre toutes les langues, seroit le plus sûr moyen d'oublier la
sienne. Il n'y a pas de langue vivante qu'un
jeune homme, dont l'esprit est exercé, ne
puisse apprendre facilement en deux ans,
lorsque cette étude fera partie des connoissances particulières de sa profession. Mais
la langue qu'il importe le plus de cultiver,
est la nôtre, la plus parfaite de toutes les
langues modernes, et peut-être de toutes les

langues ; je veux dire celle qui suit de plus près l'ordre naturel des êtres et de leurs rapports, objet de nos pensées, et qui est l'expression la plus fidèle des idées les plus vraies. Il y a dans l'étude de la langue française, considérée sous cet aspect, beaucoup d'autres choses à apprendre que des règles de grammaire. C'est une vérité que M. de Buffon semble avoir entrevue, lorsqu'il dit dans son discours de réception à l'académie française : « Un beau style n'est tel que par le » nombre infini de vérités qu'il présente ; » toutes les beautés intellectuelles qui s'y » trouvent, tous les rapports dont il est composé, sont autant de vérités aussi utiles, » et peut-être plus précieuses pour l'esprit » humain, que celles qui font le fond du » sujet ».

CHAPITRE XI.

Suite de l'Éducation publique.

L'ÉDUCATION publique forme le cœur en exerçant sa sensibilité par l'amitié, en dirigeant ses affections par la religion, en

réprimant ses saillies par la contradiction;
C'est là le triomphe de l'éducation publique;
et il ne dépend pas, comme les progrès de
l'esprit, de l'habileté des maîtres, mais il est
le résultat nécessaire du rapprochement d'un
grand nombre d'enfans.

Dans la famille, l'affection est un devoir,
et les amitiés particulières sont déplacées,
parce qu'elles supposent exclusion et préférence; mais dans le collége, la seule confor-
mité d'âge, d'humeur et de goûts, forme dans
ces âmes simples et sans fard, ces nœuds
que l'intérêt n'a pas serrés, ces liaisons qu'on
entretient, ou qu'on renoue avec tant de plaisir dans un autre âge. Ce n'est pas dans l'éducation commune que l'égoïsme a pris naissance; il est le triste et chétif avorton de
l'éducation privée.

L'éducation publique dirige les affections
par la religion. On peut instruire les enfans
à la maison; mais on ne peut les toucher
qu'à l'église : or, c'est bien moins l'esprit des
enfans qu'il faut éclairer, que leur cœur
qu'il faut émouvoir. Tel est, dans l'homme,
le principe moral et physique de sociabilité,
que cette chaîne sympathique qui lie entre

eux des hommes réunis dans un même lieu ;
et qui les unit tous à l'homme qui leur parle,
fait qu'il suffit, pour les entraîner tous, d'en
émouvoir quelques-uns ; et l'on n'est pas
capable de rapprocher deux idées, lorsqu'on
ne sent pas l'ascendant qu'un homme élo-
quent peut prendre sur des enfans, pour leur
inspirer le sentiment des grandes vérités de
la religion, en excitant leur sensibilité et en
frappant leur imagination.

L'éducation commune n'est pas moins
propre à réprimer les saillies du caractère.

Dans l'éducation domestique même la plus
soignée, l'enfant voit tout le monde occupé
de lui. Un précepteur pour le suivre, des domestiques pour le servir, des parens foibles
pour excuser ses fautes. Il aura éprouvé la
fermeté, quelquefois l'humeur de ses maîtres, la docilité, et quelquefois des bassesses
de la part de ses inférieurs ; mais il n'aura
pas essuyé la contradiction de la part de ses
égaux ; et parce qu'il ne l'aura pas essuyée,
il ne pourra la souffrir.

Cette contradiction si utile s'exerce par
la collision des esprits, des caractères, quelquefois des forces physiques. Elle abaisse

l'esprit le plus fier, assouplit le caractère le plus roide, plie l'humeur la moins complaisante; et l'on sent à merveille que les graves reproches d'un précepteur, ou le sérieux d'une mère, n'ont pas, pour corriger un enfant, l'effet que produit l'acharnement d'une douzaine d'espiègles à contrarier le caractère bourru de leur camarade. Le dirai-je? les punitions infligées à la maison flétrissent le caractère, parce que l'enfant ne souffre que devant ses juges : au collège, elles produisent un effet contraire, parce que l'orgueil s'en mêle, et qu'il souffre devant ses complices; car il existe partout, et même au collège, une conspiration permanente des inférieurs contre l'autorité.

Enfin, l'éducation publique exerce et développe le physique des enfans par l'emploi des forces; et à cet égard, en laissant au génie inventif des jeunes gens toute la latitude qui peut s'accorder avec les précautions que demandent la vivacité de leur âge et la foiblesse de leur corps, il ne seroit peut-être pas inutile d'établir un plus grand nombre de jeux où les enfans trouveroient à développer leur force et leur adresse.

L'enfant fera donc ses classes comme on les faisoit autrefois, comme les ont faites le grand Condé, Bossuet et d'Aguesseau, et comme les ont dirigées les P. Porée, les Rollin, les Lebeau, les Coffin, en observant toutefois dans le choix des auteurs à expliquer, et des compositions à faire, de tourner l'esprit des jeunes gens vers les connoissances et les sentimens les plus avantageux aux principes constitutifs de la société, dont ils doivent être les ministres ou les sujets; et à cet égard, il y a quelque chose à retrancher de l'ancienne méthode, et quelque chose à y ajouter.

Les enfans seront donc plusieurs années dans les colléges, et je crains encore qu'ils n'en sortent trop tôt. Il faut, et pour cause, que l'éducation se prolonge moins pour orner l'esprit, que pour former le cœur et veiller sur les sens, et que cette époque critique se passe dans la distraction, le mouvement et la frugalité des colléges, plutôt que dans l'oisiveté, les plaisirs et la bonne chère du monde.

La société ne perdra rien à cette disposition, et le moyen que l'homme la serve plus utilement et plus long-temps, est qu'il commence plus tard à la servir, et qu'il lui épargne, le plus qu'il est possible, l'ignorance, les écarts, et les erreurs de ses premières années.

Il faut que les parens se persuadent que l'éducation publique a moins pour objet de rendre les jeunes gens savans, que de les rendre bons, et capables de recevoir les connoissances, et de pratiquer les vertus propres à la profession à laquelle ils sont appelés.

Que saura donc le jeune homme en sortant du collége ? Rien, pas même ce qu'il aura étudié; car que peut-on savoir à dix-huit ans ? Mais si la nature a secondé l'éducation, et l'éducation la nature, il aura l'esprit ouvert et le corps dispos ; il aura la connoissance d'un ordre, des sentimens d'affection envers ses semblables; il aura l'habitude de l'obéissance, de l'obéissance surtout..... car c'est ici un avantage auquel nul autre ne peut être comparé. L'enfant ne peut apprendre à connoître une règle, à se conformer à *un ordre public*, que dans l'éducation publique : dans l'éducation privée, il obéit à l'homme, et à la seule volonté arbitraire de l'homme; car il ne peut y avoir de règle fixe, d'ordre invariable là où l'ordre est sans cesse troublé par mille événemens domestiques, une visite, une indisposition, une partie à la campagne, et même où la dispense de la règle est souvent la récompense du travail. Aussi l'enfant qui sait qu'il dépend de son maître d'abréger l'étude ou de prolonger la récréation, le flatte pour en obtenir ce qu'il désire, ou le prend en aversion, s'il le trouve inflexible. Mais dans une maison commune où la cloche ponctuelle commande au maître comme à l'élève, l'enfant, placé dans un ordre que rien ne dérange, ni la volonté des autres, ni ses propres caprices, ni les accidens même les plus imprévus; l'enfant, qui voit dans ses maîtres une hiérarchie d'autorité, et qui remonte jusqu'à l'autorité publique, dont les agens même doivent de temps en temps se montrer à ses yeux, s'accoutume à des idées d'ordre, de discipline, de subordination, qui doivent être la première pensée, le premier sentiment de l'homme public, parce que le maintien de l'ordre est son premier, et même son unique devoir.

Le

Le jeune homme élevé dans la maison, sous les yeux d'un instituteur vigilant et vertueux, comme on en trouve si facilement, et de parens exemplaires, comme il y en a tant, saura beaucoup plus; il saura ce qu'on ne lui aura pas appris, et même ce qu'on n'aura pas voulu lui apprendre : il aura eu *toute sorte de maîtres*, et saura déclamer quelque scène de Racine, dont il comprendra l'intention sans en sentir les beautés; il aura dans la tête des nomenclatures d'animaux, de végétaux, de pierres; mais il n'aura souvent ni imagination, ni jugement; il aura peut-être des attaques de nerfs, et n'aura point de sensibilité; il aura déjà des passions, et n'aura plus de force.

On ne manquera pas de m'objecter qu'il y a des sujets qui ne réussissent pas dans l'éducation publique, et d'autres qui réussissent dans l'éducation domestique. D'abord je ne parle pas de l'éducation publique telle qu'elle existe aujourd'hui, puisque, de l'aveu du rapporteur au conseil d'État, cité plus haut, « elle est presque nulle partout ; » que la génération qui vient de toucher à sa » vingtième année, est irrévocablement sa-

» crifiée à l'ignorance; que nos tribunaux,
» nos magistratures, ne nous offrent que des
» élèves de nos anciennes universités; et
» qu'enfin le système d'éducation qu'on suit
» aujourd'hui, est essentiellement mauvais ».
Je ne parle pas de l'éducation domestique
qu'on donne aujourd'hui, parce qu'elle est
beaucoup meilleure depuis que les circonstances n'ont laissé que cette ressource à un
grand nombre d'hommes habiles et vertueux;
mais je parle des temps ordinaires, et alors
que prouve l'objection? Il faut savoir ce
qu'on entend par réussir dans l'éducation
publique. L'éducation d'un jeune homme a
réussi, si elle lui a donné les dispositions nécessaires à acquérir les connoissances de son
état, et surtout à en pratiquer les vertus; car
les vertus sont, dans les sciences qui tiennent
à la morale et à la politique, les premières
connoissances, et jamais, dans ces sciences,
on n'a le cœur mauvais sans avoir l'esprit
faux. Un sujet a réussi dans l'éducation privée; il auroit peut-être mieux réussi dans
l'éducation publique : il n'a pas réussi dans
un collége; il eût peut-être été pire à la
maison : il en résulte qu'il y a des sujets que

les hommes ne peuvent détériorer, et d'autres que l'instruction ne peut rendre meilleurs; il faut en conclure qu'il y a des hommes que la nature destine à être gouvernés, et d'autres qu'elle destine à gouverner, si ce n'est par l'autorité des places, du moins par celle de la raison et de l'exemple; car la nature, pour l'intérêt de la société, accorde toujours aux hommes instruits et vertueux l'autorité sur les autres, que leur âge ne leur donne pas encore, ou que le Gouvernement leur refuse.

Au reste, il ne faut pas que l'administration prenne des programmes de collége pour ses listes de promotion. Ces réputations naissantes ont besoin de l'épreuve du temps et de l'expérience; ce sont les fleurs du printemps qui promettent, mais qui ne donnent pas toujours les fruits de l'automne.

Quand l'éducation des colléges est finie, alors commence l'éducation de la profession, qui complète l'instruction, et finit l'homme social. Le jeune homme qui veut s'adonner à la pratique de la peinture, de l'architecture, de la médecine, se forme auprès des grands peintres, des habiles architectes, des médecins célèbres ; le jeune homme destiné à la fonction de juger, ou à celle de combattre, doit s'instruire auprès de ceux que l'âge et l'expérience ont formés à ces importantes fonctions; et il doit trouver des instituteurs dans tous ses anciens, bien loin de voir en eux des égaux, et quelquefois des inférieurs, comme il arrivoit trop souvent dans les corps militaires, depuis les changemens survenus à leur discipline, où l'ancienneté d'âge n'étoit pas assez respectée : innovation désastreuse, destructive de la société, qui a besoin de la sagesse des vieillards, pour diriger et modérer la force des jeunes gens.

Il ne faut donc pas que les institutions publiques soient en contradiction avec l'éducation publique, et que le jeune homme, en entrant dans le monde, y trouve un système tout nouveau de principes et de maximes d'où il puisse conclure que ses maîtres sont des imposteurs, ou que ses parens sont des hommes corrompus, ou qu'enfin il n'y a ni principes, ni règle fixe, et que la conduite de chacun est livrée aux chances de ses besoins, et au caprice de ses passions.

Je n'ai pas parlé des écoles militaires, parce que les véritables et seules écoles militaires doivent être les corps militaires, comme l'école du commerce est le comptoir, et l'école de l'agriculture est la terre.

CHAPITRE XII.

De l'Éducation des Femmes.

LES femmes appartiennent à la famille, et non à la société politique, et la nature les a faites pour les soins domestiques, et non pour les fonctions publiques. Leur éducation doit donc être domestique dans son objet, et elles devroient la trouver dans le giron maternel, si nos mœurs permettoient aux mères de remplir le devoir d'élever leurs filles, bien plus sacré que celui d'allaiter leurs enfans, dont la philosophie moderne leur a fait une loi. En attendant ce moment encore éloigné, il faut des maisons d'éducation, où un ordre de filles se voue à l'instruction de cette portion de l'espèce humaine, d'autant plus intéressante aux yeux de la société, qu'elle est presque exclusive-

ment chargée de donner aux enfans la première éducation.

Les ordres de filles sont donc dans la nature de la société; ils sont même nécessaires
au bonheur d'un grand nombre de personnes
du sexe. Dans une société parfaitement constituée, toutes les situations de la vie, tous
les états de l'âme doivent trouver la place
qui leur convient; et puisque la société souffre ces métiers périlleux, où l'homme sacri-
fie le soin de sa vie au besoin de gagner sa
subsistance, elle doit permettre ces professions où l'homme dispose une fois de son
libre arbitre pour mieux assurer sa liberté.
Il faut un asile au malheur, un rempart à la
foiblesse, une solitude à l'amour, un abri à
la misère, un exercice à la charité, une retraite au repentir, un remède au dégoût du
monde, aux infirmités de la nature, aux
torts de la société. On ne sait pas assez combien peu il y a d'hommes capables de se gouverner eux-mêmes, et combien grand est le
nombre de ceux qui sont trop heureux de
trouver dans les règles générales d'une raison
commune, la règle de conduite qu'ils ne trouvent pas dans leur propre raison.

La religion fonde les ordres monastiques : l'Etat les fait servir à soulager toutes les foiblesses de l'humanité, à l'éducation des enfans, à la protection du sexe foible, au soulagement des infirmes, à l'instruction du peuple, au rachat des captifs, à la civilisation du sauvage, et la religion imprime à ces différens emplois ce caractère de grandeur et de divinité qu'elle communique à tout ce dont elle est le principe. Les Gouvernemens qui ne se sont pas privés de cette ressource, peuvent trouver dans l'obéissance sans réserve des religieux, les richesses des monastères et la perpétuité de ces grands établissemens, de puissans moyens d'administration qu'ils chercheroient vainement ailleurs, et dont les peuples qui les ont sacrifiés au délire des nouveautés, regrettent aujourd'hui la perte (1).

L'éducation des jeunes personnes ne doit pas être la même que celle des jeunes gens, puisqu'elles n'ont pas reçu de la nature la même destination. Tout, dans leur instruction, doit être dirigé vers l'utilité do-

(1) Voyez les ouvrages de M. Burke.

mestique ; comme tout, dans l'instruction des jeunes gens, doit être dirigé vers l'utilité publique. C'est une éducation fausse que celle qui donne aux inclinations une direction contre nature, qui fait que les sexes aiment à troquer d'occupations comme d'habits, que les femmes se mêleroient volontiers du gouvernement de l'Etat, et que les hommes se plaisent un peu trop à la vie privée, et dans les jouissances domestiques (1).

Depuis long-temps on apprend aux jeunes gens beaucoup de botanique, de chimie, d'histoire naturelle, etc., assez inutiles pour remplir des fonctions publiques, et l'on enseigne aux jeunes personnes des langues étrangères, des sciences, même certains arts, connoissances dont elles ne peuvent acqué-

---

(1) Le cardinal Mazarin ayant proposé à M. de Lamoignon la place de premier président, ce vertueux magistrat lui répondit : « M. de Nesmond en est plus » digne que moi, sa place me suffiroit, je resterois » dans mon particulier, et je n'aime que ma famille et » mes livres ». Ce fut alors que le cardinal Mazarin lui dit : « L'amour que vous faites paroître pour la vie » privée, est un amour-propre dont un homme de » bien doit se défaire, quand il s'agit de l'Etat ».

rir tout au plus que ce qu'il en faut à la vanité pour se montrer, et qui, si elles les cultivent avec succès, prennent beaucoup sur
leurs devoirs domestiques, quelquefois sur
leur santé, et presque toujours sur leurs
agrémens naturels.

Voyez la nature, et admirez comment
elle distingue le sexe qu'elle appelle à exercer les fonctions publiques de celui qu'elle
destine aux soins de la famille : elle donne
à l'un, dès l'âge le plus tendre, le goût de
l'*action* politique, et même religieuse, le
goût des chevaux, des armes, des cérémo-
nies religieuses; elle donne à l'autre le goût
des travaux sédentaires et domestiques, des
soins du ménage, des *poupées*: voilà les principes, et le meilleur système d'éducation
ne doit en être que le développement. Ainsi,
la nature inspire à l'enfant un goût qui deviendra un devoir dans un âge plus avancé,
comme elle introduit, chez un peuple naissant, une coutume qui deviendra une loi de
la société politique.

Si le but de l'éducation n'est pas le même
pour les enfans des deux sexes, les moyens
doivent être un peu différens, et il faut une

extrême sagesse dans les institutions, pour
que l'éducation commune, qui convient aux
hommes faits pour vivre ensemble dans les
tribunaux, dans les camps, sur les vaisseaux,
convienne aux femmes destinées à vivre iso-
lées dans les familles. Le ressort puissant
de l'émulation, si efficace dans l'éducation
des hommes, parce qu'il éveille en eux les
passions les plus généreuses, doit être employé avec un extrême ménagement dans
l'éducation des femmes, chez lesquelles il
peut éveiller la vanité, source de leurs malheurs, de leurs fautes, de leurs ridicules, et
qui, chez les femmes comme chez les hommes, naît de la force de l'amour-propre, et
de la foiblesse des moyens.

Les jeunes gens au collége se battent entre
eux, et s'aiment, les jeunes personnes se ca-
ressent et se jalousent, et c'est surtout dans
l'éducation des femmes qu'il est utile d'établir la plus rigoureuse uniformité de vêtemens; car il est remarquable qu'elles obser-
vent, même dans les pensions, beaucoup
plus que les jeunes gens, les différences dans
l'état et la fortune de leurs parens.

On doit, dans l'éducation des jeunes per-

sonnes, parler à leur cœur autant ou plus
qu'à leur raison, les conduire par une religion aussi affectueuse, mais plus éclairée
peut-être, et plus grande qu'elle ne l'étoit dans
la plupart des couvens; en un mot, leur inspirer beaucoup plus que leur apprendre,
parce que les femmes ont reçu en sentiment
leur portion de raison : c'est ce qui fait
qu'elles savent, sans les avoir apprises, tant
de choses que nous apprenons sans les savoir, et ce qui leur donne un sens naturellement plus droit, quoique moins raisonné,
un goût plus sûr, quoique plus prompt, un
esprit et des manières moins étudiées, et par
cela même plus aimables (1).

(1) On négligeoit trop dans les couvens la partie
physique de l'éducation ; l'exercice et les alimens n'y
étoient pas en général assez soignés, et de crainte de
leur parler trop de mariage, on ne les entretenoit
pas assez de leurs devoirs.

Nota. Les discours politiques qui suivent, jusqu'à
celui sur la Turquie, ont été publiés dans le *Mer-
cure de France* des années 9 et 10, et bien avant les
derniers traités. On a cru devoir n'y rien changer au
fond.

DISCOURS POLITIQUES

SUR

L'ÉTAT ACTUEL DE L'EUROPE.

§ Ier.

De la France et de l'Espagne.

LA France est, depuis Charlemagne, le
centre du monde civilisé, et le point autour
duquel tourne le système social de l'Europe.
Aînée des nations chrétiennes, elle a vu
successivement chaque Etat, à mesure qu'il
s'élevoit sur l'horizon politique, prendre sa
place autour d'elle, et rendre hommage à
la suzeraineté de ses mœurs, de ses exemples, de sa littérature, de sa langue surtout, et par conséquent de ses opinions,
empire bien plus glorieux, et, si elle le veut,
bien plus durable que celui de la force et de
la victoire. En un mot, destinée à tenir les
rênes de l'Europe, elle a été punie de les
avoir abandonnées, et même forcée à les

reprendre par les plus extrêmes calamités.

Jamais un plus grand spectacle ne fut offert à l'homme civilisé ; les anciens, qui vivoient aux premiers jours de la société, ne pouvoient observer ces lois générales de l'ordre social qui ne se découvrent que dans *les derniers temps*, à la faveur d'une longue expérience, et surtout de l'expérience des révolutions ; et c'est dans la science de la société qu'il est vrai de dire que les enfans en savent plus que les pères.

Essayons de présenter quelques observations sur l'état actuel de l'Europe : elles ne paroîtront pas déplacées à la fin d'une année fertile en événemens importans, et à l'ouverture d'une autre qui offrira sans doute des événemens décisifs. Mais pour conjecturer, avec quelque certitude, ce qui peut résulter de la crise actuelle, il faut en reprendre l'histoire de plus haut, et jeter un coup d'œil général et rapide sur son origine et ses progrès.

A l'instant que la France, détournée de sa route par des guides imprudens, embrasa de ses feux l'Europe qu'elle éclairoit de sa lumière, et qu'elle vivifioit de sa chaleur, toutes les puissances, dans l'attente de ce qu'elle alloit devenir, jetèrent sur elle les regards de l'observation et de l'inquiétude.

Ximenès et Richelieu auroient jugé la révolution qui se faisoit dans les esprits; les administrateurs de l'Europe, occupés exclusivement, comme leur siècle, de fabriques, de banques, d'embellissemens, d'arts, de chemins, des choses enfin bien plus que des hommes, ne virent dans la révolution française qu'une grande loterie où les Etats voisins avoient à gagner, les foibles sans rien hasarder, les forts en proportion de leur mise. Dès lors toute coalition des puissances contre la France devenoit impossible, et le triomphe de la France étoit assuré. La guerre commence. La France, ses armées et ses principes débordent de tous côtés, et la force de l'éruption est toujours proportionnée au degré de la fermentation intérieure.

Une seule puissance, l'Espagne, marchoit franchement, sans dessein ultérieur et sans arrière-pensée, au but vers lequel les autres confédérés ne se dirigeoient qu'en apparence. Les princes d'Espagne vouloient sincèrement le rétablissement des princes français, d'autant plus que déjà, à travers l'exagération des uns ou l'enthousiasme des autres, l'Espagne avoit pu démêler, dans quelques chefs de parti, des affections secrètes pour des maisons étrangères. Mais bientôt éclairée, à la lueur des flammes qui consumoient à Toulon nos magasins et nos vaisseaux, sur les desseins profonds d'une rivale ambitieuse ; certaine que désormais, dans ses projets sincères pour le rétablissement de l'ordre en Europe, elle ne seroit point secondée par ceux qui marchoient sous les mêmes drapeaux, elle continua la guerre à regret, et se défendit contre la France, mais sans haine, et comme on se défend contre un ami que l'ivresse rend furieux.

L'Espagne distingua toujours la révolution française, ennemie de tous les gouvernemens, de la France alliée naturelle de la monarchie espagnole ; elle crut que la raison succéderoit au délire, que la France survivroit à sa révolution ; et bientôt rendue à ses intérêts politiques que l'empire de la nécessité ne lui permettoit pas de subordonner

aux inclinations personnelles de ses chefs,
trop forte à la fois et trop foible pour de-
meurer neutre, elle conclut avec la France
une alliance où furent stipulées, à ce qu'il
paroît, des clauses éventuelles dont nous venons de voir l'accomplissement.

Un motif semblable, mais sans doute
moins désintéressé, parce qu'il s'y mêloit
des projets d'affoiblir l'Autriche, et peut-
être d'agrandir à ses dépens les Etats du
Statbouder, détermina la Prusse à se retirer aussi de la coalition, pour jouer entre les
puissances belligérantes le rôle de puissance
neutre, rôle périlleux, et dont on ne sort
pas toujours comme on veut et quand on
veut; et il fut pris aussi, au traité de Bâle,
de ces arrangemens particuliers sur lesquels
les hommes ne s'engagent que sous la ratifi-
cation des événemens.

La France n'eut donc plus à combattre
que l'Angleterre et l'Autriche. Tout, dans
les plans militaires, fut accessoire de cette
guerre principale; elle envahit la Hollande
pour se donner un allié contre l'Angleterre;
elle occupa le Piémont comme un poste
avancé contre la maison d'Autriche; et
la

la guerre continua avec des alternatives presque annuelles de succès et de revers.

Mais la coalition, quoique réduite à deux puissances, n'en étoit pas plus forte, parce que ces deux puissances se divisoient sur un point important, et, peut-être au fond, ne s'entendoient sur aucun. L'Autriche vouloit échanger la Belgique, possession lointaine et ruineuse, Etat mal constitué, qui n'étoit bon entre ses mains, ni pour l'attaque, ni pour la défense; et l'Angleterre trembloit de voir réunir au territoire français, ces mêmes provinces dont elle et la Hollande rendaient à l'Autriche, pour l'avantage de leur commerce, la possession infructueuse. Aussi l'on peut se rappeler avec quelle hâte le cabinet diplomatique d'Angleterre vola tout entier à Vienne, en 1794, pour engager l'empereur à se maintenir dans les Pays-Bas, d'où M. de Clairfayt commençoit à se retirer. L'Angleterre vouloit que la guerre contre la France se fît exclusivement à son profit, et c'est ce qui faisoit qu'à chaque renouvellement de campagne, avare de l'or qu'elle prodiguoit, elle marchandoit l'empereur et le roi de Prusse,

comme deux *condottieri*, et sembloit ouvrir
entre eux des enchères pour donner au rabais
l'entreprise de la guerre.

Tout annonçoit depuis long-temps que
l'Autriche feroit sa paix avec la France,
quand elle en trouveroit l'occasion. Elle n'en
avoit jamais paru éloignée, puisque la paix
du grand duc de Toscane, prince de sa maison, avoit précédé toutes les autres. Les
succès de la France en hâtèrent le moment,
et l'offre qu'elle lui fit des Etats vénitiens le
décida. La politique y applaudit, et j'oserai
dire que la morale put y souscrire. Dans
l'antiquité païenne, lorsque les vainqueurs
ôtoient aux vaincus *liberté civile*, *biens*,
femmes, *enfans*, *temples et sépultures
même*, comme dit M. de Montesquieu, la
conquête du plus petit pays étoit une grande
injustice et une affreuse calamité. Mais aujourd'hui que le droit des gens, dû au christianisme, ne permet plus de faire la guerre
à la famille, mais seulement à l'Etat; que
les peuples vaincus, une fois soumis, jouissent de la même protection que les vainqueurs, et quelquefois même de plus de
franchises, et qu'enfin le premier soin des

gouvernemens forts est d'établir l'ordre chez les peuples que le sort des armes a fait passer sous leur domination, la conquête peut devenir un bienfait; et je ne craindrai pas de soutenir que le peuple de Venise, profondément corrompu sous un gouvernement politiquement corrupteur, deviendra meilleur, et par conséquent plus libre, sous l'administration de la maison d'Autriche, qui emploie, pour retenir ses sujets dans l'obéissance, d'autres moyens que la licence du masque, les plaisirs d'un carnaval, ou les inquisiteurs d'État.

Quoi qu'il en soit, le traité de Campo-Formio commença, ou plutôt prépara une nouvelle ère pour le monde politique, qui datoit depuis un siècle et demi du traité de Westphalie. La France s'y plaça dans ses limites naturelles où César l'avoit trouvée, que Charlemagne avoit dépassées, où Louis XIV avoit voulu la reporter; et, débarrassée des alliances onéreuses que le traité de Westphalie lui avoit imposées, elle put entrer dans le nouveau système politique dont les fondemens avoient été jetés en 1756, mais qui, depuis cette époque, n'avoit, par la faute de la France, profité qu'à la maison d'Autriche,

Ici commence le second âge de la révolution française. Dans le premier, les événemens avoient conduit les hommes, et la France avoit atteint le plus haut point de ses succès; dans le second, les hommes ont été au devant des événemens, et les succès ont été moins rapides. En révolution, si l'on commet des crimes, il ne faut pas faire des fautes; quand un gouvernement se sert des passions des peuples, il ne doit pas y mêler les siennes, et jamais gouvernement n'eut plus de passions, et de plus petites passions, que le gouvernement directorial.

Après le traité de Campo-Formio, le Directoire, fort d'une guerre heureuse, et plus encore d'une paix modérée, pouvoit, ce semble, se reposer *sur ses armes* au bord du Rhin et de l'Adda, et, de concert avec l'Autriche, dicter de là des lois à l'Allemagne, ou rester indifférent à ses arrangemens intérieurs. Ce parti, le plus glorieux et le plus sage, étoit celui que proposoit, et auquel même on assure que vouloit concourir l'homme qui avoit combattu à *Arcole* et négocié à *Campo-Formio*. Le Directoire préféra le système des invasions, et il jeta la France dans des expéditions dont l'issue, encore indécise, peut avoir, sur le sort de l'Europe et sur celui de la France, des suites incalculables.

La Suisse protestante, la seule qu'il faille considérer lorsqu'il est question de l'ancien gouvernement helvétique, applaudissoit à notre révolution. L'influence de quelques hommes supérieurs qui en jugeoient sainement l'esprit et la tendance, n'avoit pas empêché que la Suisse, neutre contre les autres puissances, après avoir reçu de la France les outrages les plus sensibles, ne l'eût aidée de tous les moyens de subsistance, et de toutes les facilités d'importation que son sol et sa position lui permettent. Les intrigues de l'envoyé anglais à Berne et de ses agons en France, s'il en avoit, n'auroient pas dans trente ans déplacé un municipal, et ne servoient qu'à ménager au Directoire des conspirations à découvrir, et des sentences de mort à porter. Enfin les émigrés réfugiés en Suisse, y étoient partout à la disposition de l'ambassadeur français, souvent plus humain envers eux que les cantons eux-mêmes. On avoit donc la Suisse pour amie, on voulut l'avoir pour *satellite*, et la guerre atroce qu'on y porta sans motif et sans objet, réjouit les ennemis de la France, fit frémir l'humanité, et rougir jusqu'aux révolutionnaires. La ligne de défense de nos frontières en fut affoiblie, et la France, en détruisant la constitution ancienne de la Suisse, contracta l'engagement plus onéreux qu'on ne pense de lui en donner une nouvelle, et, qui pis est, de la garantir. Nous ignorerions encore le secret de cette irruption, si un membre du Directoire ne nous eût appris, dans un mémoire justificatif de sa conduite, que leur projet étoit d'entourer la France d'Etats constitués comme elle l'étoit alors, parce que les Directeurs placés au Luxembourg se croyoient, avec quelque raison, dans le meilleur des mondes possibles.

Ce fut pour trouver grâce aux yeux d'un parti qui, depuis long-temps, rendoit à la Suisse une espèce de culte, que le Directoire fit envahir l'Etat de l'Eglise, et saisir le pape lui-même, atrocité gratuite qui couvrit de honte le vainqueur, et fut le triomphe du vaincu.

Une autre expédition entreprise sous le Directoire, devoit avoir des résultats plus glorieux, et surtout plus importans. Je veux parler de l'expédition d'Egypte. On eût mieux fait peut-être de diriger sur l'Irlande cette grande entreprise. Les difficultés d'un trajet et du débarquement n'étoient pas plus grandes, et les résultats d'un succès étoient bien autrement décisifs; déjà même quelques descentes partielles tentées en Irlande, ne l'avoient pas été sans fruit. Mais le goût pour les expéditions commerciales, dominant dans un siècle qui ne voit la force des nations que dans leurs richesses; peut-être les suggestions de quelques hommes qui, à l'exemple de Voltaire, fondoient des espérances d'un autre genre sur la conquête de la Palestine; et, plus que tout cela, l'ombrageuse sagacité du Directoire qui avoit démêlé son héritier dans le vainqueur d'Arcole et le pacificateur de Campo-Formio, et qui imposoit dès lors à un homme destiné à des choses extraordinaires la nécessité de se soustraire aux soupçons; que sais-je? l'étoile de l'Angleterre qui nous a plus d'une fois guidés sur l'écueil, tout poussa le Gouvernement Français à déporter en Egypte l'élite de ses armées sur le reste de ses vaisseaux.

Mais ces vaisseaux périrent tous à la malheureuse journée d'Aboukir. Malte, où l'on
étoit entré en passant, tomba ce jour-là au
pouvoir des Anglais, les îles de l'Archipel
au pouvoir des Russes; et l'armée française,
qui avoit débarqué si heureusement, vit
l'abîme s'ouvrir entre elle et la métropole.

Tout ce que le talent et le courage de
l'homme peuvent ajouter aux faveurs de la
fortune ou ôter à ses rigueurs, fut employé
pour s'étendre en Egypte, ou s'y maintenir
avec une persévérance incroyable, et l'eût
été avec succès, si cette armée qui se mul-
tiplioit avoit pu se reproduire, et que cette
plante eût pu vivre séparée de sa tige.

Si l'Egypte retombe sous le joug de fer de
ses ignorans dominateurs, l'homme éclairé
qui, s'élevant au-dessus des considérations
locales et personnelles, ne voit, dans les expéditions des peuples policés contre des peuples barbares, que des moyens d'étendre le
bienfait de la civilisation, regrettera toujours
que ce beau pays ne reste pas à la France.
Les croisades entreprises par des motifs de
religion firent fleurir le commerce : l'expédition d'Egypte, entreprise pour des motifs de

commerce, y auroit tôt ou tard introduit la religion, et avec elle toutes les institutions bienfaisantes; et l'Egypte, colonie de la France, en auroit à la longue reçu les mœurs et les lois.

C'est sous le même point de vue de la civilisation, qu'on doit considérer l'agression reprochée à la France contre la Porte Ottomane. Nous verrons ailleurs que cet Empire qui, n'ayant jamais eu de principe de vie, ne peut avoir de germe de restauration, touche à sa ruine, et que rien ne peut raffermir un édifice miné par la base. La Turquie d'Europe est une succession dont les héritiers immédiats arrangeront le partage du vivant de l'usufruitier, pour n'avoir pas ensemble de procès à sa mort.

Tandis que nos soldats luttoient en Egypte contre les hommes et les lieux; le Directoire, *qui remuoit l'univers du sein des voluptés*, embarrassé de la paix plus que de la guerre, avoit repris les armes contre l'Autriche aidée d'une armée de Russes, accourus enfin pour se trouver à la paix bien plus que pour partager le fardeau de la guerre.

Il est impossible de conjecturer l'état où

se trouveroient aujourd'hui l'Europe et la France, si le 18 brumaire n'étoit venu changer la face des affaires, et donner une autre direction aux hommes et aux événemens.

Mais déjà la bataille d'Aboukir et les désastres de la marine française avoient produit un changement dans l'opinion des puissances du Nord, qui, éloignées du théâtre des événemens, et tranquilles par notre agitation même, alimentoient la guerre des productions de leur sol, et spéculoient sur des malheurs qu'elles ne pouvoient empêcher. L'Angleterre n'avoit pas pu leur persuader ses feintes alarmes sur la monarchie universelle de la France. La Suède et le Danemarck craignoient, avec plus de fondement, le despotisme voisin de la Russie; et la Russie elle-même ne s'étoit mêlée à la guerre contre la France, que pour entrer dans les affaires d'Allemagne, se faire livrer Malte et la Turquie, et dicter les conditions de la paix; mais il fut aisé à la France de faire craindre à ces mêmes gouvernemens la seule monarchie universelle qui soit possible, celle de la mer; despotisme maritime, d'autant plus fâcheux à toutes les puissances, qu'avec

leur fureur épidémique du commerce, elles
quittent toutes la terre pour se placer sur les
eaux. La crainte qu'elles en eurent forma cette
coalition si dangereuse pour l'Angleterre, où,
par la seule réunion des volontés, sans aucun rapprochement de forces, toutes les nations maritimes, depuis Cadix jusqu'à Ar-
changel, ne laissèrent à ce peuple fabricant
d'autre consommateur que lui-même, ni à
ses vaisseaux d'autre asile que ses ports.

L'Angleterre sentit le danger : blessée à
la fois dans son orgueil et dans ses intérêts
les plus chers, elle choisit, pour donner un
exemple mémorable de ses vengeances, le
Danemarck qui lui étoit uni par tant de liens
religieux, politiques, et même domestiques.
Le Danemarck a cédé après un combat va-
leureusement soutenu. Depuis que les nouveaux systèmes ont placé la force des Etats
dans l'opulence mercantile des peuples, il
est plus commun de voir des troupes braves
que des gouvernemens fermes ; les nations
redoutent la guerre, comme le particulier,
qui a mis toute sa fortune en biens-meubles,
craint les incendies; et tel Etat, qui auroit
autrefois résisté à la perte de trois batailles

et à celle de sa capitale, est forcé aujour-
d'hui de plier, parce qu'il a perdu un îlot à
sucre à quelques mille lieues de ses frontières, ou que le cours du change a baissé.

La bataille du Sund, la mort si inopinée
de Paul Ier. qui avoit passé brusquement,
mais non sans dessein, de la guerre contre
la France aux démonstrations d'amitié envers son Gouvernement, les négociations de
la Prusse, qui met à déguiser sa force l'art
que d'autres puissances mettent à cacher
leur foiblesse, ont rendu à l'Angleterre la
domination sur les mers. Je n'ai pas parlé du
traité de Lunéville décidé par la brillante
victoire de Maringo, et qui a été le développement du traité de Campo-Formio. C'est
là l'état actuel des choses, et c'est dans les
rapports où ces deux traités, et particulièrement le dernier, ont trouvé ou placé les
différens Etats de l'Europe, que nous allons
les considérer.

§ I I.

De l'Angleterre et de la Hollande.

LA nouvelle de la paix a été reçue en
France et en Angleterre avec une égale sa-

tisfaction ; mais l'expression de la joie a été différente à Londres et à Paris. L'Anglais, sombre et rêveur, s'est livré à des transports qui tenoient du délire. Le Français, peuple enjoué, et même frivole, disent ses détracteurs, mais au fond le plus raisonnable des peuples, comme il en est le plus spirituel, a montré un contentement aussi réel, mais plus calme ; il a fait voir le beau caractère d'une nation maîtresse d'elle-même, et souvent des autres, que le revers ne peut abattre, et que le succès ne peut étonner.

Cette différence s'explique chez les deux peuples, par la position d'où la paix les a tirés, par celle où elle les place ; et le genre d'espérances qu'elle présente à chacun d'eux.

Les Anglais n'ont jamais été pleinement rassurés sur la prétendue impossibilité d'une descente, dont la seule entreprise, indépendamment même du succès, peut porter un coup irrémédiable à un Etat posé en équilibre sur une banque. Son habile gouvernement, qui montre au peuple un côté de sa position, mais qui a les yeux fixés sur le revers, n'ignore pas que, dans la même entreprise où la sagesse de l'homme voit mille chances de perte, l'audace, qui n'est souvent que la prudence du génie, découvre et saisit une chance de succès.

Jusqu'à présent la guerre, toujours maritime, toujours hors ou loin de l'Angleterre, n'entretenoit que l'oisiveté des cafés et les spéculations de la bourse. Les vrais Anglais, qui s'inquiètent peu des désastres de leurs alliés sur le continent, jouissoient avec orgueil d'une guerre qui avoit été pour leur marine une suite de victoires, et pour leurs armateurs une source de richesses ; mais la menace d'une descente dans leur île, y avoit transporté en quelque sorte le théâtre d'une guerre continentale ; elle en avoit pour eux, aux coups de fusils près, toutes les inquiétudes et tout le poids ; armement général, déplacement continuel d'hommes et de subsistances, interruption de travaux de fabriques et d'agriculture, attente, incertitude et terreur. L'Anglais est accoutumé chez lui aux aisances de la vie. Comme tous les peuples peu tempérans, qui boivent et fument avec excès, il n'a d'activité que pour ses intérêts immédiatement personnels. Ce canon d'alarme, qu'il croyoit toujours entendre re-

tentir à ses oreilles, et cette incroyable crédulité du peuple aux nouvelles de malheurs,
et ces précautions qu'il voyoit prendre avec
trop d'appareil peut-être, tourmentoient
sans cesse son inertie. Ces rassemblemens
sur divers points de *soldats-citoyens et de
citoyens-soldats*; ces levées de citadins en
armes, pouvoient être pour eux, en 1801,
comme elles le furent pour nous, en 89, un
levier puissant entre les mains des *agitateurs*.

Un gouvernement dont le commerce est
l'âme et la règle, ne fait pas toujours la
guerre quand il veut, et ne la finit pas
comme il veut. Dans un pays qui reconnoît
en principe que la volonté de tous fait la
loi, l'intérêt de chacun l'emporte souvent sur
l'intérêt général de l'Etat, sur sa dignité, sur
son honneur, et même sa sûreté.

La France, au contraire, avoit, avec raison, subordonné les intérêts de ses commerçans à la dignité de l'Etat. Puisse-t-elle les
distinguer toujours! Quoiqu'elle ne fût pas
insensible aux pertes que les particuliers pouvoient essuyer, elle n'avoit pas fait de leur
intérêt privé le régulateur de ses desseins.
La paix lui étoit utile; mais elle ne lui étoit

pas encore indispensable. Tranquille sur le continent depuis la paix de Lunéville, elle ne craignoit pas de voir les Anglais porter, comme autrefois, à leur ceinture, les clefs de la France. Si, dans certains temps, la terreur a pu réduire les Français à deux onces de pain par jour, la nécessité leur auroit fait supporter avec patience la privation des *piqués* et des *basins* anglais, et, s'il avoit fallu, celle du *sucre* et du *café*; privation, après tout, qui n'est jamais absolue, même avec le blocus le plus étroit. En attendant, la France laissoit son ennemi descendre à la hâte sur des grèves abandonnées pour se rembarquer au plus vite; et, couverte de ses armes, elle épioit le moment de lui porter un coup décisif.

La France se félicite donc d'une paix qui lui assigne en Europe une place si distinguée, et qui fait trève aux malheurs de l'humanité; elle la reçoit avec tous ses avantages, mais sans ivresse,

Et comme accoutumée à de pareils présens.

Enfin l'Anglais a vu dans la paix l'arrivée de ses flottes, l'activité de ses fabriques, la circulation

circulation de ses capitaux. Le Français y a vu, ou a dû y voir la cessation des troubles, le rapprochement des cœurs, et le retour aux sentimens de bonté, de bienveillance, disons mieux, de charité universelle, *caritas generis humani*, auxquels la prospérité dispose toujours les âmes élevées et les cœurs généreux. Ils ne seroient pas dignes d'être Français, ceux qui auroient reçu la paix avec d'autres dispositions.

Mais après avoir observé l'effet de la nouvelle de la paix sur les sentimens des deux peuples, il est plus important et plus conforme à l'esprit de ces réflexions, de considérer l'effet de la paix en elle-même sur les intérêts des deux nations.

Le but constant de l'Angleterre, depuis Philippe-le-Bel, fut d'empêcher la réunion des Pays-Bas à la France. Dans la guerre pour la succession d'Espagne, elle aima mieux voir un prince français régner à Madrid, qu'un intendant français administrer à Bruxelles. Depuis que le riche héritage de la maison de Bourgogne avoit passé aux mains de la maison d'Autriche, l'Angleterre avoit tout fait pour maintenir l'Autriche en

possession de ces belles provinces, à l'exclusion de toute autre puissance. Elle y trouvoit deux grands avantages : l'un, que le
monarque autrichien, assez fort pour les défendre contre la France, avoit ses autres
États trop reculés de la mer, pour devenir
jamais lui-même puissance maritime ou commerçante; l'autre, qu'en cas de rupture avec
le cabinet de Versailles, elle pouvoit compter sur une diversion puissante de la part de
l'Autriche, à laquelle elle donnoit la main
par ses ports des Pays-Bas, et faisoit passer
avec facilité des troupes et des subsides. Mais
l'empereur, toujours attaqué dans les Pays-
Bas, et toujours avec succès, ne pouvoit
lever des hommes ni de l'argent dans le pays
de l'Europe le plus riche et le plus populeux.
Sous cette domination lointaine, le commerce lui-même ne pouvoit se livrer à son
activité naturelle dans les provinces qui en
ont été le berceau. Le souverain des Pays-
Bas cherchoit donc, depuis 1756, époque d'un
grand changement dans le système politique
de la France et de l'Autriche, à échanger
avec avantage ces possessions ruineuses; car
l'acquisition de la Pologne et la révolte des

Pays-Bas avoient démontré au cabinet de Vienne, que pour défendre un Etat, la contiguité des parties vaut encore mieux que leur étendue. Aussi elle reçut avec empressement l'ouverture qui lui fut faite d'échanger les Pays-Bas contre les Etats Vénitiens. Il est même permis de penser que l'intention qu'annonça la Russie, lorsqu'elle vint au secours de l'Autriche, de rendre Venise à son ancien gouvernement, fut la cause secrète des désastres qu'elle éprouva dans cette campagne. L'Autriche craignit des victoires qui lui enlevoient sa nouvelle conquête, bien plus que des revers qui la lui conservoient.

L'acquisition que la France a faite des provinces belgiques, ancienne mouvance féodale de la couronne, est consolidée par le traité de paix. La France sans doute ne permettra pas que l'industrie de ses nouveaux sujets soit assujettie aux entraves qui en empêchoient l'essor. Mais il seroit possible que, sans déroger à sa dignité, elle permît, pour un temps, des modifications nécessaires pour opérer lentement et sans secousse le déplacement des rapports commerciaux, dont

lé centre étoit à Amsterdam, à Hambourg,
à Londres même, et dont Anvers, Ostende,
et d'autres villes, au nom de leur position
naturelle, réclameront aujourd'hui leur part.
Les Belges sont un des meilleurs peuples de
l'Europe, sincères amis de la religion, même
lorsqu'il s'y mêle des pratiques minutieuses,
affectionnés à leur souverain, même quand
ils lui résistent. Le Gouvernement Français
y consolidera sa domination, en y envoyant
des agens qui respectent sincèrement tout ce
qui est respectable dans son principe ou dans
ses effets; et il préférera les vertus un peu tur-
bulentes des Belges, aux vices léthargiques
de leurs voisins.

L'Angleterre a obtenu Ceylan et la Tri-
nité; l'une, importante pour son commerce
de l'Inde; l'autre, pour celui qu'elle fait avec
l'Amérique espagnole. Le système de la
France devient plus continental, celui de
l'Angleterre plus colonial et plus maritime;
différence fondée sur la nature même de leur
position. Il faut, avant de considérer l'Angleterre dans ses nouveaux rapports, savoir
s'il ne sera rien innové pour la possession du
pays d'Hanovre, qui lui donne des relations

avec l'Allemagne; mais qui est moins utile
à sa politique, depuis que la maison d'Autriche, éloignée de nous, se meut en quelque
sorte dans une autre orbite, et moins précieux
à ses maîtres depuis l'extinction de la maison
des Stuarts. Un événement important pour
l'Angleterre, est l'accession de l'Irlande,
qu'elle doit à sa rivale. De trois Etats populaires (car partout où plusieurs for la loi,
il y a un principe de popularisme), la couronne en a déjà anéanti deux; le parlement
impérial en est plus nombreux, mais aussi
l'influence de la couronne est plus grande,
et l'administration a plus de force, parce
que la constitution a plus d'unité.

La Hollande étoit tombée depuis long-
temps dans la foiblesse inévitable à tout Etat
qui n'est que commerçant. Incapable de défendre les richesses qu'elle avoit accumulées,
elle étoit entre les grandes puissances conti-
nentales, comme un riche bourgeois au milieu de grands seigneurs ruinés. Après les
pertes qu'elle a faites pendant la guerre et à
la paix, il est plus aisé de déclarer son indépendance que de la garantir. « Tout peu-
» ple, dit Jean-Jacques, qui, par sa posi-

» tion , n'a' que l'alternative entre le com-
» merce et la guerre, est foible en lui-même;
» il dépend des hommes, il dépend des évé-
» nemens, et il ne peut se conserver libre
» qu'à force de petitesse ou de grandeur ».
On ignore encore quelle sera, pour la Hollande, la constitution de cette année; mais
ses malheurs seroient sans remède, si des
formes démocratiques y entretenoient les divisions et les haines que les événemens récens y ont allumées. Au reste, à quelque
forme de gouvernement qu'elle obéisse, elle
sera toujours le théâtre où lutteront de grands
intérêts ; et ce qu'elle peut faire de plus sage,
est de décider une fois ses affections.

§ . I I I.

De la Suisse et de l'Italie.

LA Suisse est placée entre la France et
l'Autriche, à peu près comme la Hollande
entre la France et l'Angleterre ; avec cette
différence cependant, que la République Ba-
tave est hors des limites naturelles de la
France, et que l'helvétique, embrassée par
le Rhin, est, pour ainsi dire, dans nos eaux,

et qu'elle faisoit même autrefois partie de la Gaule. Pour bien apprécier la position ac‐ tuelle de l'Helvétie, dont les troubles inté‐ rieurs ne sont pas sans conséquence pour le repos de la France, ni même sans danger pour la tranquillité générale de l'Europe, il faut jeter un coup d'œil sur sa situation pré‐ cédente.

Après que quelques cantons se furent ré‐ voltés contre la maison d'Autriche, ou qu'ils eurent chassé leurs princes particuliers, et rompu ainsi les liens qui les attachoient à l'Empire Germanique, ils cessèrent d'être su‐ jets sans devenir plus indépendans. Cette dépendance fut peu sensible, tant que l'Eu‐ rope fut livrée à des agitations vagues et sans but. Mais lorsque ce grand corps se constitua, que chaque Etat fixa ses rapports, le peuple suisse dut choisir ses patrons, et de peur de redevenir allemand, il se fit anglais et français. La religion présida à ce partage; car la religion, que certains hommes croient finie dans le monde, parce qu'il n'y en a plus dans leur cœur, règle le destin des nations, même alors qu'elle ne dirige plus les con‐ seils des rois.

La Suisse , pour ne plus retomber sous le
joug autrichien, se jeta d'abord dans les bras
de la France , voisine de ses frontières , et
puissante ennemie de l'Autriche ; même les
cantons catholiques , qui redoutoient les
cantons protestans , firent des traités particuliers avec le Gouvernement Français ,
aussi reconnu et plus respecté , peut-être, à
Soleure qu'à Paris. Les cantons protestans ,
alarmés à leur tour de cette affection particulière de la France pour la partie catholique de la confédération, avoient recherché
l'appui de l'Angleterre , et même, dans des
temps postérieurs, celui de la Prusse, devenue comme souveraine de Neufchâtel, haut et
puissant allié de la ligue helvétique. L'habile
Angleterre met un prix à tout , et particulièrement à sa protection. Tandis que le Gouvernement Français payoit aux Suisses leur
amitié par les pensions et les bienfaits qu'il
répandoit dans les cantons, et par des priviléges lucratifs que n'obtenoient pas les regni-
coles eux - mêmes, les Anglais attiroient
dans leurs fonds publics l'argent de la Suisse,
qui respectoit encore plus ses capitaux que
ses capitulations.

La Suisse se croyoit libre ; les étrangers le croyoient aussi ; et comme d'ailleurs il étoit reconnu, sur la parole de Montesquieu, et des admirateurs des Grecs et des Romains, que *la vertu est le mobile des Etats populaires*, la Suisse étoit, de l'aveu de toute l'Europe, la patrie exclusive de toute liberté et de toute vertu.

Des Anglais, dont les guinées trouvent partout, et particulièrement en Suisse, un accueil très-gracieux, vantoient l'humeur hospitalière de la nation helvétique ; des Français qui n'y donnoient aucun signe de religion, s'extasioient sur la tolérance dont y jouissoient tous les cultes : de grands seigneurs qui y passoient *incognito*, admiroient l'égalité qui régnoit dans cette contrée ; et de paisibles voyageurs, qui montroient un grand respect pour les lois du pays, vantoient la liberté que l'on y goûtoit. L'excellente discipline des troupes suisses, inébranlables dans leurs devoirs, parce qu'une éducation religieuse leur apprenoit de bonne heure à les respecter, faisoit croire à la force inexpugnable des cantons ; les hommes religieux y trouvoient de l'attachement à la re-

ligion; les philosophes, beaucoup de philosophie irréligieuse; les naturalistes, de grands
effets; les artistes, des *sites romantiques*, et
de tant de qualités réelles, de préventions
favorables, d'exagérations ridicules, se formoit pour la Suisse une je ne sais quelle force
d'opinion qu'il étoit plus facile d'admettre
que d'expliquer. Mais ceux qui, n'ayant étudié de la Suisse que sa constitution, la connoissoient bien mieux que les désœuvrés qui
en avoient gravi les montagnes ou dessiné
les sites, n'ignoroient pas que ce corps, ou
plutôt cet assemblage informe de parties
inégales et hétérogènes, rapprochées et non
réunies, voisines de territoire, opposées
d'élémens politiques, et surtout d'élémens
religieux, renfermoit de nombreux principes de dissolution. Ils savoient que ces gouvernemens *éternels*, selon Montesquieu,
n'avoient, depuis long-temps, que l'apparence de la vie; qu'un État populaire, pauvre, et dont les particuliers sont riches, est
dans la situation la moins propre à la guerre,
parce que le public y est sans moyens, et le
particulier sans énergie, et qu'enfin la guerre
ne se fait plus que par honneur, c'est-à-dire,

par devoir, chez les peuples modernes, qui
ne craignent plus l'esclavage, l'enlèvement
de leurs femmes, la perte de leurs biens,
ou même la honte des *fourches caudines*.
Ces vrais philosophes ne doutèrent donc plus
que la ligue helvétique ne fût dissoute au
premier choc, lorsqu'ils virent, en 1793, le
canton le plus puissant obligé, pour couvrir
ses frontières, de lever quelques troupes,
donner aux soldats une paye plus que double
de celle que donnent les grandes puissances,
et ne pouvoir en trouver.

La Suisse, dans le cours ordinaire des
événemens, n'avoit pas à redouter la guerre
étrangère, et elle prévenoit la guerre civile,
en occupant et consommant au loin sa nombreuse et robuste jeunesse. La France et
l'Autriche se faisoient la guerre sur les bords
fertiles du Rhin ou du Pô, et n'imaginoient
même pas possible de porter et de nourrir
leurs armées sur les hauteurs escarpées, ou
dans les gorges resserrées des Alpes Rhé-
tiennes. La Suisse couvroit, dans toute sa
longueur, la partie centrale des frontières
de l'un et de l'autre de ses puissans voisins;
et, ne pouvant interposer sa médiation pour

abréger la durée de la guerre, elle interposoit, en quelque sorte, son territoire pour en resserrer le théâtre.

Mais l'orage de la révolution a grondé sur l'Europe, et la Suisse a été entraînée dans son tourbillon. La révolution françaiso y a fait éclore ces germes de mort que les différences politiques, et surtout religieuses, y avoient déposés. Ces contrées jusqu'alors si paisibles, où d'antiques faits d'armes n'étoient plus que le sujet des récits du vieillard ou des chants de l'épouse, ont été livrées à tous les fléaux de la guerre étrangère, et à toutes les fureurs des discordes civiles. Alors on n'a plus retrouvé, dans ce malheureux pays, ce que des philosophes prévenus et ignorans avoient exalté avec tant d'enthousiasme ; mais il a montré, dans quelques parties, ce qu'ils n'avoient eu garde d'y voir ; et le zèle pour la défense de la religion a produit, dans les cantons les plus foibles et les plus pauvres, des prodiges de courage et de dévouement auxquels rien, dans l'histoire ancienne et moderne, ne peut être comparé. Un fanatisme athée a voulu déshonorer cette noble indignation d'un peuple, en la traitant de fanatisme religieux : puissent, pour leur honneur, les peuples les plus fameux, imiter, dans de pareilles extrémités, l'héroïque constance de cette poignée de pâtres, de femmes et d'enfans! Il est temps d'admirer l'héroïsme dans les sociétés chrétiennes. Les flatteurs des peuples, les pires de tous les flatteurs, ont trop exagéré les vertus des anciennes républiques; sachons enfin admirer les actions magnanimes de nos contemporains.

La Suisse, vaincue plutôt que soumise, gouvernée depuis par ses concitoyens, n'a pas cessé d'être sous l'influence de la France. Son organisation politique a souffert des modifications dont le détail peut intéresser des Suisses. Ils y trouvent un aliment à leurs affections personnelles ; nous croyons devoir épargner ces détails à nos lecteurs, pour fixer uniquement leurs regards sur ce qui se passe actuellement en Suisse, et qui est digne d'une sérieuse considération.

La diète helvétique travaille à fixer enfin le mouvement révolutionnaire, en arrêtant, s'il est possible, une constitution définitive. Le parti presbytérien penche pour donner

plus d'unité au Gouvernement ; le parti catholique voudroit revenir à la souveraineté
individuelle des cantons, et à leur union fédérative. Cette contradiction remarquable
entre les principes religieux de chaque parti
et ses opinions politiques, s'explique aisément. Les cantons protestans réclament l'*u-
nité* dans le gouvernement, parce qu'ils sont
les plus forts, et qu'ils veulent dominer ; et
le parti opposé, qui redoute cette domination, croit y échapper en revenant à son ancienne constitution, qui laissoit les cantons indépendans les uns des autres. Il est
même à croire que, si ce dernier système
prévaloit, quelque puissance voisine saisi-
roit cette occasion pour offrir aux cantons
catholiques, moins riches et plus belliqueux,
la protection spéciale qu'ils trouvoient autrefois dans le Gouvernement Français ; et
comme l'Angleterre regagneroit tôt ou tard,
sur les cantons protestans, l'influence qu'elle
y a toujours exercée, la France ne trouveroit plus que des ennemis là où le voisinage
et la reconnoissance lui donnoient des alliés.

Mais il est impossible aujourd'hui, pour
la Suisse, de revenir au gouvernement fédé-

ratif, véritable démocratie d'Etats, la plus foible de toutes les institutions politiques, parce que le principe de division ou de popularisme, est dans le tout comme il est dans chaque partie ; et il y a de quoi s'étonner de voir un écrivain politique, M. de Montesquieu lui-même ; appeler *éternel* un Gouvernement qui devoit, quarante ans après, tomber au premier choc.

On me permettra une comparaison. Si les tours de Notre-Dame de Paris venoient à s'écrouler, on les rebâtiroit telles qu'elles sont, plus belles peut-être, parce qu'il n'y a dans leur construction rien que de naturel à la destination de ces sortes d'édifices ; mais il n'y a pas d'architecte au monde qui pût rétablir, s'il étoit détruit, cet arc-boutant de l'église Saint-Nicaise de Rheims, qui s'ébranle sensiblement au mouvement d'une certaine cloche, parce que cet effet, contre la nature d'un édifice, et hors de toutes les règles, a été produit par une combinaison d'accidens qui s'est faite sans dessein, et que les hommes ne peuvent connoître, et encore moins reproduire. L'application est facile à saisir.

La France, dont le temps avoit fondu la constitution dans le moule de la nature, renversée par la révolution, se relève sur ses bases antiques, et même plus grande et plus forte ; la Suisse, où des institutions fortuites étoient nées les unes après les autres, et non les unes des autres, à mesure que des événemens politiques les avoient amenées, la Suisse ne peut pas plus se rétablir dans la même position, que reproduire les mêmes événemens. D'ailleurs, la confédération helvétique avoit commencé dans l'amitié, et pour la nécessité d'une défense mutuelle ; elle ne peut renaître dans la haine et les rivalités de petits Etats, qui cherchent à s'asservir réciproquement. Il faut avoir le courage de le dire : *La Suisse est hors d'état de se gouverner elle-même.* Puisse cette vérité lui être démontrée par la raison, et sans le secours d'une cruelle expérience ! Puisse-t-elle repousser les conseils de la vanité nationale, ou de la haine étrangère ! Puisse-t-elle sentir qu'aujourd'hui que les événemens l'ont lancée dans le tourbillon politique de l'Europe, son repos une fois violé par la guerre, n'en sera plus respecté

à

à l'avenir; que le théâtre de la lutte entre deux grandes puissances, désormais fixé en Italie, s'étendra plus d'une fois sur son territoire, et que, dans cette position, « l'état » de dépendance, quand il est inévitable, » a, pour un peuple, tous les inconvéniens » de la sujétion, sans en avoir les avantages ».

Quelles que soient, au reste, les préventions trop bien fondées, que d'affreux souvenirs ont laissé dans le cœur de ces hommes simples et profondément exaspérés, le Gouvernement français saura les dissiper, à force de sagesse, de désintéressement et de loyauté: les peuples n'ont pas plus de mémoire que les Gouvernemens.

La partie supérieure de l'Italie, bouleversée comme la Suisse et la Hollande, travaille, comme elles, à se donner une existence politique; car la révolution française a fait naître, chez nos voisins, une foule de constitutions, comme au seizième siècle la réforme de Luther enfanta un nombre infini de sectes. Mais, dans l'effort que font certains Etats pour occuper une place en Europe, ils ne considèrent pas toujours assez celle qu'occupent leurs voisins. Le monde poli-

tique est une relation d'Etats, comme chaque Etat est une relation de familles, et
chaque famille une relation d'hommes.

On doit en politique juger la tendance
générale des Etats, et ne jamais s'arrêter
au caractère personnel des hommes. Quelque modérés que soient les princes de la maison d'Autriche, la monarchie autrichienne
cherchera long-temps à s'étendre en Italie
sur les belles provinces qu'elle a été forcée
d'abandonner. C'est contre ce danger qu'il
faut constituer l'Etat Cisalpin, si l'on veut en
faire un allié utile à la France, et rendre
l'Italie capable de défense.

Les Etats populaires, toujours fondés par
les passions, ont, à leur naissance, une force
prodigieuse d'agression; mais ils ont très-
peu de force de résistance, parce que cette
force ne se trouve que dans la raison qu'ils
n'ont point consultée, et dans la nature qui
repousse leurs institutions. Ces sortes d'Etats
offriroient encore moins de résistance aujour-
d'hui, que les puissances font précéder leurs
généraux par leurs émissaires, et leur canon
par leur argent. Quand on peut, au moyen
d'un chiffre et de quelques zéros, mettre sur

un carré do papier la valeur d'un Etat entier, il n'y a de probité démontrée que celle de l'homme à qui l'Etat appartient, parce qu'il appartient lui-même tout entier à l'Etat. D'ailleurs, la profession militaire est moins considérée dans les Etats populaires que les emplois civils et les professions lucratives ; et s'il y a encore quelque honneur et quelque courage, on ne le trouve que dans les troupes étrangères, à qui les nationaux, plus utilement occupés pour leur fortune, confient, comme en Hollande, la défense de l'Etat.

Il faut donc, pour l'intérêt de la France, de l'Italie, de l'Europe même, placer de ce côté à la porte des Etats Autrichiens, une puissance suffisamment forte, et surtout constituée de telle sorte, qu'elle puisse se défendre elle-même en attendant les secours de la France, ou des autres Etats d'Italie. D'ailleurs, la France un jour ne trouveroit qu'ingratitude et foiblesse dans ces aristocraties, où de grandes mesures effrayeroient de petits intérêts; au lieu qu'elle trouvera de la reconnoissance dans un Etat où le pouvoir sera fixe et indépendant. Car aujour-

K 2

d'hui que la France est parvenue au terme
de son agrandissement, ses voisins ne doivent plus voir en elle qu'un allié.

Cependant l'Italie restera encore partagée
entre plusieurs puissances ; mais elles se ré-
duiront avec le temps. Heureusement pour
l'espèce humaine, le système des petits Etats
est fini en Europe : non que les administrations peu étendues ne soient favorables
au bien-être physique de l'homme; mais les
grands Etats sont plus favorables au développement des vertus publiques qui honorent et
qui conservent la société. Dans beaucoup
d'Etats de l'Europe, le peuple étoit logé,
vêtu et nourri mieux qu'en France; mais
nulle part les classes destinées aux armes,
aux lois et à la religion, ne montroient plus
d'honneur et d'intégrité. Comme il n'y a pas
de petit désordre dans un vaste ensemble, il
est nécessaire que l'ordre règne dans un grand
Etat, ainsi qu'il est nécessaire que la discipline soit sévère dans une grande armée. L'assassinat, par exemple, n'étoit fréquent en
Italie, que parce que les Gouvernemens n'y
étoient pas assez forts pour oser être justes.

Le pape, au milieu des puissances chré-

tiennes, ne peut plus être aujourd'hui, sous
le rapport de ses Etats, qu'un grand seigneur
dans ses terres. Mais son autorité spirituelle
peut s'accroître de tout ce que l'agrandissement des autres puissances lui a ôté de force
proportionnelle dans l'ordre temporel, et
l'influence même politique qu'il en recevroit
comme père commun des chrétiens, serviroit
efficacement à l'affermissement du christianisme, qui ne peut plus être séparé des progrès de la civilisation. Les princes n'oublieront pas cette vérité, confirmée par de terribles exemples : que des craintes chimé-
riques du pouvoir des papes sur le temporel des rois, ont introduit en Europe
la doctrine de la souveraineté du peuple.
On pouvoit appeler des entreprises d'un pape
à l'Eglise ou même à sa nation, comme on
l'a souvent fait en France; mais on ne peut
appeler des volontés populaires qu'au peuple lui-même, ni se sauver du bouleverse-
ment que par la guerre civile.

Nous ne pouvons rien dire de Naples,
qui a été souvent, ainsi que la Sardaigne,
l'appoint des marchés politiques. Son état
ultérieur n'est pas encore fixé, et cette puis-

sance secondaire semble attendre quelques changemens dans sa manière d'être.

Nous nous tairons sur la maison de Savoie. Le chef actuel de cette famille, dégoûté d'un trône qu'il n'a pas occupé, a fait passer à son frère un héritage d'infortunes présentes et d'espérances éloignées. Cette maison a essuyé de grands revers, et cependant elle reçoit de la part de puissances prépondérantes des témoignages d'intérêt qu'on n'accorde guère à des malheurs désespérés.

§ I V.

De l'Empire Germanique.

CONTINUONS le tour de l'Europe. L'Allemagne se présente la première, avec ses deux parties bien distinctes, l'Empereur et l'Empire, que divise une constitution faite en apparence pour les unir. Quelques observations sur l'origine et les accidens de cette constitution si vantée, doivent naturellement précéder ce que nous avons à dire de l'état où se trouve actuellement l'Allemagne, et qu'elle ne peut attribuer qu'à cette même constitution.

Les malheurs des temps et les passions des hommes, en Allemagne comme en France, rendirent viagers d'abord, et plus tard héréditaires, des offices temporaires dans l'origine, ou des commissions. Des fonctions religieuses ou politiques, des services même domestiques, se changèrent insensiblement en principautés séculières ou politiques, successives dans le clergé, héréditaires chez les laïques ; et il y eut des villes et des abbayes *princières* comme des maisons souveraines. Il devint nécessaire alors, sous peine d'anarchie et de dissolution, de fixer ces États, grands et petits, ou plutôt de les arranger dans cet ordre de choses, tout vicieux qu'il étoit, et la constitution germanique en détermina le mode.

Pour constituer le corps, il falloit commencer par la tête ; aussi cette loi fameuse, connue sous le nom de *Bulle d'Or*, qui régla en 1356 la constitution de l'Empire Germanique, eut pour objet principal les attributions, les prérogatives, et les fonctions des princes qui devoient élire le chef de l'Empire ; car il faut remarquer que la première de toutes les dignités avoit cessé d'être héréditaire, lorsque les commissions l'étoient devenues. Heureusement pour l'Allemagne, la maison d'Autriche, constamment élue depuis cette époque au trône impérial, l'occupa par le fait héréditairement. Aucun autre prince de l'Empire n'étoit, à cette époque, assez puissant pour y prétendre, assez fort pour s'y soutenir. Et quel eût été le sort de l'Allemagne, et même du reste de l'Europe chrétienne, si les Turcs, qui s'établirent à Constantinople, précisément un siècle après la naissance de la constitution germanique, maîtres de la Grèce, de la Bulgarie, d'une partie même de la Hongrie, n'eussent trouvé, dans la puissance autrichienne, et dans l'accord des membres de l'Empire, un obstacle insurmontable à leurs progrès? Cette résistance héroïque sauva l'Allemagne, comme l'Allemagne elle-même sauva la chrétienté. Ainsi l'époque de la plus grande force d'agression de l'Empire Ottoman, fut celle de la plus grande force de résistance de la monarchie autrichienne : Charles-Quint et Soliman II furent contemporains, et même rivaux; et la plus excessive puissance, depuis Charlemagne, un nouveau monde tout

entier fut donné au chef de l'Empire Germanique , pour repousser la plus terrible invasion qui ait menacé l'Europe, depuis
Attila.

Toute sorte de motifs donnoient l'Empire
à la maison d'Autriche. François Ier., dans
son humeur chevaleresque, le lui disputa ;
mais heureusement pour l'Allemagne, et
plus encore pour la France, il échoua dans
ses prétentions.

Le luthéranisme, né pendant cette lutte,
mit à découvert le vice fondamental de la
constitution germanique , dans le même
temps que les Ottomans attaquoient les
frontières de l'Allemagne. Cette coïnci-
dence est remarquable. Luther, dans ses
déclamations furieuses, regardoit le pape
comme plus dangereux à l'Allemagne que les
Turcs; aussi la philosophie moderne, arrière-
petite-fille du luthéranisme, et qui n'est,
pour ainsi dire, qu'une réforme dans la réformation, a montré de tout temps une pré-
dilection singulière pour la morale des sectateurs de Mahomet , qu'elle affecte sans
cesse de mettre en parallèle avec la doctrine
de Jésus-Christ et la conduite des chrétiens.

En même temps que la réformation souleva les fidèles contre l'autorité religieuse, elle arma les peuples contre leur souverain, et dans l'Empire, les membres même contre leur chef. Charles-Quint fut vainqueur, et usa de la victoire en maître irrité. Les plus foibles implorèrent des secours étrangers, et des querelles de famille devinrent d'affreuses guerres civiles. François Iᵉʳ. attira les Turcs dans l'Empire et en Italie ; il soutint les protestans d'Allemagne. Ceux-ci, à leur tour, accoururent, quelques années après, pour défendre leurs frères de France, et, plus tard, ils ouvrirent aux Suédois les portes de l'Empire.

Cet état de choses dura jusqu'à la paix de Westphalie, qui termina une guerre de trente ans entre la Suède, l'Empire, la France, etc., mais qui constitua une guerre interminable entre l'Empire et l'Empereur. Alors les membres furent distingués du chef, et la partie *évangélique* de la confédération, de la partie catholique. La religion, qui étoit le lien de la ligue germanique, lorsqu'elle étoit *une*, la divisa en deux partis, lorsqu'elle fut, elle-même, divisée en deux

communions. L'empereur ne fut plus le père
de la famille, il en fut l'ennemi, et il fallut
chercher contre lui - même des protecteurs
chez les puissances voisines. Le roi de Suède,
possessionné en Allemagne, fut le garant
ostensible de la confédération ; le roi de
France, plus voisin et plus puissant, en fût
le protecteur réel : car cette constitution,
hors d'état de se défendre elle-même, étoit
une véritable idole, que des prêtres nombreux qui vivoient à Ratisbonne de son culte,
faisoient parler, mais qu'ils ne pouvoient
faire agir.

Depuis que les rois de France ne prétendoient plus à l'empire d'Allemagne, ils avoient
deux motifs, l'un personnel en quelque sorte,
l'autre naturel à la France, de s'immiscer
dans les affaires du corps germanique. Le
premier étoit une crainte de l'Autriche, héréditaire dans notre cabinet depuis Charles-
Quint, et qui faisoit le fond de notre politique ; le second étoit la tendance naturelle de la France à s'agrandir aux dépens
de l'Allemagne, et à la repousser jusqu'au
delà du Rhin ; tendance aperçue, même
en Allemagne, par de bons esprits, et par-

ticulièrement par Leibnitz, au commencement de ce siècle. Le premier de ces motifs
étoit, depuis Turenne, une pure illusion; la
France bien administrée, et les Français
bien commandés, n'avoient rien à redouter:
mais, lorsque les gouvernemens, forcés à
une certaine conduite par des motifs déterminés, continuent à marcher dans les mêmes
voies, après que ces motifs ont cessé, ils font
fausse route, jusqu'à ce qu'ils donnent contre
l'écueil. De là ces combinaisons erronées qui
nous faisoient soutenir en Allemagne la réformation que nous cherchions à détruire
chez nous; de là nos ruineuses intrigues à la
Porte, en Suède, dans les petits Etats d'Allemagne, que nous aurions compromis cent
fois, et jetés, les uns après les autres, dans les
serres de l'aigle, s'il ne se fût élevé; dans le
sein même de l'Empire, une puissance redoutable à la maison d'Autriche, et qui ne
pouvoit, aux mêmes titres que la France,
effrayer les co-Etats de l'Empire de sa protection. Je veux parler de la Prusse.

L'élévation de la maison de Brandebourg
avoit été dans l'origine un résultat de
la réformation. Tous les regards, en Alle-

magne, et bientôt en Europe, se tournèrent
vers cet astre nouveau, qui jetoit à sa naissance un éclat prodigieux. Dès que les membres de l'Empire, et en particulier les évangéliques, eurent parmi eux une puissance capable de les défendre, les affections dans l'Empire se divisèrent. L'influence de la France
y baissa sensiblement. La Suède, depuis long-
temps, n'y étoit plus comptée pour rien : elle
avoit, sous Charles XII, échangé une puissance réelle contre de brillantes illusions, et
elle étoit trop occupée à se garantir de sa propre constitution, pour pouvoir garantir celle
de ses voisins.

Mais la nature des choses, plus encore que
les passions des hommes, a précipité la ruine
de la constitution germanique. Son objet, sa
raison étoient de défendre l'Empire contre la
Turquie et contre la France, alliées depuis
François Ier. Or, l'Empire Ottoman, réduit,
et sans retour, au dernier degré d'impuissance, n'est plus que l'ombre de ce qu'il a été;
et la France a terminé son accroissement sur
l'Allemagne. La confédération germanique
se trouve donc aujourd'hui sans objet, au
moins extérieur, à peu près comme ces ins-

titutions religieuses et militaires, nées dans les croisades, pour escorter les voyageurs qui alloient en pélerinage à la Terre-Sainte.

Mais si la constitution germanique n'est plus nécessaire à l'Empire pour le défendre de ses ennemis extérieurs, puisqu'il n'en a plus, et que, d'ailleurs, c'est cette même constitution qui a facilité dans tous les temps le moyen de le diviser et de l'envahir; elle est à l'intérieur une source féconde de divisions, dont le résultat inévitable sera d'amener l'Allemagne à la constitution naturelle des sociétés, et de la réunir toute dans quelques souverainetés indépendantes, gouvernées par des lois fondamentales sous des chefs absolus.

Tout semble donc annoncer que l'Allemagne obéira encore un siècle peut-être, à sa constitution fédérative; la même, au fond, que l'ancienne, mais différente, quant aux formes, dans lesquelles les événemens de la guerre présente produiront des changemens inévitables.

Le roi de Prusse, dans ces derniers temps, a travaillé sur un grand plan. Assez fort pour être indépendant, il a paru vouloir briser les liens importuns de subordination qui attachent l'électeur de Brandebourg, le prince de Magdebourg, le duc de Clèves, le margrave d'Anspach et de Bareuth, etc., au chef suprême de l'Empire. Non content de se soustraire lui-même aux devoirs de co-Etat de la confédération, il a entraîné dans sa défection, décorée du nom de *neutralité*, le nord de l'Allemagne, en présentant l'appât d'une tranquillité présente à des princes qui oublient que la paix naît de la guerre, comme le repos de l'action, et que si la paix est le premier bien des peuples, l'inertie est le fléau le plus dangereux des sociétés.

Ce ne sera peut-être pas sans contestation que la Prusse recueillera les fruits de sa politique. Les invitations les plus amicales, les démonstrations les plus menaçantes, n'ont pas empêché les Etats de Munster de se donner un souverain de la maison d'Autriche, et la reconnoissance envers la Prusse qui les a préservés du fléau de la guerre, a cédé à des considérations d'intérêt plus puissantes. La maison de Hesse-Cassel, quels que soient les liens de parenté, de religion, de voisinage, de reconnoissance même, qui l'attachent à la fortune de la Prusse, ne tiendra pas contre l'offre de l'électorat, le *nec plus ultrà* de son ambition. La maison de Saxe, que son éloignement a défendue de la guerre, plutôt que l'égide de la neutralité, aigrie par d'anciens souvenirs contre la maison de Brandebourg, unie à l'Autriche par des liens domestiques, ne doit pas désirer la ruine de la constitution germanique, qui, à la place d'une indépendance illusoire au milieu de grandes puissances, lui offre les avantages réels que sa dignité et son importance lui font trouver dans la confédération. Le seul Etat puissant de l'Empire, qui soit uni d'intérêts avec le cabinet de Berlin, est la Bavière, qui redoute le voisinage et les prétentions de la maison d'Autriche. Aussi il n'y a rien que la Bavière ne fasse depuis long-temps pour s'identifier à la Prusse : les alliances du prince régnant, et l'admission des réformés, rapprocheront peu à peu cette puissance du corps évangélique. Les brusques changemens que le cabinet de Munich exécute, au grand déplaisir des Bavarois, dans un ordre de choses ecclésiastiques, si cher au peuple le plus dévot

dévot de l'Europe, et qui ne s'en battoit pas moins bien sous *Mercy*, rapprochés des changemens en sens inverse qui se font en Autriche, sont un mystère impénétrable pour ceux qui croyoient qu'il est dangereux à un prince d'aliéner le cœur de ses sujets, lorsqu'il a à redouter une grande puissance à son voisinage, et surtout si ses sujets trouvent sous la domination de cette puissance ce qu'on leur ôte chez eux.

Il semble qu'on puisse former quelques conjectures sur la nouvelle forme que recevra la constitution germanique, d'après ce qui s'est passé à Ratisbonne relativement aux sécularisations.

Les villes capitales, et la plus grande partie du territoire des trois électorats ecclésiastiques, partie intégrante de la confédération germanique, sont réunis à la France, et les autres principautés ecclésiastiques sont destinées à servir d'indemnités aux maisons séculières. Il n'y a de principautés vraiment nécessaires dans l'Empire que les électorats, puisque sans eux l'Empire ne peut avoir de chef. On rétablira donc des électorats, sans doute, et des électorats laïques, à la place des

électorats ecclésiastiques. On a pu remarquer
que, dans le décret de commission impériale,
pour l'affaire des indemnités, l'empereur a
adjoint aux commissaires impériaux des commissaires des Etats de Saxe, Brandebourg,
Bavière, Mayence, Bohême, l'Ordre Teutonique, Wirtemberg et Hesse-Cassel. Il n'est
peut-être pas déplacé de conjecturer que
ces princes sont destinés à former le nouveau corps électoral. D'abord les catholiques et les évangéliques y sont en nombre
égal; car la Saxe vote dans le banc des
évangéliques, quoique les princes de cette
maison soient catholiques. Hesse et Wirtemberg étoient, depuis long-temps, sur les
rangs, pour la dignité électorale, but constant de leur politique versatile; et quant
aux Etats de l'Ordre Teutonique, il est à
croire que la maison d'Autriche, qui perd
en Italie le duché de Modène et le grand
duché de Toscane, voudra, si elle perd encore en Allemagne l'électorat de Cologne,
qu'elle étoit toujours sûre de faire donner à
un de ses nombreux archiducs, créer pour
eux un électorat catholique, et qui même
pourroit être électif comme la grande maîtrise

de l'Ordre Teutonique. Cet électorat seroit formé des Etats de cet ordre militaire et religieux, agrandi en Franconie de quelques principautés ecclésiastiques, ou même de quelques Etats du roi de Prusse, qui recevroit, en échange des pays dans la Basse-Allemagne, Munster, ou la partie transrhénane de l'archevêché de Cologne.

Toute l'Allemagne verroit avec plaisir le héros de l'Empire, l'archiduc Charles, grand maître actuel de l'Ordre Teutonique, élevé à la dignité d'électeur. Dans cette supposition, il ne resteroit d'électeur ecclésiastique que l'archevêque de Mayence, qui, sans doute, recevroit une autre dénomination; cet électeur est archi-chancelier de Germanie, comme ceux de Trèves et de Cologne l'étoient des Gaules et de l'Italie. Cette dignité d'archi-chancelier, depuis long-temps la seule nécessaire des trois, et d'une haute importance pour les affaires de l'Empire dans une constitution aussi *formaliste*, ne pourroit peut-être, sans inconvénient, être confiée à un prince laïque, plus entouré d'intérêts personnels et domestiques qu'un ecclésiastique.

L'exclusion donnée à l'électeur d'Hanovre dans l'affaire des indemnités, annonceroit-elle l'abolition possible de cet électorat de nouvelle date? Les Etats d'Hanovre seroient-ils destinés à indemniser la maison d'Orange, qui recevroit aujourd'hui un asile de ce même pays à qui, il y a un siècle, elle donna des rois? L'Empire Germanique voudroit-il secouer le joug des rois étrangers? ou plutôt, aujourd'hui que la France et l'Autriche, séparées, du côté de l'Allemagne, par des bornes qu'elles ne franchiront plus, ne peuvent plus guerroyer à la volonté de l'Angleterre, des Etats sur le continent, toujours attaqués et jamais défendus, ne deviennent-ils pas plus onéreux qu'utiles à cette dernière puissance? La maison royale y perdroit quelques apanages pour ses princes, quelques soldats pour ses troupes; mais les vrais Anglais qui tiennent au système maritime plus qu'au système continental, verroient sans peine échapper cette possession où l'on ne peut aller par mer, et qui n'offre point d'argent à gagner.

Dans cette nouvelle composition du corps électoral, la maison d'Autriche seroit égale-

ment assurée de la majorité des voix pour
la dignité impériale : il faudroit, pour la lui
faire perdre, d'énormes fautes ou des revers
inouis dont la chance n'est pas, pour ainsi
dire, dans la fortune de cette maison, encore moins dans l'habileté héréditaire de son
cabinet. Le corps évangélique qu'elle pourroit redouter, va toujours s'affoiblissant ; il
n'est pas au pouvoir des princes de faire re-
vivre l'esprit qui le forma ; et c'est ce qui
doit rassurer sur le danger des sécularisations. La religion chrétienne gagnera en
puissance sur les esprits tout ce qu'elle perdra en domination sur les corps, domination contraire à la nature du ministère religieux, qui doit être propriétaire dans le sol,
et non souverain de l'Etat.

La France, quoiqu'avec moins d'intérêt
qu'autrefois, se portera peut-être pour ga-
rante des arrangemens intérieurs de l'Allemagne, surtout si la Russie veut y prendre
la place de la Suède. Cet Empire s'agite
prodigieusement pour étendre son influence.
Placé sur les confins de l'Europe et de l'Asie,
il pèse à la fois sur toutes les deux, et depuis
les Romains, aucune puissance n'a montré

une plus grande force d'expansion. Il en est ainsi dans tout Etat où le gouvernement est éclairé, et le peuple barbare, et qui réunit l'extrême habileté du moteur à l'extrême ducilité de l'instrument (1).

§ V.

De la Russie.

LA Russie n'a pas marché du même pas que les autres nations dans la route des connoissances humaines. Elle étoit encore ensevelie dans les ténèbres de l'ignorance et de la grossièreté, que l'Europe brilloit depuis long-temps de tout l'éclat que répandent sur les peuples la culture des beaux-arts, l'étude des sciences, et la politesse des manières.

Si le principe de cette différence dans les progrès des peuples modernes eût été dans la diversité des climats qu'ils habitent, le midi eût été toujours éclairé, et le nord

___

(1) Il n'y a de différence importante entre mes conjectures sur l'Empire Germanique, et le plan d'indemnités proposé par la France et la Russie, qu'un électorat donné à la maison de Bade : mais ce plan lui-même peut être modifié.

ne le seroit jamais; mais la cause en étoit accidentelle, et il n'est pas difficile de la découvrir.

Les lumières qui, dans le monde moderne, se sont répandues sur cette partie de l'Europe, qu'on appelle *latine* ou *romaine*, pour la distinguer de la partie grecque, partoient de Rome chrétienne; et l'Europe en avoit été éclairée successivement, et selon la distance à laquelle les Etats qui la composent se trouvoient du centre et du foyer, en quelque sorte, de la civilisation.

L'Italie, les Gaules, les Espagnes, l'Angleterre, la Germanie, la Pologne, avoient été, l'une après l'autre, et à peu près dans l'ordre que je viens de les nommer, converties et éclairées. Ce n'est pas que, dès les premiers temps de l'église, il n'y eût eu des chrétiens dans ces différens pays, et même dans d'autres bien plus éloignés; mais ces nations renouvelées par les invasions successives des peuples septentrionaux, qui débordèrent sur l'Empire romain vers le troisième siècle de l'ère chrétienne, ne passèrent en corps et avec leurs chefs, sous le joug de la foi, que postérieurement à cette mémorable époque de l'histoire du monde.

La Russie alloit, à son tour, participer au bienfait du christianisme, et recevoir de Rome, avec les apôtres de l'Evangile, les propagateurs de la civilisation, lorsque les Grecs se séparèrent de l'église romaine, et tombèrent dans le schisme qui dure encore. Ce fut à cette époque que les patriarches de Constantinople envoyèrent quelques missionnaires en Russie, dont les habitans sont ou se croient Grecs d'origine, et qui d'ailleurs, étoient plus voisins de la Grèce que de l'Italie, dans un temps où la terre étoit presque la seule voie de communication entre les peuples. Cent ans après, et vers la fin du dixième siècle, la nation russe fut convertie à la foi chrétienne, avec son chef Wolodimir, et l'église russe fondée par les soins du patriarche de Constantinople. Cette nouvelle église, enfantée au christianisme par une naissance illégitime, ne reçut qu'un faux jour qui servit à l'éclairer sur les absurdités de l'idolâtrie, plutôt qu'à lui donner la pleine intelligence des dogmes religieux, et qui la trompa même sur un des plus essentiels ; je veux dire celui de l'unité de l'église et de

l'autorité du souverain pontife , seul rempart contre l'anarchie des opinions, et les
révoltes de l'hérésie.

Les Grecs , livrés depuis à de vaines disputes, et plus occupés à soutenir leur rébellion
religieuse qu'à défendre leur indépendance
politique, tombèrent à la fin sous la domination des Turcs. Ils firent une église séparée du reste des chrétiens ; mais ils cessèrent de former un peuple , et furent confondus avec des barbares. « Seul peuple chré-
» tien, dit la *Théorie du Pouvoir* , asservi
» à des maîtres qui ne le soient pas, il porte
» la peine de son schisme, moins par la ri-
» gueur de l'oppression que par la honte de
» la servitude ».

La Russie se trouva donc placée entre
les deux grandes divisions du monde chrétien, les Latins et les Grecs, et fut étrangère aux uns et aux autres. Le schisme la
séparoit des Latins. Deux causes, outre son
éloignement, l'isoloient aussi des Grecs :
ceux-ci craignoient d'inspirer de l'ombrage
à leurs nouveaux maîtres, en communi-
quant avec elle ; et l'établissement d'un patriarche particulier indépendant de celui

de Constantinople, rompit toute communication entre ces deux peuples.

La Russie tomba dans une ignorance pro-
fonde et de grossières superstitions. Elle
conserva des vestiges d'idolâtrie avec le
culte du christianisme, mêla les ténèbres du
schisme aux lumières de la foi, et se composa
ainsi une religion toute de mots, de céré-
monies, de légendes et d'abstinences, qui
est au véritable christianisme à peu près ce
que le judaïsme des rabbins, suivi par les
Juifs modernes, est au culte mosaïque. On
ne peut assez le dire aux hommes d'Etat :
les peuples sont toujours placés entre la superstition et la religion, comme entre la tyrannie et un gouvernement régulier. Ils deviennent crédules en cessant d'être croyans,
comme ils deviennent esclaves dès qu'ils ces-
sent d'être sujets. Le christianisme travaille
depuis sa naissance à déraciner les superstitions; mais lentement, mais avec ménagement pour la foiblesse des peuples, mais
avec le temps enfin qu'on peut appeler le
premier ministre de la vérité. La philosophie moderne, au contraire, laisse au peuple ses superstitions en échange de l'autorité

qu'elle prend sur lui; et elle souffre, même
à Paris, qu'il coure publiquement aux di-
seurs de bonne aventure, pourvu qu'il n'aille
pas au prône de son curé.

Je reviens à la Russie. Elle n'étoit, sous
Louis XIV, d'aucun poids dans la balance
de l'Europe, et n'étoit guère plus connue,
même de ses voisins, que ne le sont aujour-
d'hui les Samoyèdes et les Tounguses. L'alliance d'un de nos premiers rois de la troisième race avec une princesse russe, fut un
phénomène remarqué par tous les historiens;
et dans ces temps d'entreprises chevaleres-
ques, ce mariage, qui n'eut aucune influence
sur les communications des deux peuples,
ressemble tout à fait à une aventure.

Cependant la Russie renfermoit les germes
de toute perfection sociale dans les élémens
de sa constitution religieuse et politique.
C'étoit le levain qui devoit faire fermenter
la pâte, et ce grand corps où dormoient de
si nombreux moyens de force et de lumières,
arrêté dans la route de la civilisation, n'attendoit que cette voix puissante qui dit à
une nation paralysée : *Lève-toi, et marche.*

La Russie commença par deux hommes,

Pierre Ier. et Charles XII. La religion fonde les Etats ; la conquête les étend ; le commerce les polit, et trop souvent les corrompt ; Pierre Ier., qui trouva dans les siens une religion établie, l'asservit au lieu de l'épurer, et lui ôta ainsi toute dignité à l'instant qu'il auroit fallu lui donner plus de force. Ses Etats n'étoient que trop étendus. Il commença l'éducation de son peuple comme nous commençons aujourd'hui celle de nos enfans, par les arts et le commerce, et il introduisit la corruption avant de former la raison.

Charlemagne avoit fait une révolution chrétienne dans la Germanie idolâtre ; Pierre Ier. a plutôt fait une révolution philosophique dans la Russie chrétienne : il l'a polie par les arts plus encore qu'il ne l'a civilisée par les lois ; de là le luxe et la politesse de la cour, les vices et la grossièreté du peuple, la corruption privée et publique, tous les désordres de la cupidité et de l'ambition ; car l'histoire sévère ne manquera pas de remarquer que la Russie, depuis son entrée dans le monde, a entretenu l'Europe de soupçons de grands crimes, autant que de récits de grands exploits.

Trompé par la prospérité précaire et factice de la Hollande, et égaré par les conseils d'un Génevois, Pierre dirigea ses vues, ses courses, ses efforts en tout genre vers la puissance commerciale et maritime, et delà son apprentissage tant vanté du métier de constructeur. Il faisoit, dans un sens opposé, la faute qu'avoient faite les rois d'Angleterre, qui s'obstinoient à vouloir s'établir en France, et prétendoient être, malgré la nature, une puissance continentale : système qui a duré jusqu'à Elisabeth, et que les Stuarts, à qui l'Angleterre doit tout ce qu'elle a acquis de puissance, changèrent pour le système maritime.

Ce système convenoit si peu à la Russie, au moins à cette époque, qu'il est ce que les Russes, au milieu de leurs progrès en tout genre, ont le moins perfectionné; car leur marine est encore dans l'enfance, et leurs marins aux élémens. Enfin, Charles XII força son rival à développer cette puissance militaire qui devoit être si formidable à l'Europe, si funeste à la Suède, et révélant à cet Empire le secret de sa force, le mit sur la voie de sa propre grandeur.

Pierre Ier., plus frappé, ce semble, de l'éclat des arts que de la gloire des armes, auroit peut-être mieux convenu à la Suède, qui avoit besoin de reposer dans la paix ses forces épuisées par la guerre de trente ans : et Charles XII, avec son stoïcisme austère, et son amour effréné pour la gloire militaire, auroit, ce semble, mieux convenu à la Russie, et donné à cette masse inerte une impulsion plus puissante, et même une direction plus noble et plus morale.

Arrêtons - nous un moment devant ce Charles XII, comme on s'arrête devant ces pyramides du désert, dont l'œil étonné contemple les énormes proportions avant que la raison se demande quelle est leur utilité. On aime à voir, dans cet homme extraordinaire, l'alliance si rare des vertus privées et des qualités héroïques, même avec cette exagération qui a fait de ce prince le phénomène des siècles civilisés. On admire, et ce profond mépris des voluptés et de la vie, et cette soif démesurée de la gloire, et cette extrême simplicité de mœurs, et cette étonnante intrépidité, et sa familiarité, sa bonté même envers les siens, et sa sévérité sur lui-

même, et ces expéditions fabuleuses, entreprises avec tant d'audace, et cette défaite de
Pultawa soutenue avec tant de fermeté, et
cette prison de Bender où il montra tant de
hauteur, et ce roi qui commande le respect
à des barbares, lorsqu'ils n'ont plus rien à
en craindre, l'amour à ses sujets, lorsqu'ils
ne peuvent plus rien en attendre, et, quoique
absent, l'obéissance dans ces mêmes Etats,
où ses successeurs présens n'ont pas toujours
pu l'obtenir ; et, à la vue de cette combinaison unique de qualités et d'événemens, on
est tenté d'appliquer à ce prince ce mot du
père Daniel, en parlant de notre saint Louis :
« Un des plus grands hommes, et des plus
» singuliers qui aient été ».

Après cet exposé rapide des progrès de la
Russie, il est temps d'examiner son état
intérieur, et ses rapports avec le reste de
l'Europe.

La Russie étoit, à sa naissance, entourée
de voisins puissans, autant ou plus qu'elle,
parce qu'ils étoient plus instruits, ou plus
guerriers. Elle étoit balancée par la Suède,
se défendoit avec peine contre la Pologne,
étoit inquiétée par les Tartares, quelquefois

battue par les Turcs. A mesure qu'elle a
pris des forces, son Gouvernement, comme
celui de Rome, habile à diviser, habile à
combattre, a tout soumis autour de lui, tout
envahi, ou tout contenu; mais Rome ne
trouva point de bornes à ses progrès, parce
qu'elle attaqua toujours des peuples inférieurs à elle en moyens militaires et politiques; au lieu que la Russie, comme il arrive entre des peuples à peu près également
avancés, a posé elle-même une limite à son
agrandissement vers l'Europe, à l'instant où,
par le partage de la Pologne, elle s'est trouvée en contact avec l'Autriche et la Prusse,
aussi fortes que la Russie par leurs armées,
plus fortes par leurs lumières.

La Russie n'envahira pas sans doute la
Suède, ni le Danemarck, parce qu'elle a,
sur ces deux États, les avantages de l'influence, sans avoir les embarras de l'administration. Elle les entraîne dans son orbite,
leur inspire ses desseins, leur commande des
démarches qu'elle ne soutient pas toujours,
quelquefois les précède pour les retenir, et
les suit pour les exciter. Le Danemarck ne
se plaint pas : la Suède, haïe, et peut-être
redoutée,

redoutée, supporte le joug avec impatience ; et même dans sa dernière guerre contre la Russie, elle a tenté de lui porter un coup sensible, en profitant de la faute qu'a faite Pierre Ier. de placer sa capitale à l'extrémité de ses États, et trop près de l'ennemi.

La Russie s'étendra tôt ou tard sur l'Empire Ottoman ; mais elle posera elle-même une borne à tout accroissement ultérieur de ce côté, en fondant l'Empire Grec ; car on peut conjecturer que Constantinople et Pétersbourg n'appartiendront pas un demi-siècle au même maître. Cependant la Turquie traînera son existence, jusqu'à ce que les grandes puissances aient pu s'arranger de sa dépouille.

L'Angleterre a enlacé la Russie dans les filets de son vaste commerce : elle y verse beaucoup d'argent, puissant moyen d'influence en Russie, même sur les grands, qui aiment l'or et qui le prodiguent ; car ce peuple, placé sur les confins de l'état sauvage et de l'état civilisé, ainsi que son pays sur les limites des deux zones, réunit les extrêmes dans le caractère de ses habitans, comme dans la température de son climat.

Comme le développement de la Russie a commencé par la politique, elle n'a perfectionné que sa force physique et ses arts; s'il continue par la religion, si elle revient au centre de l'unité, comme elle n'en paroît pas éloignée, sa religion, devenue l'alliée du Gouvernement, en cessant d'être son esclave, prendra plus de dignité; ses ministres, plus de décence; son culte, plus de morale; son peuple, plus d'instruction, et l'intempérance, la cupidité, la fourberie, d'autres vices encore, disparoîtront peu à peu de la société.

Jusqu'à Pierre Iᵉʳ., la succession au pouvoir étoit héréditaire. Cette loi naturelle, dans un Etat qui a fini sa constitution, est dangereuse pour une nation naissante, qui n'est pas encore assez forte pour résister aux chances quelquefois fâcheuses de l'hérédité. Aussi Pierre Iᵉʳ., dominé moins par son génie que par la force des choses, fit une loi qui donne au prince régnant le droit de se nommer un successeur; droit que la loi confie à la sagesse, et que les passions lui enlèvent toujours.

Paul Iᵉʳ., jugeant son Etat assez fort, et les grands assez soumis, revint à l'ancienne

institution. Sa mort paroît avoir troublé ce
nouvel ordre de succession, s'il est vrai
que le prince régnant ait rétabli la loi de
Pierre Ier. Il semble même qu'il se soit fait
dans la constitution de l'Empire un changement plus important, et que le sénat ait
acquis quelque part au pouvoir. Si cela est,
ou si cela dure, la Russie est condamnée à
des troubles intérieurs, dont elle ne trouvera
de remède qu'en portant sans cesse la guerre
au dehors. Les États où le pouvoir n'est pas
fixé, sont soumis, quand ils sont puissans, à
la dure alternative de se détruire eux-mêmes,
ou de détruire leurs voisins ; et ils sont toujours placés entre la conquête et les révolutions.

§ VI.

De la Suède et du Danemarck.

LA Suède, placée aux confins du monde civilisé, avec une population foible, dispersée
sous un climat rigoureux, et sur un sol immense et presque partout stérile, sans numé-
raire et sans colonies, a long-temps entretenu
l'Europe du bruit de ses expéditions romanes-
ques, et a joui, pendant plus d'un siècle, d'une

considération qui ressembloit à de la puissance. Comme elle a eu une grande part à la révolution politique et religieuse que le traité de Westphalie a faite en Europe, on nous permettra d'entrer dans quelques détails sur l'histoire, et l'on pourroit dire sur les aventures de cette société.

Après une alternative de quelques siècles de troubles et de guerres, de force et de foiblesse, et ces progrès lents des lumières, qui remplissent l'enfance de tous les peuples modernes, et forment, pour ainsi dire, leur première éducation, la Suède échut par voie d'héritage à Marguerite de Waldemar, déjà reine de Danemarck par sa naissance, et de Norwège par son mariage avec Haquin, dernier roi de ce pays. Rien ne prouve mieux que les peuples viennent d'une famille, que de voir dans les premiers temps du monde, et le premier âge de presque toutes les nations, les Etats transmis par testament, par donation, ou portés en dot comme des biens domestiques, et deux peuples se confondre par l'alliance de deux maisons. Marguerite, connue sous le nom de *la Danoise*, voulut unir irrévocablement ces trois parties de l'an-

cienne Scandinavie et de la Chersonèse cim-
brique, berceau de l'Europe moderne, par
le célèbre acte d'union consenti à *Calmar* en
1395. Ce projet formé par la sagesse, la folie le
renversa, et il n'en resta d'autre monument
que trois couronnes placées au haut de la tour
de Calmar, et dans les armes de Suède et
de Danemarck, et l'expression usitée dans la
langue diplomatique de l'Europe, *des couronnes du nord*, pour désigner les trois États
de la Suède, du Danemarck et de la Norwège. On prendra une idée assez juste des
rapports politiques et commerciaux de ces
trois pays, à cette époque, lorsqu'on saura
que Marguerite disoit à son neveu Eric,
qui lui succéda dans ces trois royaumes : *La
Suède vous nourrira, la Norwège vous
vêtira, et le Danemarck vous défendra.*
Ces rapports ont changé, et le Danemarck
aujourd'hui vaut mieux pour nourrir, et
la Suède pour défendre.

Après plus d'un siècle de succession colla-
térale du royaume de Suède, en faveur de
princes étrangers à la Suède, et même au Danemarck ; de régences exercées par des Suédois, entremêlées aux règnes de quelques

princes danois, et d'une anarchie presque continuelle, suite inévitable d'une succession aussi désordonnée, le sort des armes fit tomber la Suède aux mains de Christiern Ier., roi de Danemarck, appelé le *tyran*, ou le *Néron* du nord; prince né pour déshonorer le pouvoir, la première loi des Etats, et le premier besoin des hommes.

La domination qu'un conquérant étranger exerce sur un peuple qu'il a soumis tout entier, est toujours dure et défiante, parce qu'il peut craindre de la part d'une nation, une révolte générale, et il aggrave le joug à proportion qu'il voit dans les sujets plus de dispositions et de moyens de s'y soustraire. Christiern voulut s'affranchir, d'un seul coup, de la crainte d'une rébellion en Suède, en se débarrassant de tous les chefs du peuple. En 1520, au jour fixé pour son couronnement, après une fête qui avoit duré plusieurs jours, il fit assassiner, dans la salle du festin, à Stockholm, cent évêques ou principaux seigneurs. Quand on rapproche cet événement épouvantable d'événemens arrivés pour les mêmes motifs dans d'autres pays, on aperçoit ce que toutes les révolutions ont de semblable, et ce que chaque tyrannie a de différent.

Depuis bien des siècles, en Suède, les générations se transmettoient fidèlement l'une à l'autre une haine désespérée contre les Danois, plus encore que l'amour de leur propre indépendance : l'attentat horrible de Christiern y mit le comble, et un homme fut appelé à recueillir cet héritage national. Gustave Wasa, issu d'une maison qui avoit régné sur la Suède, échappé lui-même au massacre de Stockholm, parut, comme tous les hommes extraordinaires, au moment précis de la maturité des événemens; un peu plus tôt il eût échoué ; comme son successeur, plus grand que lui, échoua quelques années après dans de plus vastes desseins. Wasa appelle à lui, du fond des forêts et des mines de la Dalécarlie, quelques paysans occupés de leurs travaux : il exalte leur haine; il leur inspire son courage; il discipline leur ardeur; et combattant à leur tête, il chasse les Danois, qui n'ont pu depuis cette époque s'établir en Suède. Gustave rendit le pouvoir héréditaire dans sa famille, et mourut comblé d'ans et de gloire, adoré du peuple, ré-

véré de la noblesse, dit l'abbé de Vertot :
d'autres historiens prétendent qu'il parut au-
dessous de sa gloire, et qu'il fit moins aimer
aux Suédois sa domination, qu'il ne leur fit
haïr la tyrannie étrangère ; car un prince
qui fait une révolution, est presque toujours
un objet de contradiction pour ses contemporains, et souvent un problème pour la
postérité.

Gustave fit révolution, non-seulement
dans le gouvernement, mais encore dans la
religion. Frappé de quelques désordres dans
le clergé, jaloux de son crédit, et surtout de
ses richesses, il méconnut les bienfaits de la
religion catholique, le frein le plus puissant
des hommes et des peuples, et il voulut faire
adopter en Suède les nouveautés que les prédications de Luther avoient introduites en Allemagne. De libérateur de ses peuples, il en
devint le persécuteur. La Suède, assez récemment convertie au christianisme, avoit
été souvent troublée par la lutte des pouvoirs
politique et religieux, non encore exactement
définis chez les peuples naissans, où le pouvoir religieux se trouve toujours plus avancé
dans sa constitution que le pouvoir politique.

Cependant elle opposa aux innovations religieuses une longue et forte résistance. On vit les prêtres et les fidèles, les nobles et le peuple, les hommes et les femmes, attachés à leur ancienne croyance, surtout à cette partie du culte qui lie les vivans aux morts, et des souvenirs si touchans à des pratiques si innocentes et si pieuses, se retirer dans les montagnes inaccessibles de la Dalécarlie, et demander la liberté religieuse aux mêmes lieux d'où étoit sortie la liberté politique. Les Dalécarliens, constans dans leurs usages comme tous les peuples pauvres et isolés, prirent même les armes ; mais sans chef et sans discipline. Tout plia sous le vainqueur, et même la pensée. Ce ne fut cependant qu'en conservant les livrées du catholicisme, que le luthéranisme pût s'introduire en Suède, et l'on y retint l'épiscopat, quelque chose de la liturgie, et jusqu'à un reste de confession auriculaire (1). Ce luthéranisme ainsi déguisé, qui adaptoit les

_____

(1) Dans les États qui ne sont pas monarchiques, le luthéranisme n'a point d'évêques, et n'a que des super-intendans.

formes pompeuses, et même la hiérarchie de
la religion catholique, aux principes faciles
de la réforme, est dans l'église absolument
ce que sont dans la société politique les
gouvernemens aristocratiques, comme ceux
de Pologne ou d'Angleterre, qui conservent
les formes augustes de la monarchie, et
même la dénomination de royauté avec les
principes des Etats populaires; et, comme
J.-J. Rousseau dit quelque part, pour cette
raison, que le luthéranisme est la plus in-
conséquente des opinions religieuses, on
peut regarder l'aristocratie comme le plus inconséquent des gouvernemens.

Telle est l'influence irrésistible que la
religion exerce sur l'Etat, que la Suède,
depuis la réforme, commença à incliner
sensiblement à l'aristocratie, à cet état de
gouvernement toujours dans les extrêmes de
la servitude ou de la licence; et la noblesse
suédoise, écartée, dans ses rapports avec
ses rois, de cette juste mesure, que si peu
de nations en Europe ont su garder, fut
condamnée à tout endurer des rois forts, et
à tout oser contre les rois foibles. On vit
sous Eric, le fils insensé de Gustave Wasa,

un noble Suédois poignardé par ce prince, tirer, à genoux, le poignard de sa blessure, le baiser, le lui rendre, et mourir; et de nos jours, on a vu de nobles Suédois assassiner Gustave III. L'histoire de la Suède nous montre la noblesse, sous Gustave-Adolphe, et plus encore sous Charles XII, entraînée loin de son pays, au fond de l'Allemagne et de la Russie, dans des guerres sans fin et sans objet; et, à la diète de 1755, cette même noblesse traiter avec indignité un roi modéré, lui disputer le droit d'apposer son sceau aux actes publics, et lui ôter jusqu'à l'éducation de son fils.

Les Suédois, en sortant de l'esclavage sous l'étranger, s'arrêtèrent à la plus extrême obéissance envers leurs rois : mais combien, il faut le dire, cette dépendance un peu servile fut ennoblie par de dignes maîtres? Quel homme et quel roi que Gustave-Adolphe, petit-fils de Gustave Wasa! Ce prince, qu'on peut regarder comme le héros de la réforme, montra la force de caractère et les vertus qui font les grands hommes, les connoissances qui font les hommes utiles, et même les qualités qui font les hommes aimables. Bon et populaire pour les hommes les plus obscurs, il avoit coutume de dire que les rois n'avoient de rang entre eux que celui de leurs vertus. Éloigné pendant sa jeunesse de la reine son épouse, et au milieu de la licence des camps, il s'honoroit de lui avoir toujours été fidèle. Il fut le créateur de l'art militaire en Europe, le fondateur de l'école où se forma notre Turenne. Sorti de son pays avec moins de 30,000 Suédois, foiblement secouru, ou même à la fin contrarié par les princes protestans, jeté au milieu de la populeuse et belliqueuse Allemagne, au siècle des lumières politiques et des connoissances militaires, en présence de la monarchie autrichienne, de Valstein et de Tilly; il éleva, il soutint même, tant qu'il vécut, cette puissance formidable qui n'avoit qu'un camp pour territoire, et pour peuple qu'une armée, cette puissance à qui les réformés, toujours pressés de prédire, appliquoient déjà les oracles des livres saints, et toutes les prophéties de l'Apocalypse, et qui sans doute auroit pu les justifier à force d'enthousiasme religieux et de génie, si l'Ordonnateur suprême des événemens n'avoit, depuis l'établissement du christianisme, retiré la force à l'homme pour la donner à la société (1).

Le lecteur nous saura gré peut-être de lui citer ici un morceau peu connu, tiré d'un écrit oublié, intitulé : *Motifs de la France pour la guerre d'Allemagne*, et qui fera mieux connoître ce grand roi que tout ce que l'on pourroit en dire. « Les Suédois, al-
» liés de la France, avoient en Allemagne
» l'armée la mieux disciplinée qui ait ja-
» mais été depuis les légions de César. Ils
» étoient presque toujours sûrs, dit un auteur
» du temps, ou de battre ceux qui s'oppo-
» soient à leur valeur, ou de faire périr par
» leur patience ceux qui voudroient éviter le
» combat. Ils faisoient la guerre dans toutes
» les saisons de l'année, et ils subsistoient
» trois mois dans les quartiers où l'armée
» impériale n'auroit pas pu vivre huit jours.
» Tous les enfans qu'ils avoient eus depuis

---

(1) Il paroît que Gustave-Adolphe est le premier prince électif à qui la France ait donné, dans les relations diplomatiques, le titre de roi. Il y avoit toujours quelque forme d'élection en Suède.

» l'entrée de Gustave - Adolphe en Allema-
« gne, étoient accoutumés aux mousquetades,
» et portoient , dès l'âge de six ans, de quoi
» manger à leurs pères dans les tranchées et
» dans la faction. Quoique l'armée ne soit pas
» un lieu fort propre pour élever la jeunesse ,
» néanmoins on prenoit un soin très-exact
» de leur éducation , leur faisant apprendre
» à lire et à écrire dans de petites écoles
» portatives, que l'on tenoit dans le quartier
» ou dans le camp, lorsqu'on étoit en cam-
» pagne. Les ennemis étoient quelquefois
» campés si proche , que leur canon por-
» toit jusque sur la petite école, où l'on a
» vu trois ou quatre enfans emportés d'un
» seul coup, sans que les autres changeassent
» de place , ou quittassent la plume qu'ils
» avoient à la main.

» Les recrues de l'infanterie ne se fai-
» soient plus que parmi les enfans nés dans
» le camp. A l'âge de seize ans, ils prenoient
» le mousquet, et n'avoient garde de dé-
» serter jamais, parce qu'ils ne connoissoient
» plus d'autre vie, ni d'autre vacation. Pour
» la cavalerie, c'étoient les valets de leurs
» reitres qu'ils mettoient à cheval, après qu'ils

» avoient servi sept ou huit ans dans l'armée.
» Ils étoient aguerris avant que d'être en-
» rôlés; de sorte qu'ils pouvoient dire qu'ils
» avoient autant de capitaines que de sol-
» dats, ce qui a paru dans toutes les ba-
» tailles et rencontres principales, où les
» officiers d'une compagnie ayant été tués, le
» premier reître se mettoit à la tête, et la com-
» mandoit aussi - bien que le plus brave et le
» plus sage capitaine du monde. Les charges
» se donnoient au service et au mérite, sans
» faveur, et l'on y voyoit plusieurs colonels
» qui avoient été simples soldats dans le régi-
» ment qu'ils commandoient. Cette armée
» étoit telle, qu'il n'est pas au pouvoir de
» tous les rois du monde d'en composer
» jamais une semblable, parce que le temps
» et la discipline l'avoient formée, et qu'ils
» avoient appris sous le grand Gustave
» comment il faut obéir, servir et com-
» mander.

» Si l'autorité des chefs étoit absolue dans
» l'armée, celle des ministres de leur religion
» ne l'étoit pas moins. C'étoient des censeurs
» sévères, qui ne souffroient ni le blasphème,
» ni le scandale des femmes. Sitôt qu'ils ap-

» prenoient qu'un officier avoit une femme
» chez lui qui n'étoit pas légitime, ils alloient
» trouver le général, pour l'obliger de l'é-
» pouser ou de la quitter dans deux jours,
» et cela étoit exécuté sans rémission; de
» sorte que le continuel exercice de la guerre,
» et la discipline étroitement gardée, ren-
» doient cette armée invincible.

» Par ce moyen, la couronne de Suède
» étoit considérée dans les négociations d'Os-
» nabruck et de Munster, à l'égal des plus
» puissantes couronnes. Les Suédois faisoient
» la guerre aux dépens de l'argent de la
» France et du sang des Allemands. Ils
» tenoient dans l'Empire cent trente-deux
» places, et pouvoient dîner dans l'une et
» coucher dans l'autre, depuis la mer Bal-
» tique jusque dans la Hongrie (1) ».

Gustave-Adolphe succomba à Lutzen,
au sein même de la victoire, et quoique l'impulsion qu'il avoit donnée aux affaires se

_____

(1) J'ai cité un extrait de ce passage dans le Traité
du Ministère public; mais il est ici dans toute son
étendue.

prolongeât

prolongeât encore quelque temps après lui ;
sa mort permit la paix à l'Europe. Des hommes de cette force, nécessaires sans doute
pour perfectionner la société par le mouvement qu'ils y produisent, comme les tem-
pêtes pour purifier l'atmosphère, ne pourroient comme elles durer long-temps sans
tout bouleverser, et leur mort est assez souvent prématurée. La France, qui n'avoit
voulu que troubler l'Allemagne, et non y
élever une puissance formidable, rassurée
par la mort de Gustave sur les progrès de
la Suède, se servit d'elle pour conclure la
paix, comme elle s'en étoit servie pour faire
la guerre ; elle cacha son influence derrière la
médiation de la Suède, et si celle-ci garantit
à l'Allemagne sa constitution, la France,
par son alliance et ses subsides, garantit à
la Suède sa puissance. C'étoit, de part et
d'autre, promettre plus qu'on ne pouvoit
tenir, et garantir ce qu'on ne pouvoit assurer.
Dans ce fameux traité de Westphalie, événement peut-être le plus important de l'histoire
moderne, la France ébranla la religion ancienne de l'Europe pour en affermir la politique nouvelle ; et elle développa le véri-

table esprit de la constitution germanique, en réduisant la dignité impériale à n'être qu'une dictature qui n'est respectée que des foibles. Cette constitution qu'on a beaucoup trop vantée, puisque la nécessité de la garantir suppose la certitude de son impuissance, conserva une force suffisante pour empêcher le prince de Neuwied et son voisin le prince d'Isembourg, de guerroyer l'un contre l'autre, à la tête de leurs domestiques, ou les bourgeois d'Ulm d'aller brûler les faubourgs de Ratisbonne; mais elle n'a pas empêché la France de s'étendre en Allemagne, l'empereur de s'y accroître, même de nouveaux royaumes de s'y former; et cette constitution ne sera jamais qu'un moyen lent, mais sûr, d'amener sans trop de déchiremens et de troubles, la Germanie entière sous la domination de deux à trois puissances. La paix de Westphalie a eu, sous d'autres rapports, une influence plus décisive. Elle a fait germer l'indifférentisme pour toute religion, en consacrant la rivalité de tous les cultes, et elle a préparé ainsi les voies à la philosophie moderne, et à la révolution qui pèse sur l'Europe.

Les braves Suédois qui avoient été l'honneur de leur pays et la terreur de l'Allemagne, nés dans la guerre, élevés pour la guerre, périrent dans la guerre, et très-peu revirent leur patrie. Les restes de ces troupes valeureuses passèrent au service de la France, où leur nom s'étoit perpétué, comme leur esprit, dans les deux régimens de *Royal-Suédois* et de *Royal-Allemand*.

Gustave - Adolphe ne laissa qu'une fille qui hérita de sa couronne, et même de son esprit. Sans doute pour gouverner la Suède, au sortir d'une guerre de trente ans, et appaiser ce lion irrité d'un si long combat, une femme habile valoit mieux qu'un homme médiocre; mais Christine qui, toute disposée qu'elle étoit à la religion romaine qu'elle embrassa depuis, n'avoit pas les foiblesses de la dévotion, avoit la foiblesse du bel esprit, plus opposée que toute autre à l'esprit de gouvernement. Lasse des devoirs de la royauté, et plus jalouse de la liberté de ses goûts, elle promena dans toute l'Europe son inquiétude, et peut-être ses passions, et finit ses jours à Rome, qui, pareille à l'Elysée de la fable, a été souvent le dernier asile des rois qui avoient vécu.

Dans l'origine d'une société, les chefs
font leur nation; mais la nation une fois
formée, doit former ses chefs. C'est ce qui
arriva en Suède lors de l'abdication de Christine. Les trois princes de la maison des
Deux-Ponts qui se succédèrent, furent tous
dignes de recueillir l'héritage de Wasa, austères, vigilans, belliqueux, fermes dans le
commandement, et même portant ces qualités à l'excès, et jusqu'à se faire redouter
de leurs sujets et haïr de leurs voisins.

La Suède, destinée à faire des révolutions
partout où elle portoit ses armes, avoit fait
une révolution en Allemagne sous Gustave-
Adolphe. Charles X, cousin et successeur
de Christine, fut l'occasion d'une révolution
en Danemarck, comme Charles XII, son
petit-fils, hâta celle de la Russie. Charles X
mit le siége devant Copenhague en 1658, et
de cet événement, sans fruit pour la Suède,
sortit cette fameuse charte, dans laquelle
les Danois, fatigués de l'aristocratie des
grands, se soumirent à l'autorité royale
sans réserve, et avec une bassesse, ou plutôt
une abjection d'expressions à laquelle, deux

cents ans plutôt, aucune nation chrétienne
ne seroit descendue. Mais une nouvelle doctrine avoit fait perdre de vue le principe du
pouvoir, et par conséquent la mesure de
l'obéissance. Elle avoit posé comme un dogme
fondamental, que la souveraineté vient du
peuple, et en même temps elle avoit attribué au pouvoir civil la suprématie religieuse; en sorte que, donnant aux peuples
ce qui est à Dieu, et aux rois ce qui appartient à ses ministres, elle avoit fait des
peuples des séditieux, et des rois elle avoit
fait des despotes.

Nous avons parlé de Charles XII à l'article de la Russie, de ce prince qui semble
un composé de l'antique et du moderne,
brave comme Achille et comme Turenne,
austère comme un stoïcien et un anacho-
rète, zélé pour la discipline chrétienne dans
ses armées, au point que son historien remarque, « qu'on faisoit toujours dans son
» camp la prière deux fois par jour, qu'il
» ne manqua jamais d'y assister, et de donner
» à ses soldats l'exemple de la piété comme
» de la valeur ». La vie de Charles XII a
été écrite par M. de Voltaire, avec la sim-

plicité ce style qui convenoit si bien à la grandeur romanesque du héros; mais on lui reproche de l'inexactitude, comme si tout devoit être fabuleux dans Charles XII, et même son histoire.

Les expéditions de Charles XII achevèrent d'épuiser la Suède d'hommes, au point que plusieurs années après, et même dans des temps voisins du nôtre, les femmes s'y livroient aux travaux les plus rudes, et, selon le rapport d'un voyageur, servoient de postillons dans les postes aux chevaux.

L'ardeur effrénée pour la guerre extérieure avoit été en Suède, comme elle l'est dans tout État, l'effet d'un vice intérieur de constitution qui se développe avec violence. Lorsque son épuisement, et aussi l'affermissement du système politique de l'Europe, ne permirent plus à la Suède ces fréquentes éruptions, alors l'aristocratie du patriciat suédois (1), affoiblie par la conti-

_____

(1) Partout où plusieurs citoyens, quels que soient leur nombre et leur condition, ont voix délibérative dans la législation, il y a un *patriciat* ou une *aristocratie*, et il n'y a pas de *noblesse*, dont l'essence est de *servir* aux lois, et non de *faire* des lois. Le défaut

nuité d'une même race, et de rois toujours
forts, se réveilla à la mort de Charles XII.
Elle trouva l'occasion favorable dans l'accession au trône de la princesse sa sœur,
que les Etats obligèrent de renoncer solen-
nellement à tous droits héréditaires, et bientôt après, dans l'élévation d'une race étrangère. Il en résulta une lutte qui n'est peut-
être pas encore terminée entre la royauté et
le patriciat ; lutte dont les chances ont été
variées selon le caractère des chefs. Les
puissances étrangères prirent part dans la
querelle ; la Russie, par des craintes récentes ; la France par d'anciens souvenirs, et
toutes deux avec aussi peu de motifs l'une
que l'autre ; car la Russie alors n'avoit pas
plus à craindre de la Suède, que la France
ne pouvoit en espérer. Cette guerre intes-
tine où les deux partis, *les bonnets et les
chapeaux*, se distinguèrent comme en Angleterre, et même ailleurs, par le genre de
coiffure, affoiblit la Suède par la division
qu'elle y produisit, avilit les Suédois par
la vénalité scandaleuse qu'introduisirent les

de cette distinction nécessaire a produit en France de
grands désordres.

intrigues des deux puissances qui combat-
toient, l'argent à la main, dans le sénat et
les diètes. Lorsque le patriciat l'emportoit,
ce qu'on appeloit dans un parti, et particulièrement en Russie, le triomphe *de la liberté*, l'autorité royale étoit comprimée au
point de ne plus être qu'une dignité de pure
représentation à peu près semblable au do-
gat de Venise, funeste au bonheur de la
Suède, parce qu'elle étoit impuissante à la
protéger. Bientôt, comme l'abus de deux
cents pouvoirs est bien plus pesant, bien
plus excessif que l'abus d'*un* pouvoir, les
haines privées se joignirent aux oppositions
politiques, et des patriciens vindicatifs, non
contens d'avoir ôté au roi toute influence
publique, le tourmentèrent même dans ses
affections privées, et les choses furent au
point qu'en la diète de 1756, ils proposèrent
de lui ôter jusqu'à la direction de l'éducation
de son fils.

L'autorité royale devoit s'anéantir sans
retour, ou réagir avec force; car cette loi
de l'ordre physique s'exerce aussi dans l'ordre moral. Elle réagit, il y a peu d'années,
et fit, avec l'argent de la France et les talens

de son ambassadeur, la célèbre révolution
qui rendit au père du roi régnant l'autorité,
et qui fut effectuée sans troubles, sans effusion de sang, avec de la force sans violence,
comme toutes les opérations où les hommes
n'ont qu'à seconder la nature.

Mais cette révolution fut plutôt celle des
hommes que celle des institutions. Le sénat
fut abaissé ; mais il subsista toujours prêt à
se ressaisir de l'autorité, et d'autant plus
redoutable qu'il confondoit des ressentimens
récens avec d'antiques prétentions. Les premiers effets de ces fâcheuses dispositions se
firent sentir dans la guerre que la Suède
déclara à la Russie, et où le roi se montra
digne de son rang, de ses prédécesseurs, et de
sa nation. Quelques-uns de ses officiers l'aban-
donnèrent, dans l'opinion sans doute que la
cause de leur pays étoit mieux aux mains de
la Russie qu'en celles de leur propre souverain, ou que la Suède ne pouvoit être libre
que lorsqu'elle seroit gouvernée par trois ou
quatre cents sénateurs. Quelques années
après, ces haines mal éteintes se réveillèrent
avec fureur, et produisirent l'assassinat du
roi, qui fut tramé par un vieux général,

et exécuté par un jeune officier des gardes.
La fermeté du régent, et plus encore l'horreur
que ce crime inspira, empêchèrent le patriciat
d'en recueillir le fruit, et il semble même qu'il
ait tourné à l'avantage de la constitution, s'il
est vrai, comme l'ont dit les journaux, qu'un
certain nombre de sénateurs aient , à la
diète de Norkioping, donné la démission de
leur noblesse, c'est-à-dire , du pouvoir de
gouverner l'Etat ; car, sans doute , ils n'ont
pas voulu renoncer au devoir de le servir,
le plus noble de tous, et celui qui constitue
uniquement et essentiellement la noblesse.

La Suède, et plus encore la Norwège,
manquent d'habitans (1) ; et ces contrées re-
culées qui ont envoyé de nombreuses colonies
dans toute l'Europe , sont aujourd'hui à
moitié désertes. On ne peut attribuer cette
dépopulation au climat, ni même uniquement aux guerres après lesquelles la population se rétablit promptement, lorsqu'elle n'a

---

(1) On lit quelque part que la Norwège ne s'est
jamais remise de la peste du quatorzième siècle, qui
commença, dit-on, au Cathai, près du Japon, et par-
courut toute l'Europe.

pas à combattre quelque autre cause; la raison de la dépopulation d'un pays civilisé ne peut être que dans ses habitudes et ses institutions. Le commerce maritime, très-périlleux dans les mers du nord, où l'on a vu, cette année, jusqu'à deux cents vaisseaux naufragés sur la côte de Scanie, peut affoiblir la population de la Suède. La guerre ne consomme que des célibataires, mais la navigation consomme les pères de famille. D'ailleurs, l'excessive intempérance des peuples du Nord, et leur goût pour les liqueurs fortes, qui tient un peu du sauvage, compromettent annuellement la subsistance en blé de la Suède, par l'énorme quantité de grains que consomme la distillation des eaux-devie (1).

A conjecturer les destinées de la Suède sur des circonstances locales, et des considérations naturelles qui prévalent à la longue sur tous les motifs particuliers et personnels, la Suède doit perdre avec la Russie, et gagner sur le Danemarck. La Russie, en

_____

(1) C'est un goût aujourd'hui très-répandu en France, et qu'elle doit à la révolution.

plaçant sa capitale à une extrémité, s'est imposé la loi d'étendre de ce côté sa frontière, et la portera sans doute jusqu'au golfe de Bothnie, vers lequel elle a déjà fait un pas. La Suède, bornée de deux côtés par la mer et la Russie, doit, ce semble, s'étendre sur la Norwège, séparée par la mer de tout autre Etat, même du Danemarck, contiguë à la Suède dans sa plus grande longueur, et sur laquelle le roi de Suède prétend d'anciens droits de propriété. La Laponie danoise suivroit le sort de la Norwège, et alors la Suède, adossée aux extrémités du monde, acquerroit, par la nature des hommes et des lieux, en force de résistance, ce qui lui manque en moyens d'étendue et de population.

Le Danemarck n'est pas, ce semble, dans une position aussi stable. Composé de parties anciennement plutôt que naturellement réunies, continental à la fois et maritime, et partageant moins les avantages que les inconvéniens de cette double situation, il offre à l'ambition de la puissance qui grandit au nord de l'Allemagne, le fertile pays du Jutland et du Sleswick, et la Norwège à l'ambition de la Suède. Les deux belles îles d'Odensée et de Fionie recevroient la loi de deux parties voisines du continent; et l'on peut dire aussi, en parlant du Danemarck, qu'il n'est pas assez commerçant pour faire avec succès la guerre de mer, et qu'il l'est trop pour faire avec succès la guerre de terre; car les grandes entreprises ne conviennent qu'aux nations extrêmement opulentes, ou extrêmement pauvres. « Un » Etat commerçant, dit J.-J. Rousseau, ne » peut se conserver libre qu'à force de petitesse ou de grandeur ».

§ VII.

De la Pologne.

Nous continuerons le tour de l'Europe par la Pologne et la Turquie; l'une, enfant déshérité, l'autre, enfant bâtard de la grande famille européenne. Ces deux Etats, si opposés dans leurs mœurs et leur religion, sont, plus qu'on ne pense, semblables dans leur constitution : de là, la foiblesse de l'un et de l'autre; l'anéantissement de la Pologne déjà effectué; l'anéantissement inévitable de la Turquie, retardé par son éloigne-

ment, et par des intérêts particuliers. D'autres Etats ont péri par des abus d'administration ; la Pologne et la Turquie périssent par des vices de constitution : toutes
deux peuvent offrir au publiciste un cours
de politique pratique, à peu près comme ces
cours de médecine *clinique* que l'on fait sur
les malades eux-mêmes. Mais le lecteur nous
permettra de lui rappeler ici des principes
contenus dans quelques ouvrages politiques
assez récens (1), pour lui faire mieux sentir
la vérité des principes dans la justesse de
l'application.

La loi fondamentale de toute société est
celle de l'unité de pouvoir, et la seconde,
aussi nécessaire, aussi fondamentale que la
première, est celle de la nécessité du ministère qui agit pour exécuter à l'égard du sujet la volonté conservatrice du pouvoir. Ainsi
il y a dans chaque société un *chef* ou pouvoir, un *ministère* qui sert au chef, et des
sujets, qui sont le terme de la volonté de
l'un et du service des autres. L'orgueil hu-

---

(1) Le Divorce, considéré au dix-neuvième siècle,
par le même auteur.

main peut se révolter contre cette doctrine ,
mais la nature l'établit ou la rétablit partout : elle s'aperçoit, cette loi de l'unité de
pouvoir, jusque dans les Etats qui s'en sont
le plus écartés : elle paroît même dans les
corps législatifs , où un seul propose la loi et
vide le partage ; dans les corps exécutifs ou
les armées, où un seul commande ; en sorte
que le gouvernement populaire n'est qu'un
Etat ou l'on cherche à qui restera le pouvoir ; et si je voulois faire entendre à un enfant toute ma pensée par une comparaison
familière , je lui représenterois le pouvoir
dans ces gouvernemens, comme ces royautés
de festin qu'on tire au sort.

Ces trois *personnes* sociales, le chef, le
ministère, le sujet, doivent être homogènes
ou de même nature, comme la *cause*, le
moyen et l'*effet*. Elles ont deux manières
d'être : elles sont, au moins les deux premières, mobiles ou fixes, c'est-à-dire, élec-
tives ou héréditaires. Si le chef est électif,
le ministère doit être électif ; si le chef est
héréditaire, le ministère doit l'être aussi ; et,
sous cette forme , il s'appelle *noblesse*. Nous
ne prononçons point ici entre ces formes de

gouvernement, et nous nous contentons d'exposer des principes, et d'observer des faits.

Or, en Pologne et en Turquie, l'homogénéité des personnes sociales, ou n'a jamais existé, ou n'existoit plus depuis long-temps; et, quoique la manière fût différente dans l'un et dans l'autre Etat, le résultat a été le même pour tous les deux : je m'explique. Le pouvoir ou le chef, en Pologne, étoit devenu électif, et la noblesse ou le ministère étoit resté héréditaire. En Turquie, au contraire, le pouvoir étoit héréditaire, et le ministère électif; et de là ces élévations subites et fréquentes d'un jardinier du sérail, ou d'un *icoglan*, aux premiers postes de l'Etat; de là, un double désordre : le chef électif, en Pologne, étoit devenu trop foible pour contenir dans de justes bornes le ministère héréditaire, qui, écarté de sa destination naturelle, faisoit des lois, au lieu de servir à leur exécution; et le roi n'étoit plus lui-même qu'un ministre, ou plutôt qu'un esclave. En Turquie, le chef héréditaire n'avoit trouvé aucune limite à ses caprices dans la mobilité perpétuelle de tout ce qui existoit autour de lui; et, dans ses volontés arbitraires plutôt qu'absolues, qu'absolues, il n'avoit plus été servi que par des esclaves ou des satellites. De là, le despotisme du chef en Turquie, et le despotisme du patriciat en Pologne : de là, le gouvernement tumultuaire des Turcs, et le gouvernement orageux des Polonais : de là, en Turquie, ces soldats qui se révoltent et qui déplacent le pouvoir ; et, en Pologne, ces luttes éternelles du chef et des grands qu'il vouloit soumettre : de là, dans ces deux États, l'anarchie, la misère, la dépopulation, la foiblesse, l'avilissement, la destruction. L'influence réciproque des lois sur les mœurs, c'est-à-dire, de la société publique sur la société domestique, s'étoit fait sentir dans ces deux Etats, et de la même manière. Le despotisme avoit passé, en Turquie, de la famille dans l'Etat, et la polygamie, qui est le despotisme domestique, avoit produit le despotisme politique; mais en Pologne, le despotisme étoit descendu de l'Etat dans la famille, et malgré le catholicisme dominant en Pologne, les dissolutions de mariage, pour empêchemens dirimans, étoient devenues, chez les grands, une véritable polygamie; car, quoique les femmes les pro-

voquent, et même plus souvent que les hommes, elles n'en sont que plus esclaves, puisqu'elles le sont à la fois des passions des hommes, et de leurs propres passions. Ce sont
ces abus sur les sentences en nullité de mariage, qui ont fait croire que le divorce
étoit permis en Pologne. En Pologne comme
ailleurs, la religion avoit maintenu le principe général de l'indissolubilité du lien con-
jugal; mais les passions des hommes, qui
n'étoient pas contenues par une autorité suffisante, faisoient du principe une application vicieuse.

Nous reviendrons ailleurs à la Turquie,
et nous ne nous occuperons ici que de la Pologne.

La Pologne, convertie au christianisme
dès le dixième siècle, et entourée, même
encore aujourd'hui, de nations barbares ou
de voisins inquiets, s'étoit rapidement formée, à l'aide de l'influence des deux causes
les plus efficaces qui puissent agir sur une
société, la religion et la guerre; l'une, je
parle de la religion chrétienne, qui perfectionne les mœurs; l'autre, qui fortifie les
âmes et les corps. Elle étoit parvenue à un

haut degré de considération parmi les peuples du nord, et avoit laissé bien loin derrière elle les *Borusses*, devenus depuis les
Prussiens, et les Moscovites ou les Russes.

Les Jésuites s'y étoient introduits; et,
soit l'extrême richesse des premières maisons de Pologne, qui leur permettoit de faire
donner à leurs enfans une éducation soignée,
soit l'habitude, commune à presque tous les
Polonais, de parler latin, qui les disposoit
à l'étude de la littérature ancienne et à celle
des lois, soit enfin leur gouvernement, où
le talent de la parole et la pratique des affaires donnoient de l'influence, il est certain
qu'il y avoit de l'instruction en Pologne,
autant que de la valeur et de la générosité,
et plus d'instruction peut-être chez les grands
que partout ailleurs; qu'elle a fourni à la
littérature du nord des hommes distingués
dans tous les genres de connoissances utiles
et agréables, dans tous les arts de la guerre
et de la paix. La Pologne avoit donc en elle-
même, et dans le caractère et l'esprit de
ses habitans, tous les moyens de civilisation
et de politesse, s'ils n'eussent pas tous été
rendus inutiles, ou même funestes au bien

du pays par une constitution vicieuse ; c'é-
toit un homme qu'un tempérament foible
empêche de mettre à profit, pour son utilité
personnelle, ses moyens naturels ou acquis.
Il faut remonter aux causes de ce désordre,
et c'est ici surtout que l'histoire, qui est la
leçon des hommes, est aussi la leçon des
sociétés.

Le pouvoir, en Pologne, fut de bonne
heure héréditaire. A mesure que l'on remonte vers l'enfance des peuples, la société
ressemble à la famille, au point de n'être
plus qu'une famille, et c'est ce qui fait qu'on
retrouve la loi de l'hérédité en usage dans
les temps héroïques de la Grèce, les plus
anciens gouvernemens politiques dont nous
ayons connoissance. A cet âge de la société,
ces théories subtiles et composées de gouvernement, ce jeu de pouvoir, où on le tire
à chaque délibération comme une loterie,
où chacun le cherche et le poursuit continuellement, et quelquefois sans pouvoir l'at-
teindre, ne pouvoient pas se présenter à
l'esprit d'hommes simples, accoutumés à
respecter le pouvoir domestique dans le père
de famille, et d'hommes violens qui, dans

la simplicité native de leur bon sens, sentoient que cette pomme de discorde jetée au
milieu d'eux, y produiroit des troubles ef-
froyables, y anéantiroit toute union, et
conséquemment toute force publique, et
qu'après avoir été la risée de leurs voisins,
ils finiroient par en devenir la proie. Les
Polonais vécurent donc depuis le neuvième
siècle jusqu'en 1572, et presque sans interruption, sous le gouvernement héréditaire
des deux races vénérées des *Piast* et des *Jagellons* (cette dernière étoit passée de la
Lithuanie en Pologne). Ce fut sous leur conduite que la Pologne combattit, et souvent
avec avantage, les chevaliers Teutons, les
Borusses, les Moscovites et les Tartares ;
car elle se trouvoit aux postes avancés,
dans cette guerre longue et terrible, que
la doctrine armée du mahométisme, a déclarée à la chrétienté, aussitôt que la guerre
contre le christianisme a eu cessé, par
la destruction de l'Empire Romain. On n'a
pas assez remarqué cette lutte sanglante de
la barbarie contre la civilisation, qui a été
marquée par des accidens si extraordinaires,
et par le plus extraordinaire de tous, les croi-

sades. La Turquie nous fournira à ce sujet
des réflexions intéressantes. Lorsque la race
des Jagellons s'éteignit, les opinions des Hus-
sites de Bohême, renouvelées et étendues
par Luther, avoient ébranlé partout, et surtout au nord de l'Europe, les principes de
l'obéissance, et fait perdre de vue la nature
du pouvoir politique, là même où elles n'a-
voient pas changé le culte public.

Les nobles Polonais, déjà puissans par
leurs richesses, profitèrent de l'extinction de
la famille régnante pour envahir l'exercice
du pouvoir. Ils cessèrent d'être nobles, *mi-*
nistres, c'est-à-dire, *serviteurs*, et devinrent patriciens, ou pouvoir eux-mêmes,
puisqu'ils en disposèrent par l'élection, et y
nommèrent, pour la forme, quelques princes
étrangers, ou même quelques-uns d'entre
eux; mais ils crurent le donner, et ne firent
jamais que le céder ou le vendre. Les maisons
souveraines voisines de la Pologne, la regar-
doiènt, ou peu s'en faut, comme un apanage
pour leurs puînés. La Suède, la Saxe, la
Russie, la Transilvanie, et même la France,
donnèrent, à force d'argent et d'intrigues,
ou voulurent donner des dictateurs à cette

turbulente république. A Rome, ces magistrats, nommés seulement pour les dangers
pressans, étoient toujours des hommes d'un
grand talent, et souvent des hommes d'un
grand génie, que faisoit éclore un gouvernement toujours armé, où toutes les grandes
passions étoient sans cesse en haleine; au
lieu qu'en Pologne, une fermentation intérieure, fruit de la corruption des diètes et de
l'intrigue des cours étrangères, ne pouvoit
produire que des hommes médiocres, s'ils
étoient choisis parmi les Polonais; et presque la seule circonstance où ils aient nommé
d'eux-mêmes un grand homme, est lorsque
le danger commun réunit tous les esprits en
faveur de Sobieski.

L'état de foiblesse, toujours croissant, où
cette forme de gouvernement retenoit la
Pologne, n'étoit pas indifférent à des voisins
long-temps balancés, et souvent humiliés par
ses succès. Il étoit dans l'ordre de cette politique qui s'est établie depuis quelques siècles en Europe, que ces mêmes voisins, loin
d'aider cette malheureuse nation à sortir de
l'état d'enfance où elle étoit retombée, cher-
chassent à l'y retenir; entreprise d'autant

plus facile , que la liberté en étoit le prétexte, et l'argent le moyen, l'argent dont ces
grands fastueux étoient avides pour le dépenser, plus que les avares ne le sont pour
l'entasser. C'étoit toujours pour maintenir
la liberté dans les diètes, et conserver à la
nation son indépendance, que les étrangers
faisoient entrer en Pologne les troupes qui
l'asservissoient, et y commandoient la liberté
des suffrages. Il s'élevoit un parti opposé,
et des confédérations sans unité ne man-
quoient jamais de se former, appuyées par
des troupes sans discipline. Le principe étoit
le même de part et d'autre. Tous vouloient
élire le chef : ils ne différoient que sur la
personne, et cette personne, quelle qu'elle
fût, nommée par ceux-ci ou par ceux-là,
sous la condition qu'elle seroit l'esclave d'un
parti et l'ennemi de l'autre, revêtue de la
pourpre royale, mais chargée d'une couronne d'épines, et tenant un roseau pour
sceptre, montoit sur ce trône chancelant au-
dessus des abîmes, et y traînoit dans les
dégâts et les douleurs une vie inutile à sa
gloire, fatale à son repos, et toujours sans
fruit pour le bonheur de la Pologne.

L'anarchie religieuse précéda à la fois, et suivit l'anarchie politique. La Pologne étoit sincèrement attachée au culte dominant en Europe, et même la religion chrétienne étoit chargée de la tutelle de cette société dans ses minorités périodiques. L'archevêque de Guesne, primat du royaume, prenoit, à la mort du roi, les rênes de l'Etat, et gouvernoit pendant l'interrègne ; institution sublime, qui mettoit la nation sous la garde du pouvoir général de la chrétienté, lorsque son pouvoir particulier étoit suspendu, ainsi que dans une famille le pouvoir domestique, à la mort du père, retourne à l'aïeul ; institution très-politique, puisqu'elle attribuoit l'exercice du pouvoir à des fonctions qui n'avoient d'autre force que celle que leur donnoit le respect des peuples, et qu'elle en empêchoit ainsi l'usurpation violente, si facile dans un temps d'interrègne et de faction. Mais toutes les sectes rivales entre elles, et ennemies du culte dominant, grecs non unis, ariens et sociniens, sous le nom de *frères polonais*, anabaptistes, luthériens, d'autres sectes occultes et plus dangereuses avoient germé en Pologne, et y formoient le parti

nombreux des *dissidens*. Pour combler les
maux de ce malheureux pays, une immense
population de Juifs s'y étoit emparée de toutes
les branches de commerce ; et de tous les dé-
bouchés de l'industrie. Les plus riches d'entre
eux ruinoient les grands seigneurs par leurs
avances ; les plus pauvres, à l'affût de tous les
moyens de gagner, ôtoient au peuple le travail, et, par conséquent, la subsistance, et
ils mettoient sous ses yeux le spectacle corrupteur de cette activité prodigieuse pour
acquérir de l'argent ; de cette industrie usu-
raire et cruelle qui spécule sur la détresse
particulière comme sur les malheurs publics,
sur les haillons de l'indigence comme sur les
revenus de l'Etat, ne connoît aucun sentiment de générosité, et étouffe ainsi toutes
les vertus privées et publiques.

Cet état de choses ne pouvoit durer. Le
règne si agité du dernier roi ; le plus aimable
et le plus instruit des hommes, annonçoit
assez que la maladie tiroit à sa fin, et que le
moment fatal étoit arrivé où une nation,
depuis long-temps avertie par ses troubles intérieurs, et toujours inutilement, de
revenir à l'ordre dont elle s'est écartée,

tombe dans la crise inévitable qui l'y ramène. . . . .

Cependant la Pologne, à la veille de sa
perte, cherchoit un remède à ses maux.
En 1771, le comte Wielhorski demanda à
J.-J. Rousseau un plan de constitution, et,
dans le même temps, d'autres Polonais, ou
peut-être le même seigneur, s'adressèrent à
l'abbé de Mably. Cette demande prouvoit
plus d'amour de la patrie que de lumières
politiques. On peut demander à l'homme un
plan d'administration ; mais on ne doit demander une constitution de société qu'à la
nature ; et ces Polonais faisoient comme
des malades qui prieroient un médecin de
leur faire un tempérament, au lieu de le
consulter sur le régime qu'ils doivent suivre.
Ils n'avoient qu'à jeter les yeux sur l'Europe,
et voir d'où il y avoit le plus de force, de
paix, de lumières, d'amabilité ; où étoit le
clergé le plus instruit, la magistrature la
plus grave, le militaire le plus dévoué ; où il
y avoit plus de freins à la violence, plus de
secours pour la foiblesse ; et s'ils ne vouloient
pas chercher des modèles au loin, ils n'a-
voient qu'à lire leur propre histoire, et se

rappeler le temps où ils se soutenoient à forces égales contre leurs voisins, malgré des vices nombreux d'administration, et même quelques défauts de constitution qui tenoient à l'âge de leur société, une des plus récemment civilisées de l'Europe, par sa conversion au christianisme. Mais les idées philosophiques avoient germé en Pologne, et même, plus que partout ailleurs, chez ces magnats opulens et oisifs, qui ne voyoient la liberté de la nation que dans leur propre indépendance, et la prospérité publique que dans leur puissance personnelle. Quoi qu'il en soit, nos deux philosophes, érigés tout à coup en législateurs, se regardèrent comme ces sages de l'antiquité, à qui les peuples demandoient des institutions, ou qui parcouroient le pays, distribuant des lois sur leur passage, et ils écrivirent l'un et l'autre sur le gouvernement qui convenoit à la Pologne, quoique J.-J. Rousseau déclarât modestement « que, dans toute la vigueur de sa tête, » il n'auroit pu saisir l'ensemble de ces grands » rapports, et qu'au moment qu'il écrivoit, » il lui restoit à peine la faculté de lier deux » idées ».

Il y a peu de lectures plus amusantes pour
un observateur que celle de ces deux écrits;
lorsqu'on les rapproche des événemens qui
se sont passés en Europe depuis qu'ils ont
paru. Nous croyons entrer dans l'esprit d'un
ouvrage consacré à répandre l'instruction,
en comparant entre elles, et avec l'état présent des choses, ces deux législations philosophiques, semblables dans les principes,
différentes dans les formes, selon la diversité d'état et de caractère de leurs auteurs.
Ce rapprochement est d'autant plus instruc-
tif, qu'on y retrouve la théorie de nos deux
révolutions législatives, celle de 1789 (1) et
celle de 1793 : la première, faite d'après les
principes de Mably ; la seconde, d'après
ceux de J.-J. Rousseau, pris à la rigueur.
Si les bornes d'un discours nous permettoient

_____

(1) J'ai sous les yeux l'édition in-8°. de Mably,
faite à Londres, 1789, tome VIII. Ce que j'ai à en
citer paroîtra si dépourvu de raison, que l'on est quelquefois tenté de supposer, en lisant la date de l'édition, que les disciples de l'auteur en France ont al-
téré son texte à l'instant qu'ils vouloient en faire usage,
et qu'ils nous ont donné leurs projets pour les opinions
de leur maître.

de donner à cette discussion tout le développement dont elle est susceptible, il n'y
auroit pas, nous osons l'assurer, de meilleur
traité de droit politique, que la comparaison et la réfutation de ces deux systèmes sur
le gouvernement de Pologne; l'un, celui de
Jean-Jacques, composé avec chaleur, écrit
avec force, et où brillent quelquefois des
lueurs de raison, et même de génie; l'autre,
diffus et froid, ouvrage d'un auteur chagrin
et pédantesque, dont l'esprit est étroit, mais
dont l'orgueil est sans bornes. Mably ne sauroit faire un pas, s'il n'a d'un côté les Grecs
et les Romains pour en admirer tout, et de
l'autre les modernes pour y tout censurer.

Ces deux écrits sont d'autant plus intéres-
sans à lire, qu'ils sont l'un et l'autre l'application des théories politiques de leurs auteurs à un gouvernement particulier, et c'est
ce qui fait qu'elles nous paroissent aujour-
d'hui si ridicules; car l'expérience est la
pierre de touche de toutes ces théories, et
une législation est comme un vêtement mal
coupé, dont les défauts ne paroissent jamais
plus que lorsqu'on l'a revêtu.

Les deux législateurs partent également

de ce principe, que le chef d'une nation est nécessairement l'ennemi de sa liberté et de ses lois. « Tout législateur, dit Mably, doit » partir de ce principe, que la puissance » exécutrice a été, est et sera éternellement » l'ennemie de la puissance législative »; proposition aussi raisonnable que si l'on disoit que l'*action* dans l'homme a été, est et sera éternellement l'ennemie de sa *volonté*. J.-J. Rousseau s'étoit moqué, dans le *Contrat social*, de cette division de pouvoirs introduite par M. de Montesquieu, qu'il compare, sans respect pour sa réputation, à ces charlatans du Japon, qui dépècent un enfant et le font reparoître vivant. Il n'avoit donc garde d'employer, au moins sans correctif, les expressions de *puissance législative* et de *puissance exécutrice* dont Mably se sert; mais il présente au fond la même idée en d'autres termes. « C'est un grand mal que » le chef d'une nation soit l'ennemi né de sa » liberté, dont il devroit être le défenseur ». Cependant, plus raisonnable que Mably, il ajoute : « Que ce mal n'est pas tellement in- » hérent à cette place, qu'on ne puisse l'en » détacher »; car J.-J. Rousseau pense juste toutes les fois que son imagination, ce qui est assez rare, n'égare pas sa raison.

Ce principe posé, la législat on faite pour rendre *unes* les volontés et les actions, pour *réunir* tous les hommes dans la société, suivant cette maxime du grand maître, *que tout royaume divisé contre lui-même sera détruit*, ne pouvoit plus être que l'art d'organiser la division, et de *régulariser* le désordre; et des philosophes ne faisoient que mettre en pratique l'axiome favori des tyrans, *divide et impera*. Dès lors Mably et Rousseau, s'ils différoient entre eux, ne pouvoient différer que dans les moyens; plus décidés et plus expéditifs chez le Génevois, plus lents, plus timides chez l'ecclésiastique, mais tout aussi efficaces.

Mably, par lequel je commence, parce qu'on a commencé en France par ses principes, Mably, avant tout, conseille fort sagement aux Polonais divisés, battus, qui n'ont ni argent, ni troupes, de chasser de leur territoire les armées russes, et, dans tout le cours de son ouvrage, il leur donne les moyens les plus sûrs d'éterniser chez eux l'influence de la Russie. Dans ses idées de collége,

collége, il veut faire de la diète de Pologne le sénat romain, et l'on diroit qu'il prend la puissance de la Russie, de l'Autriche et de la Prusse, comparée à celle de la Pologne, pour les forces de Tigrane, de Persée ou d'Antiochus, comparées à celles des Romains.

Le premier soin du législateur doit être, selon Mably, la formation d'une puissance législative, « dont l'anéantissement, dit-il, » est la cause de tous les maux dont la » République se plaint »; comme si la Pologne, comme si un Etat qui a un chef et des ministres, n'avoit pas tout ce qu'il faut pour porter des lois et les faire exécuter. Il établit donc une puissance législative, mais une puissance « armée, dit-il » lui-même, d'une force à laquelle rien ne » puisse résister ». Et même, craignant qu'elle *n'étrangle les lois*, c'est son expression, lorsqu'il devroit craindre qu'elle n'étouffe la nation, il regarde comme un *reste de l'ancienne barbarie des Sarmates*, le terme fixé à la diète pour sa session, ce qui prouve seulement que les Sarmates s'entendoient mieux en législation que nos philo-

Tome III.　　　　　　　　P

sophes. Nous avons vu en France, en 1789,
cette puissance législative, infinie dans sa
puissance, et illimitée dans sa durée.

Cette puissance législative, Mably la place
dans l'ordre équestre assemblé en diète générale, qu'il rend très-nombreuse. Nous
verrons plus bas qu'il attribue aussi à un
corps la direction de la puissance exécutrice,
et qu'il ôte ainsi toute *unité* à la législation, et tout *ensemble* à l'administration.
L'objet perpétuel de ses craintes, est que
cette puissance législative, placée dans un
corps opulent et nombreux, ne soit entravée
dans le développement de son énorme pouvoir. « Je voudrois, dit-il, qu'on déclarât de
» la manière la plus solennelle que le roi, les
» sénateurs et les ministres, n'ont aucun droit
» de s'opposer aux résolutions de la diète
» générale, et que *l'espèce d'hommage*
» qu'elle leur rend avant de se séparer, n'est
» dans le fond qu'une *façon polie* de leur
» communiquer les lois de la nation, et les
» lois qu'ils doivent observer eux-mêmes en
» veillant à leur exécution dans les palati-
» nats de la République ». Tout ceci est
écrit en 1771, et l'on voit que Mably, dans

sa constitution philosophique, n'oublioit rien
de ce que nous avons vu depuis, pas même
les *politesses* dérisoires que des sujets devenus maîtres prodiguent à un pouvoir humilié.

Mably a investi la puissance législative
d'une force prodigieuse, d'un *pouvoir mons-
trueux* ; il songe un peu tard à l'abus qu'elle
peut en faire, et les freins qu'il lui oppose
sont capables de le prévenir, comme quelques gouttes d'eau d'empêcher l'éruption d'un
volcan.

« Mais, continue-t-il, après avoir donné
» à la diète générale tous les droits de la
» souveraineté, c'est-à-dire, le pouvoir de
» faire de nouvelles lois, de changer, mo-
» difier et annuller les anciennes, il faut
» songer, autant que le permet la déprava-
» tion actuelle des mœurs, à disposer de telle
» manière la police, le régime et tous les
» mouvemens de la diète, qu'elle ne puisse
» se servir de sa souveraineté que pour le
» plus grand bonheur de la nation ». C'est
avec cette simplicité, vraiment enfantine,
que Mably veut contenir, par des règlemens
de police, un corps légalement investi de la
puissance de faire des lois, même constitu-

tionnelles, et qu'il croit qu'il est aussi aisé
à l'homme de dire aux passions humaines
lancées dans la carrière de l'ambition : « Vous
» respecterez cette limite », qu'il l'a été au
Créateur de dire à la mer : « Tu viendras
» jusqu'ici, et tu n'iras pas plus loin ».

Avant d'opposer des freins à l'abus de ce
pouvoir, Mably commence par ôter tous les
obstacles qui pourroient en gêner l'exercice.
Il s'élève contre le *liberum veto*, qu'un seul
noble, *nonce* à la diète, pouvoit opposer aux
résolutions de l'assemblée entière ; droit assez récent, remède désespéré au danger toujours imminent d'une diète factieuse, et qui
peut-être en avoit jusque-là préservé la Pologne ; droit enfin dont l'abus de la part d'un
seul n'étoit guère à craindre en présence
d'une assemblée où tous siégeoient le sabre
au côté. C'est encore dans les mêmes vues
qu'il proscrit l'usage des confédérations armées, autre *veto* plus efficace, mais qui,
pareil à l'insurrection de Crète, ne défendoit la nation de l'extrême oppression
que par l'extrême désordre. C'est pour con-
tre-balancer ces moyens terribles d'opposition, moins forts encore que la puis-

sance qu'ils avoient à combattre, que Mably prescrit gravement : « que tous les nonces (dont il a eu la précaution de rendre la personne *inviolable*, et même *sacrée*), « te-» nant la main sur l'Évangile, prêteront ser-» ment d'observer les lois fondamentales », même celles qu'ils doivent faire, et qui ne sont pas encore connues; « que si un nonce » porte l'oubli de ses devoirs jusqu'à mettre » le sabre à la main, il doit être déclaré cou-» pable de lèse-majesté, parce qu'il a porté » atteinte à la majesté de la nation ». Ce-pendant telle est la force de cette législa-tion, que si une *diétine* (1) intraitable s'obs-tinoit à rejeter une loi émanée de cette puis-sance à *laquelle rien ne doit résister*, « il » vaudroit mieux ne pas l'y soumettre ». En sorte que le même législateur qui ne veut pas de confédérations contre les lois, auto-rise les résistances. Il n'est pas hors de pro-pos de remarquer que nos athées de 1793 ne savoient aussi nous lier que par des sermens qui ne sont rien, s'ils ne sont faits à la Divi-nité; et que Mably, fortement soupçonné de

_____

(1) Assemblée particulière d'une province.

déisme, ne trouvoit pas de plus sûr garant des engagemens publics que l'Evangile. Mais continuons.

C'est principalement dans l'organisation de la puissance exécutrice que paroissent à la fois, et les petites craintes du législateur, et le petit esprit du philosophe. Mably la place dans un sénat dont la composition, très-indifférente en elle-même, ne mérite pas de nous arrêter. Le roi ne doit en être que le président; première inconséquence, car s'il ne falloit qu'un président, tout membre du sénat étoit bon pour cette fonction; mais ce qui est plus inconséquent encore, est que Mably le veut héréditaire. « J'ose » avancer, dit-il, que, dans la situation ac-» tuelle des choses, il importe de rendre, en » Pologne, la couronne héréditaire, et quel-» que révoltante que paroisse d'abord cette » proposition, je prie M. le comte et ses amis » de suspendre leur colère, et d'avoir la pa-» tience d'écouter et de discuter mes raisons ». En effet, il les déduit fort au long, comme s'il étoit besoin de prouver le danger de l'é-lection, ou les maux de la Pologne. Mais on peut se reposer sur l'écrivain, du soin de rendré la royauté nulle, et l'hérédité même illusoire. Mably, qui s'en rapporte avec tant d'abandon au serment civique d'une multitude de nonces, n'a pas la même confiance à celui qu'un seul homme doit prêter en présence de toute la nation, d'observer les *pacta conventa;* et il entrave de toutes les manières ce malheureux être royal, placé, en apparence, à la tête, et réellement aux pieds de la nation.

« D'abord, dit-il, il faut bien se garder » d'imiter l'exemple des Anglais, qui ont mis » entre les mains de leur prince de grandes » richesses. *Plus la liste civile sera petite,* » *plus la loi qui l'aura réglée approchera* » *de la perfection* ». Ce qui pourroit aller, comme on voit, jusqu'à la pauvreté absolue. Non-seulement la liste civile sera petite, mais de peur qu'*elle ne s'accroisse insensiblement*, le revenu royal ne sera pas établi sur des fonds de terre. Tout est prévu : « Sur- » tout, ajoute le sévère législateur, défense » absolue d'acquitter les dettes du roi, sous » quelque prétexte, ni raison que ce puisse » être ». La république doit hériter de tout l'argent qu'il pourra laisser (un roi qui laisse une

famille)! « On sent aisément l'esprit de ces
» lois, et l'on ne veut pas que le prince puisse
» se servir de ses richesses pour débaucher
» les citoyens et les attacher à ses intérêts ».
Et, à ce propos, il cite le gouvernement anglais avec aussi peu de raison que de connoissance.

Non-seulement le roi n'aura pas l'influence
que donne la richesse, mais il n'aura pas
celle que donne la nomination aux emplois.
« Dignités ecclésiastiques, civiles et mili-
» taires, starosties, biens royaux, tout doit
» être conféré, si vous voulez, au nom du
» prince, et donné véritablement par la diète
» et le sénat, qui doivent présenter trois
» candidats pour les places inférieures comme
» pour les supérieures, entre lesquels le roi
» choisira....... Mais comme il pourroit
» arriver que le prince eût l'esprit gauche
» et le cœur dépravé, il seroit à propos de
» statuer que quand un candidat seroit re-
» commandé pour la troisième fois par la
» diète ou le sénat, *il seroit du bon plaisir*
» *du roi* de le préférer à ses concurrens ».

Rassuré par toutes ces précautions, auxquelles certainement on n'auroit pu rien

ajouter, s'il eût été question de conférer la royauté de la Pologne au kan des Tartares, Mably dit gravement : « La royauté, » même héréditaire, bornée à représenter » la majesté de l'État, comme un roi de » Suède (1) ou un doge de Venise, recevra » des hommages respectueux, *et n'aura* » *qu'une ombre d'autorité* ». Il répète ailleurs la même expression, et ne veut jamais d'autorité qu'en *ombre*. C'est alors que, content de lui-même, et admirant son ouvrage, il s'écrie avec une naïveté ridicule : « Il me » semble que l'hérédité, accompagnée de tou- » tes les précautions que je propose, ne peut » inspirer aucune alarme ». Insensé, qui ne voit pas que ce qui doit inspirer les plus justes alarmes à l'homme vertueux, est *une ombre d'autorité publique* qui laisse usurper à toutes les passions particulières une autorité réelle ! Mais nous avons entendu les rêveries d'un bel-esprit, écoutons les oracles du génie : « C'est une grande erreur, dit » Bossuet, de croire avec M. Jurieu, qu'on

_____

(1) Mably écrivoit du château de Liancourt, avant la dernière révolution de Suède.

» ne puisse donner de bornes à la puissance
» souveraine, qu'en se réservant sur elle un
» droit souverain ; ce que vous voulez faire
» foible à vous faire du mal, par la condi-
» tion des choses humaines, le devient au-
» tant à proportion à vous faire du bien ;
» et, sans borner la puissance par la force
» que vous vous pouviez réserver contre elle,
» le moyen le plus naturel pour l'empêcher
» de vous opprimer, c'est de l'intéresser à
» votre salut ».

Mably craint jusqu'à la pitié qu'une majesté ainsi *dégradée*, car il se sert quelque
part de cette expression, pourroit inspirer
aux Polonais. « On regarde, dit-il, com-
» munément en Pologne le roi comme un
» ennemi domestique dont il faut toujours se
» défier ; pourquoi donc s'y feroit-on un scru-
» pule ou une difficulté de le dépouiller pour
» rendre sa dignité ou son nom plus cher à
» ses sujets » ?

L'abbé législateur étend son zèle réfor-
mateur jusque sur la religion, qu'il traite à
peu près comme la politique. Nous retrou-
vons encore ici l'histoire de notre révolution religieuse de 89 : « Pour ne trouver,

» dit-il, aucune opposition dans la cour de
» Rome, il faut commencer par priver vos
» ecclésiastiques de la protection du *Saint-*
» *Père* ; il faut séparer les intérêts des deux
» puissances unies, en apprenant aux laïques
» que la Pologne doit avoir ses libertés, et à
» vos évêques qu'il est temps qu'ils jouissent
» de la même indépendance que ceux de
» plusieurs autres Etats ». (Le pape, comme
le roi, ne recevoit en Pologne que des res-
pects, et y obtenoit peu de soumission).
« Dès que cette doctrine salutaire commen-
» cera à s'établir ; la puissance législative
» pourra publier les lois qu'elle jugera les
» plus nécessaires pour le bien de la religion ;
» mais cette révolution ne doit se faire qu'en
» répandant les lumières qui peu à peu dis-
» siperont l'erreur et les préjugés ».

Tel est le plan de constitution qu'au 18e.
siècle, en 1771, un philosophe du pays le
plus éclairé de l'Europe, un écrivain que
l'on imprime, que l'on vend, qu'on lit peut-
être, propose à une nation raisonnable et
belliqueuse dont le territoire, beaucoup plus
grand que la France entière, entouré de
voisins ambitieux, barrière de l'Europe con-

tre les inondations des Tartares, ouvert de toutes parts, et sans défense naturelle, ne peut en trouver que dans la force de sa constitution. L'expérience de la turbulente foiblesse des gouvernemens populaires de l'antiquité, et de la force toujours croissante des gouvernemens monarchiques des temps chrétiens, est perdue pour le philosophe. Aussi malheureux dans ses applications qu'il est absurde dans sa théorie, il vante à tout-propos *l'excellent* gouvernement que la Suède se donna à la mort de Charles XII, où elle tomba dans cette aristocratie vénale et factieuse dont elle a tant de peine à sortir, et il avoue ingénument que « *l'excellent* gouvernement de la Suède » a *quelque peine* à s'affermir » ; et effectivement il fut renversé moins de dix ans après. Enfin, il finit cet amas de rêves incohérens par un trait digne de la comédie, et qui peut paroître plaisant même dans un sujet aussi sérieux. « Je ne suis point du » tout, dit-il, dans l'admiration de ces » politiques étourdis et présomptueux, qui, » sans connoître les hommes, prétendent les » gouverner. Ils ignorent que nous avons

» des passions et des habitudes plus fortes
» que leurs vérités, leur évidence et leur
» pouvoir ».

Au reste, absorbé dans la lecture de l'antiquité, il avoue lui - même qu'il néglige
l'histoire de son temps, au point de ne pas
lire même les nouvelles politiques, et l'on
diroit que c'est pour lui tout exprès que l'illustre Leibnitz écrivoit, il y a un siècle,
ces paroles remarquables : « La plupart des
» écrivains politiques sont travaillés d'une
» maladie qui, leur *ôtant tout goût pour*
» *le moderne*, fait qu'ils ne sont curieux
» que de *l'antiquité*, et ne nous parlent que
» de choses dont à peine il subsiste de notre
» temps quelque vestige. Aussi, quand ils
» parlent du droit public et du droit des gens,
» *ils disent des choses pitoyables*, et l'on
» apprendra plus dans un recueil de gazettes
» de dix années, que dans cent auteurs clas-
» siques ». *T.* 4, *p.* 3. *De Jure sup.* Pas-
sons au plan proposé par J.-J. Rousseau.

Cet écrivain, qui, dans tout ce qu'il
traitoit, ne voyoit que des phrases à faire,
commença par des phrases pompeuses sa réponse au comte *Wielorski.* « En lisant l'his-

» toire du gouvernement de Pologne, dit
» le philosophe, on a peine à comprendre
» comment un Etat si bizarrement consti-
» tué, formé d'un grand nombre de membres
» morts, et d'un petit nombre de membres
» désunis, dont tous les mouvemens, pres-
» que indépendans les uns des autres, loin
» d'avoir une fin commune, s'entre-détrui-
» sent mutuellement; qui s'agite beaucoup
» pour ne rien faire, et qui ne peut faire
» aucune résistance à quiconque veut l'en-
» tamer; qui tombe en dissolution cinq à
» six fois chaque siècle; qui tombe en pa-
» ralysie à chaque effort qu'il veut faire, à
» chaque besoin auquel il veut pourvoir; et
» qui, *malgré tout cela, vit et se conserve*
» *en vigueur*; voilà, ce me semble, un des
» plus singuliers spectacles qui puissent
» frapper un être pensant. Je vois tous les
» Etats de l'Europe courir à leur ruine, mo-
» narchies, républiques, toutes ces nations
» magnifiquement instituées, tous ces beaux
» gouvernemens si sagement pondérés, tombés
» en décrépitude, menacent d'une mort pro-
» chaine; et la Pologne, cette région dépeu-
» plée, dévastée, opprimée, ouverte à ses

» agresseurs, au fort de ses malheurs et de
» son anarchie, montre encore tout le feu
» de la jeunesse; elle *ose* demander un gou-
» vernement et des lois, comme si elle ne
» faisoit que de naître ; elle est dans les fers,
» et discute les moyens de se conserver libre;
» elle sent en elle cette force que celle de
» la tyrannie ne peut subjuguer. Je crois
» voir Rome assiégée régir tranquillement
» les terres sur lesquelles son ennemi venoit
» d'asseoir son camp. Braves Polonais!......
» corrigez, s'il se peut, les abus de votre
» constitution; mais ne méprisez pas celle
» qui vous a fait ce que vous êtes...... ».

Ce passage brillant renferme autant de
faux raisonnemens que de phrases. J.-J. est
un médecin qui, trouvant son malade dans
les convulsions de l'agonie, le complimente
sur sa force, et le félicite de n'être pas encore mort. Il prend l'agitation brûlante de
la fièvre pour le mouvement qui entretient
la vie, et trouve la *vigueur* de la jeunesse
dans un État *opprimé, dévasté, qui tombe
en paralysie cinq à six fois par siècle, et
en dissolution au moindre effort.* Si c'est là
de la vigueur, qu'est-ce donc que la foiblesse?

Comment ne voit-il pas que la Pologne ne subsiste que sous le bon plaisir de ses voisins, qui ne se sont pas encore arrangés pour l'envahir? Il s'étonne que quelques particuliers lui demandent une constitution, et prend leur vœu pour le vœu de la nation. Il plaint l'Autriche et la Prusse de leur *décrépitude*, à la veille qu'elles sont de subjuguer cette nation *si jeune et si vigoureuse;* et au point où cette constitution turbulente a mis les Polonais, il ose leur conseiller *de ne pas mépriser une constitution qui les a faits ce qu'ils sont.*

Ce philosophe entre en matière, et commence par des réflexions aussi sages que bien exprimées sur la législation de Lycurgue, de Numa, et même de Moïse. Ces législateurs grecs et romains, dont la législation a péri, après une durée plus ou moins longue, il les compare entre eux, et avec le législateur des Hébreux qui a fondé un peuple, que cinq mille ans, dit-il, « n'ont » pu détruire, ni même altérer , qui est à » l'épreuve du temps, de la fortune et des » conquérans, et dont les lois et les mœurs » subsistent encore, et dureront autant » que

» que le monde »; et ce phénomène politique ne lui inspire aucune réflexion !

J.-J. continue par des vues superficielles sur la grande part que les anciens donnoient aux jeux publics dans les institutions des peuples. Il veut qu'on y revienne, sans faire attention que les peuples anciens étoient des peuples enfans que l'on amusoit avec des jeux; que tous ces peuples ont péri malgré leurs jeux, et que ce n'est pas avec des jeux, mais avec la religion, que Moïse a formé ce peuple qui ne périt pas. Il parle avec vérité et dignité des effets d'une éducation nationale, et s'élève avec force contre la dissolution des théâtres modernes; mais le reproche qu'il fait à la religion chrétienne de n'être pas assez nationale, est un reproche insensé, parce qu'il ignore que la religion chrétienne est bien plus que nationale, qu'elle est universelle, et faite pour réunir toutes les nations. Cet ami de l'humanité insiste beaucoup trop, pour l'honneur de la philosophie, ainsi que Mably, sur la nécessité d'exciter, d'éterniser dans le cœur des Polonais la haine contre leurs voisins. Les peuples chrétiens se défendent

les uns contre les autres à force d'art et de courage ; mais, réunis comme ils le sont tous par
cette loi qui dit : *Tu aimeras ton prochain
comme toi-même*, il est heureusement impossible d'établir entre eux cette opposition
de mœurs et de lois qui existoit entre les
peuples idolâtres, les Perses et les Grecs,
par exemple, et qui produisoit ces guerres
atroces où la victoire mettoit à la disposition
du vainqueur, « liberté civile, biens, fem-
» mes, enfans, temples et sépultures même,
» dit Montesquieu ». — « Faites en sorte,
» dit Rousseau, qu'un Polonais ne puisse
» pas devenir un Russe, et je vous réponds
» que la Russie ne subjuguera pas la Po-
» logne ». C'est là une vaine déclamation.
Si la Pologne avoit imité les lois politiques
de ses voisins, elle n'en auroit jamais été
subjuguée. Une nation ne doit pas en co-
pier une autre, parce qu'alors elle n'en imite
que les vices. Ainsi nous prenons l'intempérance des Anglais plutôt que la sobriété des
Espagnols, et les autres nations copient plutôt notre étourderie qu'elles n'imitent notre
sociabilité. Mais toutes les nations pourroient, devroient avoir, avec le temps, les

mêmes lois, parce que la société a des lois
naturelles, et que la nature morale ou sociale est *une* dans tous les temps et dans tous
les lieux. Au reste, tout ce qu'il dit de faux
et d'insensé sur cette haine nationale, et
« sur ces usages qui doivent être si propres
» à une nation, qu'ils ne se retrouvent chez
» aucune autre », a été fidèlement imité par
nos législateurs de 1793, et c'est ce qui nous
a donné à cette époque ces usages domestiques, et même civils, dont il reste encore des
traces, et qui ne se retrouvent assurément
chez aucun peuple civilisé; comme le ca-
lendrier particulier à la France, qui n'avoit
d'exemple que chez les Turcs.

« La première réforme dont la Pologne a
» besoin, dit - il, est celle de son étendue.
» Peut-être vos voisins cherchent-ils à vous
» rendre ce service, qui seroit un grand mal
» pour les parties démembrées, mais un
» grand bien pour la nation ». Il faut observer que la Pologne, quoique plus étendue
que la France ne l'est peut-être aujourd'hui,
n'est pas difficile à régir, à cause de la contiguité de ses parties, et de son sol partout
uni et accessible. Mais J.-J., pour qui

Genève est le lit de *Procuste*, sur lequel il
voudroit raccourcir tous les grands Etats,
confond ici l'administration toujours plus
attentive, et, en quelque sorte, plus domestique dans un pays peu étendu, avec le gouvernement, toujours plus fort dans un grand
Etat, parce qu'il est plus indépendant des
affections personnelles. Le peuple en Suisse,
étoit mieux logé, mais le peuple en France
étoit mieux jugé; le Hollandais mange et
boit davantage; mais le Français est plus
spirituel et plus actif. L'administration soigne
le matériel de l'Etat; le gouvernement en
régit le moral. A défaut de ce retranche-
ment volontaire de territoire, idée la plus
folle qui soit tombée dans la tête d'un législateur, Rousseau conseille, comme très-im-
portant, de « tourner la constitution vers
» la forme fédérative, pour diminuer, au-
» tant qu'il est possible, les maux attachés
» à l'étendue de l'Etat ». Nous avons eu aussi
en France un parti qui vouloit tourner la
constitution à la forme fédérative, la plus
foible de toutes les constitutions, parce que
la division en fait le caractère essentiel.

Après ces préliminaires, J.-J. Rousseau

entame la question au fond; et prévenu encore pour les idées développées dans le Contrat Social, et sur lesquelles il ne revint que
plus tard, il met, comme Mably, le pouvoir législatif dans la diète seule, et sans le
concours du sénat et du roi. Mais il voudroit que toute la nation y concourût per-
sonnellement par ses représentans, quoiqu'il
ait dit ailleurs, avec raison, que la volonté
générale ne peut pas être représentée; et
c'est pour cela qu'il propose l'affranchisse-
ment des Polonais. Mais il faut le dire à sa
louange; il ignoroit que le seul moyen d'affranchir un peuple, est de l'appeler à la propriété par l'inféodation : cependant il ne veut
pas que cette opération soit faite inconsidé-
rément, « et que l'on affranchisse les corps
» avant d'avoir affranchi les âmes, et rendu
» le peuple digne de la liberté ». Utile leçon, mais perdue pour nos philosophes, qui,
dans nos colonies, ont affranchi des corps
dont ils ne pouvoient éclairer les âmes. C'est
là qu'est placée cette apostrophe à la liberté;
vaine déclamation, si la liberté n'est que la
faculté de faire des lois; mais qui est vraiment éloquente, si l'on voit la liberté dans

la soumission à des lois naturelles qui placent les hommes dans les rapports les plus
parfaits.

Le philosophe veut que chaque député,
dans le corps législatif, puisse parler à son
aise; « parce que si de longues harangues
» font perdre un temps précieux », le silence
d'un seul citoyen peut être une calamité publique. « Il veut qu'il soit toujours assemblé,
» et fréquemment renouvelé ; il veut que
» rien n'y empêche la licence, parce que la
» police est une bonne chose, mais la liberté
» vaut encore mieux, et qu'il faut toujours
» opter entre le repos et la liberté ». Ici les
applications se présentent en foule, et c'est
pour nous que Rousseau écrivoit, et non
pour les Polonais.

La force exécutive, qu'il regarde, avec
raison, comme une *fonction*, et non comme
un *pouvoir*, il la place « dans un corps respec-
» table et permanent, non divisé en plusieurs
» chambres ; invention moderne qui a perdu
» l'Angleterre, et qui expose une nation au
» *terrible danger de voir un centre*, ou foyer
» d'administration, où toutes les forces par-
» ticulières se réuniront toujours »; (danger

de tous les corps législatifs, divisés ou non).
« Mais pour que l'administration soit très-
» forte, et marche bien vers son but, toute la
» force exécutive doit être dans les mêmes
» mains; mais il ne suffit pas que ces mains
» changent, il faut qu'elles n'agissent, s'il est
» possible, que sous les yeux du législateur,
» et que ce soit lui qui la guide ». Ici Rousseau rentre à son insçu dans le système de
l'unité de pouvoir.

On voit qu'il s'éloigne totalement de la
division des pouvoirs, recommandée par
Montesquieu. « Aussi, dit-il avec orgueil,
» j'ai trouvé le vrai secret pour que la force
» exécutive n'usurpe pas l'autorité, et il est
» bien singulier qu'avant le Contrat Social
» où je le donne, personne ne s'en fût ja-
» mais avisé »! ce qu'il dit avec un point
d'admiration; et ce secret, comme il le dit
dans le Contrat Social, est que le gouvernement obéisse au souverain, *qu'il en soit le*
ministre, c'est-à-dire, que la puissance exécutive soit dépendante du pouvoir législatif;
secret aussi merveilleux pour régler un Etat,
qu'il le seroit de dire à un homme, qu'il faut,
pour régler sa conduite, que le corps chez

lui obéisse à l'esprit, et que l'action dépende de la volonté.

Notre constitution de 93 fut faite sur ce modèle, mais perfectionné; et afin que la force exécutive *n'agît que sous les yeux du législateur*, et en fût continuellement *guidée*, on en fit un comité du pouvoir législatif placé alors dans un corps permanent, sinon respectable, du moins redoutable. Aussi *l'administration fut très-forte, et marcha bien vers son but*. En général, J.-J. Rousseau ne redoute l'oppression que de la part de la main qui manie l'épée, et non de la tête qui fait mouvoir le bras. L'expérience a prouvé que si les corps revêtus de la force exécutive, oppriment quelquefois, ils oppriment toujours quand ils sont dépositaires du pouvoir législatif.

Mais c'est surtout dans l'éligibilité du roi (car la composition du sénat est très-indifférente), de cet ennemi né de la liberté, comme il l'a dit ailleurs, que le philosophe trouve la raison de cette prodigieuse vigueur, qui fait que la Pologne tombe *en paralysie cinq à six fois par siècle, et en dissolution au moindre effort.* « La Pologne est libre, dit-il,

» parce que chaque règne est précédé d'un
» intervalle, où la nation rentre dans tous
» ses droits, et reprend une vigueur nou-
» velle. Si quelque roi fait, dans le cours
» de son règne, quelques pas vers la puis-
» sance arbitraire, l'élection de son succes-
» seur le force toujours à rétrograder; en
» sorte que, malgré la pente habituelle vers
» le despotisme, il n'y avoit aucun progrès
» réel ». Rousseau a raison; il n'y avoit de
progrès réel que vers la foiblesse à laquelle
le pouvoir en Pologne marchoit de règne
en règne, et à grands pas. Il faut donc
maintenir cette précieuse éligibilité; « car
» assurez-vous, dit-il, qu'au moment que
» la loi de l'hérédité sera portée, la Po-
» logne peut dire pour jamais adieu à sa
» liberté ».

Il étend cette idée, et elle n'en paroît que
plus absurde lorsqu'on la rapproche des
événemens qui, malgré l'éligibilité du pouvoir qu'on avoit conservée, ont anéanti en
Pologne, non-seulement la liberté, mais jusqu'à l'existence en corps de nation.

« Enfin, la diète, bien proportionnée et
» bien pondérée dans toutes ses parties, sera

» la source d'une bonne législation et d'un
» bon gouvernement. Mais il faut pour cela
» que ses ordres soient respectés et suivis » ;
en sorte que tout le plan de Rousseau, et
même celui de Mably, se réduisent à ceci,
qu'ils ne donnent aucun moyen réel et naturel de gouvernement ; mais que cependant
les choses iront, si la nation veut bien se
gouverner toute seule, et suivre d'elle-même
les lois : ce qui rappelle la prière que firent
les législateurs de la France aux pères, aux
mères, aux instituteurs, etc., d'obéir à la
constitution qu'ils avoient décrétée.

C'est dans la vue d'éloigner les résistances, que J.-J. veut empêcher les guerres
privées entre les seigneurs, et même le *li-*
berum veto, si les Polonais n'y tenoient pas
tant. Mais « sur les confédérations, il n'est
» pas de l'avis des savans : non ; les confé-
» dérations sont le bouclier, l'asile, le sanc-
» tuaire de la constitution, et sans elles,
» l'Etat seroit subjugué, et la liberté pour
» jamais anéantie ». Il veut cependant en
régler la forme, et même les effets ; il veut
soumettre à des règles, et assujettir à des
mesures ces orages politiques où les tourbil-

lons des passions humaines dispersent, dis-
sipent tous les élémens de la société, mettent toute une nation sous les armes, et
font taire les lois, et disparoître toute forme
de gouvernement. Nous avons eu aussi nos
confédérations ou nos fédérations, où l'on
voulut régulariser la licence et organiser le
désordre, mais qui n'ont été ni le *bouclier*,
ni *l'asile* de la constitution de 89.

Jean-Jacques Rousseau a des vues quelquefois aussi saines et aussi morales sur l'administration, qu'elles sont courtes et obs-
cures sur la constitution. Il est bien loin
de placer la force d'un État dans les banques et le commerce, comme nos administrateurs modernes. Il redoute les effets destructeurs de la cupidité, et, en général,
il cherche à diriger les hommes vers des objets grands et élevés. C'est ce qui lui a
donné des partisans enthousiastes, qui n'ont
pas vu qu'un législateur n'a rien fait pour une
nation, même lorsqu'il lui a donné de bonnes lois, s'il n'a proposé des moyens efficaces
d'exécution. Rousseau n'en propose que de
faux ou de ridicules. Ainsi, pour amortir la
cupidité dans le cœur des hommes, au lieu

d'employer la religion qui commande le dé-
tachement des richesses, ou d'établir des institutions politiques qui créent dans un Etat
d'autres distinctions que celles de l'opulence,
le philosophe imagine d'y graduer les fonctions publiques, et d'en distinguer les différens degrés par des plaques de métal : mais
il veut que la valeur du métal soit en raison
inverse de la supériorité du grade ; en sorte
que la plaque d'or réponde au grade le plus
inférieur, et la plaque de fer au rang le
plus élevé, comme si nous étions des animaux que la seule répétition de certains
actes dresse à des habitudes invariables,
et que le raisonnement qui nous montre l'or
comme le moyen universel de toutes les
jouissances, ne l'emportât pas sur l'habitude
de voir porter la plaque de fer à l'homme
élevé en dignité ; et il ne paroît pas se douter
qu'on emploîra l'or à acquérir le droit de
porter la plaque de fer.

Que pouvoient ces vains systèmes pour le
bonheur et le salut d'une grande nation ? La
dernière heure de la Pologne, l'heure fatale
et inévitable étoit arrivée, comme elle arrive
tôt ou tard pour tout peuple qui demande

à l'homme les lois qu'il faut demander à la
nature, et à la sagesse humaine la morale
qu'il faut demander à la religion. Le scandale d'une nation chrétienne, d'une nation
où est la lumière, qui doit trouver dans ses
propres forces le principe de sa stabilité, et
qui cependant *tomboit en paralysie cinq à*
six fois par siècle, et menaçoit de se dis-
soudre au moindre effort, avoit assez duré;
l'indépendance pour les peuples n'est que
dans leur obéissance aux lois naturelles des
sociétés, comme la vraie liberté de l'homme
n'est que dans la vertu. Et quoi que dise J.-J.,
partisan du suicide des peuples, comme de
celui de l'homme, « qu'un peuple a toujours
» le droit de changer ses lois, même les
» meilleures ; car s'il veut se faire du mal à
» lui-même, qu'est-ce qui a le droit de l'en
» empêcher » ? une nation n'a pas plus qu'un
homme le droit de se détruire. « De même,
» dit Bacon, qu'il y a des hommes proscrits
» par les lois civiles de tous les peuples, et
» que nous appelons hors des lois (*exleges*),
» ainsi il peut y avoir des peuples qui occu-
» pent un territoire de fait, et non de droit,
» à cause des vices de leur constitution ou

» de leur gouvernement, *respectu nullita-*
» *tis politiæ, aut regiminis sui* ». Déjà les
puissances voisines unissoient leurs volontés
et leurs forces. Les armées autrichiennes,
russes et prussiennes entrèrent sur le territoire
de la Pologne, et en envahirent chacune une
portion sur d'anciennes prétentions, forme
dérisoire que rien ne les obligeoit à employer.
La *jeunesse*, la *vigueur* de la Pologne n'opposèrent aucune résistance; et ces confédérations fameuses, puissantes à troubler, furent
sans force pour défendre. La France avoit
fait des efforts, aussi dispendieux que mal
combinés, pour y créer une puissance militaire. Les amis de la Pologne n'avoient
qu'une proposition à lui faire, celle de constituer son pouvoir; et, si elle s'y fût refusée,
il falloit laisser à elle - même cette nation
qui vouloit périr, et pour qui la conquête
devenoit un bienfait.

La révolution française vint quelques années après consommer la ruine de la Pologne.
Il s'y éleva, à l'instigation de la France,
un parti puissant, et il parut que le but secret des chefs étoit de former dans le nord
un foyer de révolution, semblable à celui

qui étoit en France, et entre lesquels l'Allemagne, toute disposée *au grand œuvre*, auroit servi de conducteur.

La Russie sentit le danger, et le prévint. Ses armées entrèrent en Pologne, prirent d'assaut la capitale, et dispersèrent ses braves soldats. La Pologne resta partagée entre les trois puissances voisines ; et lorsqu'on se rappelle combien de sang a été répandu chez la nation la plus douce et la plus humaine de l'Europe, et que l'on considère que la révolution commençoit en Pologne dans le désordre, tandis qu'elle avoit commencé en France à la faveur de l'ordre même qui y régnoit, quel est l'ami de l'humanité qui oseroit regretter que la révolution polonaise ait été arrêtée à sa naissance? Cependant il faut bien se garder de croire que toutes les chances de son rétablissement soient épuisées. C'est un peuple mineur que le pouvoir suprême a mis en tutelle jusqu'à sa majorité. La Pologne peut y parvenir, et reprendre, parmi les nations, le rang que ses moyens de prospérité lui assignent, et qui tiennent moins à l'étendue qu'on lui laissera, qu'à la constitution qu'elle recevra. Son ancien gouvernement est fini, et c'étoit le plus grand obstacle à en recevoir un meilleur.

§ V I I I.

De la Turquie d'Europe, et des Tartares.

APRÈS avoir considéré les nations chrétiennes, il nous reste, pour achever notre aperçu de l'état politique de l'Europe, à considérer les peuples mahométans. Qu'on ne s'étonne pas si nous avons distingué, par leur religion, ces deux parties de l'Europe, même politique; le mahométisme est la seule cause de l'irrémédiable foiblesse de l'Empire Ottoman, comme le christianisme est le véritable principe de la force toujours croissante de la société chrétienne; car il n'y a rien à la longue d'aussi fort que la vérité, ni de plus foible que l'erreur.

Nous ne nous occuperons que des Turcs, les seuls de tous les *croyans*, avec quelques hordes de petits Tartares, qui soient établis en Europe; les autres se meuvent dans un orbite plus éloigné, et hors de la sphère de la politique européenne. D'ailleurs, l'Empire Turc est à l'islamisme, ce que la France étoit

à

à la chrétienté : il en est regardé comme le centre et le boulevard; et l'on peut remarquer que les titres religieux dont le grand-seigneur enfle l'exagération de ses titres politiques, correspondent assez bien à ceux de *très-chrétien* et de *fils aîné* de l'église, que prenoient les rois de France.

C'est encore sous un point de vue général que nous considérons l'état politique des peuples mahométans. Cette manière agrandit l'esprit, en même temps qu'elle soulage la mémoire. Elle présente l'histoire des siècles, et non celle des jours ; l'histoire de la société, et non celle de l'homme , et c'est , après six mille ans de faits , le seul moyen de s'y reconnoître.

Nous sommes obligés de reprendre de plus haut l'histoire du mahométisme , qui , dès sa naissance, s'est trouvé en opposition religieuse avec le christianisme , et qui, depuis les croisades, est en opposition politique avec la chrétienté.

Le christianisme triomphoit de Rome idolâtre, et la chrétienté commencée par Constantin , et dont un plus grand homme, Charlemagne , devoit achever la constitution , s'élevoit insensiblement sur les ruines du paganisme, long-temps défendu par la majesté de l'Empire Romain : car le paganisme étoit l'état public et politique de l'idolâtrie, comme la chrétienté est l'état public ou politique du christianisme (1).

« L'Empire d'Occident n'en pouvoit plus », pour me servir de l'expression énergique de M. Bossuet, « et ce grand corps étoit tombé en dissolution, à l'instant qu'il avoit perdu *l'esprit* d'idolâtrie qui l'avoit animé ».

L'ouvrage d'Auguste périt sous les coups d'Odoacre et de ses Hérules. Alors seulement finit en Occident la guerre que les lois ou les mœurs n'avoient pas cessé de faire au christianisme, même depuis que le glaive de la persécution s'étoit émoussé ; puisqu'encore quelques années avant la fin de l'Empire, le peuple de Rome, réduit aux dernières extrémités par Alaric, avoit retrouvé des prêtres des idoles, et offert des sacrifices impies à ses antiques divinités.

L'Empire de Rome idolâtre finit en 476 ; et cent ans après (les époques centenaires

____

(1) Les Romains étoient des païens, les Tounguses, ou Kamschadales, sont des idolâtres.

(259)

sont remarquables dans la société), en 570, naquit, en Orient, cet homme fameux, qui fut le fondateur d'un autre Empire ennemi de l'idolâtrie et du christianisme à la fois ; ce Mahomet, esprit audacieux, qui s'annonça comme inspiré à des peuples ignorans, et soumit par eux des peuples amollis ; mais dont les inventions sans génie ont entraîné tout l'Orient au dernier degré de foiblesse et de stupidité.

Tout fut remarquable, mais tout s'explique aisément dans l'origine et les progrès de la religion mahométane.

Elle naquit aux mêmes lieux que les religions juive et chrétienne, et au centre des trois parties du monde connu. Les Arabes, au milieu desquels elle commença, descendent par Ismaël, d'Abraham, père des Juifs, qu'ils appellent *Ibrahim* ; et la tribu Coraïsite, dans laquelle étoit né Mahomet, prétendoit tirer son origine de Cédar, fils aîné d'Ismaël.

Ce fut un étrange événement de voir, après tant de milliers d'années, recommencer le combat entre la postérité religieuse d'Isaac, et la race charnelle du *fils de l'étrangère* ;

R 2

« de cet homme fier et sauvage, qui levera
» la main contre tous, et tous leveront la
» main contre lui; et qui dressera ses pavil-
» lons à l'encontre de tous ses frères »; traits
sublimes sous lesquels l'Ecriture peint Ismaël,
et qui conviennent également, et aux Arabes
ses descendans, toujours sous la tente, toujours en guerre contre leurs voisins, et à l'esprit dominateur et conquérant de la religion
mahométane, sortie des déserts de l'Arabie,
et ennemie de toutes les autres religions.

Mélange grossier de vérités chrétiennes,
de pratiques judaïques, de superstitions sa-
béennes, de licence païenne, la doctrine
du législateur arabe parloit avec respect
aux Juifs, de Moïse et de sa loi; aux chrétiens, de Jésus-Christ et de son Evangile :
elle ne persécutoit que les idolâtres odieux
aux chrétiens et aux Juifs; doctrine facile,
où l'esprit trouve des idées raisonnables sur
la Divinité; le cœur, des tolérances ou des
promesses favorables aux passions, et qui
s'annonça à la fois dans l'Univers avec le
dogme de l'unité de Dieu, et, si l'on peut
le dire, avec le dogme des plaisirs de
l'homme.

Mahomet, dupe peut-être de l'illusion qu'il répandoit, avoit débité des opinions ; de fanatiques disciples en firent une religion : car ce n'est que dans la vérité ou dans ce qu'il prend pour elle, que l'homme puise cette force morale, cet empire irrésistible qu'il exerce sur les esprits, lorsqu'il est lui-même maîtrisé par une forte pensée. Il y a dans le monde plus d'erreur que d'imposture ; ou s'il y a imposture, elle est presque toujours dans les *moyens* que l'homme emploie pour faire triompher l'erreur.

Des dogmes écrits perpétuent l'empire des opinions, et établissent en quelque sorte sur les esprits un pouvoir héréditaire. La doctrine de Mahomet, recueillie et commentée par ses disciples, composa le Coran (1), code religieux, politique, et même civil des Mahométans. C'est là la raison de la durée de leur religion et de leur empire. Les peuples dont l'existence présente le plus de force et de stabilité, sont ceux qui ont écrit, non-

---

(1) Le Coran, dit un homme de beaucoup d'esprit, est la Bible passée à travers les contes de Mille et Une Nuits.

seulement leur morale, mais leurs dogmes,
qui ont fait des lois politiques de leurs lois
religieuses, et des lois religieuses de leurs
lois politiques, comme les Juifs, les chrétiens, les Mahométans, et peut-être quelques peuples de l'Inde.

Mahomet méconnut sans doute la raison,
lorsqu'il proposa des puérilités ou des absurdités à la croyance de ses sectateurs; mais
il connut l'homme, lorsqu'à défaut d'une
morale sévère, il lui imposa des pratiques
gênantes. L'homme convient de la nécessité
de la règle, quoiqu'il se révolte contre elle,
et il reste plus fortement attaché à ce qui
lui coûte davantage. Mahomet affoiblit le
frein des préceptes en même temps qu'il ou-
troit la rigueur des conseils, et il proscrivit
les ablutions perpétuelles, les prières fréquentes, il défendit l'usage du vin à ces mêmes
hommes à qui il permettoit la pluralité des
femmes.

La religion chrétienne avoit trouvé les
peuples du Nord conquérans; elle leur avoit
inspiré des sentimens, et les avoit rendus
paisibles. Mahomet trouva les Arabes tranquilles; « il leur donna ses opinions, dit

» Montesquieu, et les voilà conquérans ».
On peut à cela seul juger les deux religions;
« car, ajoute le même auteur, il est encore
» plus évident que la religion doit adoucir
» les mœurs des hommes, qu'il ne l'est que
» telle ou telle religion est vraie ».

Le mahométisme sortit donc tout armé du
cerveau de son fondateur, comme la Minerve
des païens, comme toute opinion de la sagesse humaine. Le christianisme, *pareil au*
grain qui se développe, ou à la pâte qui
fermente, avoit crû insensiblement, et commencé par convertir la famille avant de changer l'État; le mahométisme, semblable à
une tempête, commença avec violence,
et renversa les États pour pervertir les familles.

La doctrine du prophète de la Mecque se
propagea d'abord avec rapidité chez les Arabes, peuple d'une imagination vive et mobile, mêlé de Juifs, de chrétiens, de sa-
béens, d'idolâtres, tous à peu près aussi ignorans les uns que les autres. Bientôt de l'Arabie, où étoit son berceau, le mahométisme
étendit une main sur l'Orient, et l'autre sur
l'Occident : il séduisit par la volupté, il inti-

mida par la terreur; s'il trouva partout des chrétiens qui pratiquoient leur religion, nulle part il ne trouva de gouvernement qui la défendit, et l'Afrique comme l'Asie reconnut la loi du nouveau prophète.

Alors la chrétienté d'Europe put être considérée comme une place forte dont le mahométisme faisoit le siége dans les formes, et par des approches régulières. Déjà les dehors avoient été insultés. La Palestine avoit été envahie en 636, la Sicile même ravagée en 663, et presque tous ses habitans emmenés captifs; enfin, en 713, c'est-à-dire, moins d'un siècle après la célèbre *hégire*, les Mahométans d'Afrique, connus sous le nom de *Maures*, passèrent le détroit qui les séparoit de l'Europe, livrèrent l'assaut au corps de la place, et s'emparèrent de l'Espagne, où la vengeance, l'ambition, la volupté, ces éternels ennemis des Empires, leur avoient ménagé des intelligences.

De terribles combats signalèrent le courage et la foi des chrétiens dans ces malheureuses contrées. Les chefs du peuple, et tous ceux qui préférèrent leur liberté à la dure condition de servir sous de tels maîtres, se retirèrent devant le vainqueur dans les monts escarpés des Asturies, emportant avec eux, comme les Troyens, les dieux de l'Empire, la religion et la royauté. Ce fut dans ces ro-chers arides que Pélage et ses braves com-pagnons déposèrent le germe précieux de cette plante alors si foible, mais qui devoit jeter de si profondes racines, s'étendre un jour sur toutes les Espagnes, et même couvrir de ses rameaux de nouveaux mondes.

L'héroïque résistance de cette poignée de chrétiens sauva du joug des infidèles les con-trées qu'ils occupoient ; mais elle ne pouvoit en préserver l'Europe. Du haut des Pyrénées, les Maures alors appelés *Sarrazins*, fondirent sur les plaines fertiles de la France méridio-nale, et les inondèrent. La France alloit deve-nir, comme l'Espagne, une province de l'Em-pire des califes, et l'Europe entière, ouverte alors et sans défense, auroit subi le joug des Musulmans, si la France, destinée à faire dans les occasions périlleuses l'avant-garde de la chrétienté, et à la sauver, tantôt par l'exem-ple de son courage, tantôt par la leçon de ses malheurs, n'eût élevé dans son sein cette race de héros, dans laquelle tous les talens de la guerre et de la paix se transmirent pendant quatre générations, comme un héritage, où le fils fut toujours plus grand que son père, et le dernier même le plus grand des rois. Charles Martel écrasa les hordes innombrables de Sarrazins ; Pepin ranima la royauté languissante ; Charlemagne constitua la chrétienté, en unissant, sans les confondre, l'Eglise et l'Etat, qu'après lui on a confondus sans les unir, en voulant ne donner qu'un chef à toutes les deux, tantôt le pape, et tantôt le magistrat politique ; génie prodigieux qui apparut à l'Europe pour guider ses premiers pas dans la route de la civilisation, et lui donner cette impulsion qui subsiste encore mille ans après lui.

Les Sarrazins, rebutés du mauvais succès de leurs entreprises, ne tentèrent plus de pénétrer en France : ils s'affermirent en Espagne, et y prolongèrent pendant huit siècles leur domination, toujours en guerre contre les chrétiens. D'abord ils opposèrent à leurs efforts le courage du fanatisme ; plus tard, énervés par les plaisirs, ils ne résistèrent plus que par la force d'inertie d'une population nombreuse établie sur un vaste territoire,

sous un gouvernement défendu par une longue possession.

Cependant la chrétienté étoit ▓▓▓▓▓▓ à
son extrémité opposée. Un détroit aussi aisé
à franchir que celui de Gibraltar, la séparoit
des Mahométans d'Asie, et l'Empire Grec,
chargé de la défense de ce poste, ne pouvoit
leur opposer la même résistance que leurs
frères d'Afrique avoient trouvée dans les
Goths, maîtres de l'Espagne.

Le gouvernement grec n'avoit été depuis
son origine, à quelques intervalles près,
qu'une démocratie militaire, sanguinaire et
turbulente, « où l'empereur n'étoit, comme
» dit Montesquieu, qu'un premier magistrat »,
amovible au gré des soldats; et c'est tout ce
que l'Empire d'Orient avoit de commun avec
l'Empire Romain.

L'Eglise avoit suivi le sort de l'Etat. Depuis qu'elle étoit déchue de l'autorité par le
schisme, les factions qui la divisoient se dis-
putoient la domination. C'étoit dans l'Eglise
comme dans l'Etat, les mêmes désordres,
la même anarchie, souvent les mêmes vio-
lences; là, par la mutinerie des soldats; ici,
par l'indiscipline des moines.

Dans cet état de délire, une société a quelquefois de la force pour attaquer, parce qu'on attaqu[e] des passions; mais elle n'a absolument aucune force pour se défendre, parce qu'on se défend avec l'union et la discipline; et l'Empire Grec, hors d'état d'attaquer, ne pouvoit être que sur la défensive à l'égard d'un Empire naissant, qui avoit pris le croissant pour emblème de ses progrès, et à qui son prophète avoit promis l'empire du monde.

Déjà les Turcs *Selgiucides*, accourus des environs du Mont-Caucase, et nouvellement convertis de l'idolâtrie, étoient venus réchauffer de leur fanatisme récent le zèle languissant de l'islamisme, et ils en avoient ranimé les forces, en chassant de leurs trônes ces califes divisés, et plus dévots à la loi du prophète qu'ardens à la propager. En 914, ils fondèrent un Empire à Cogny (*Iconium*), dans la Natolie, et de là ils étendirent leurs conquêtes sur quelques parties de l'Asie, qui obéissoient encore aux empereurs grecs.

L'Empire Grec ne pouvoit tarder à être attaqué en Europe, et dans le centre de sa puissance. Hors d'état de se défendre par ses propres forces, il auroit en vain appelé à son secours les Latins opprimés en Espagne par les Maures; divisés, affoiblis en █████, en Allemagne, en Italie, par les guerres intestines des petits souverains entre eux et contre les rois; partout irrités contre les Grecs, dont le schisme récent avoit rompu l'unité chrétienne, et affligé leur mère commune.

Ce fut alors cependant que commencèrent ces expéditions à jamais mémorables, connues sous le nom de *croisades*, véritables sorties que fit la chrétienté pour regagner les dehors de la forteresse, et forcer les assiégeans à en élargir le blocus; événement le plus extraordinaire de l'histoire moderne, et celui que l'ignorance et la prévention ont le plus défiguré.

Les lieux saints avoient été envahis en 936, et les chrétiens d'Asie, d'Afrique, et même de quelques parties d'Europe, avoient été l'objet des outrages et des cruautés des infidèles, sans que les chrétiens d'Occident y eussent paru sensibles. Mais à la fin du onzième siècle, et après mille ans révolus, la chrétienté tout entière reçut l'ordre de marcher contre l'Asie, et elle marcha. L'impulsion vint du centre de la chrétienté et du chef même de la société chrétienne (1). Deux de ses nm... sans autorité politique, *Pierre l'Her... St. Bernard*, furent les hérauts de cette convocation solennelle ; et, si l'on ne veut y voir que deux hommes, on peut leur appliquer cette belle parole de Tacite, en parlant des deux soldats d'Othon : « *Susce-* » *père duo manipulares Imperium Roma-* » *num transferendum, et transtulerunt* ». La France reçut la première le mouvement qu'elle communiqua au reste de la chrétienté, et elle eut la plus grande part à l'entreprise.

Politique des Etats, intérêts des familles, foiblesse de l'âge, timidité du sexe, obscurité de la condition, sainteté de la profession, tous les motifs humains disparurent devant cette force irrésistible qui, suivant

---

(1) Le fameux Grégoire VII avoit eu la première idée de ces entreprises. La pensée de la fin prochaine du monde, qui tout à coup saisit les peuples chrétiens, à cause de la révolution millénaire qui finissoit, contribua à les pousser à ces expéditions périlleuses ; car alors on expioit des crimes trop faciles à commettre, par des vertus pénibles à pratiquer.

l'expression d'Anne Comnène, *arracha l'Eu-*
rope de ses fondemens pour la précipiter
sur l'Asie : impulsion extraord████ ont
quelques événemens récens ont p████ dou-
ner une foible idée, et qui, peu d'années
avant la première croisade, eût paru aussi
incroyable que les événemens dont je veux
parler étoient peu probables en 1788.

On a vu dans tous les temps, et particulièrement dans le nôtre, des peuples soulevés
par les passions, par l'orgueil d'une égalité
chimérique, ou le délire d'une liberté mal en-
tendue, quelquefois par la haine d'une religion dominante, ou la crainte d'un gouvernement sévère, et depuis trois siècles, les troubles d'Europe n'ont pas un autre principe :
mais les croisades ne présentoient aucun des
objets qui peuvent exciter les passions, et of-
froient tous les motifs qui peuvent les cal-
mer. Les croisés faisoient le sacrifice de leurs
biens, et même un grand nombre vendoient
leurs terres : la subordination des rangs étoit
observée parmi eux : il y eut de la licence
sans doute dans les armées des croisés, mais
ils étoient bien éloignés de se la proposer
pour but en se croisant. La vengeance même,

si chère à ces hommes indociles encore au
joug des lois, se tut devant le zèle religieux
qui ▓▓▓▓▓ la croisade. « Ce qu'il y eut de
» plus avantageux et de plus surprenant,
» dit le P. Daniel, fut que, dans toutes les
» provinces de la France, les guerres par-
» ticulières qui y étoient très-allumées, ces-
» sèrent tout à coup, et que les plus mor-
» tels ennemis se réconcilièrent entre eux ».
Après tout, les souffrances des chrétiens
d'Asie n'étoient pas senties par ceux d'Europe, et assurément le danger étoit éloigné.
La religion ne faisoit pas de la croisade un
précepte; le gouvernement n'en faisoit pas
un devoir, puisqu'un très-grand nombre de
personnes, même dans les rangs les plus élevés, s'en dispensèrent, ou même blâmèrent
hautement ces entreprises.

Il est vrai qu'à cette époque quelques personnes alloient par dévotion visiter les lieux
saints; mais cette expiation ne paroissoit si
méritoire, ou cet effort de piété si héroïque,
que parce que les hommes étoient en général
très-sédentaires. Les voyages alors étoient
rares, et les communications même si diffi-
ciles, que le trajet d'une province à l'autre
passoit

passoit pour une entreprise ; et l'histoire
des mœurs de ces temps reculés en offre des
exemples remarquables (1). Ce⬛⬛⬛que de
nos jours, depuis le progrès du commerce
et des arts , que les peuples de l'Europe
sont tous devenus étrangers à leurs propres
foyers, tous avides de courir et de voir ,
et que la facilité, la sûreté même des communications par terre et par mer, a fait des
voyages les plus lointains, et autrefois les plus
périlleux, l'amusement ou l'occupation des
deux états extrêmes de la société, l'opulence
et le besoin.

Enfin, dans les révolutions qui tirent les
Etats de leur assiette naturelle, le peuple
reçoit l'impulsion, et ne la donne pas ; il
n'est jamais qu'un instrument servile entre
les mains de quelques chefs qui le font vouloir pour le faire agir, et qui lui inspirent
leurs passions, et lui cachent leurs desseins.
Mais ici les peuples entraînèrent les grands,

(1) Hénault rapporte, que des religieux de Saint-
Maur-des-Fossés, près Paris, s'excusent d'aller en
Bourgogne, *à cause de la longueur et des dangers du
voyage.*

et Daniel remarque, avec raison, « que les
» rois ▮▮▮ ▮▮laissèrent pas d'abord emporter
» à ce ▮▮▮ ▮et qu'il n'y en eut point à la pre-
» mière expédition ».

Si tout fut extraordinaire dans la cause,
tout fut inexplicable dans les moyens; et
quels moyens en effet que les prédications de
Pierre l'Hermite et de saint Bernard pour
soulever l'Europe entière, et en déterminer
les habitans à courir en Asie, au mépris des
règles de la prudence humaine, et des dou-
ceurs de la vie pour y affronter les fatigues
et les dangers d'une guerre lointaine, contre
des peuples barbares que la crédulité populaire regardoit comme des hommes d'une
autre espèce que la nôtre ? On peut même
remarquer que l'impression s'en est conservée
dans les langues de l'Europe, qui toutes,
dans leurs locutions proverbiales, prennent
les Turcs pour terme de comparaison avec
la force et la cruauté.

Quoi qu'il en soit des motifs et des moyens
de ces expéditions, la chrétienté sortit par
toutes ses portes à huit différentes reprises,
depuis 1097 jusqu'en 1270; et dans les
intervalles de ces éruptions, le royaume

Français, fondé à Jérusalem, Constantinople, un moment occupé par les Latins, et
ces Ordres illustres qui, voués d'abord au
soin des malades, finirent par se consacrer
à la défense des lieux saints, entretinrent
en Asie une guerre continuelle qui retarda
les approches des Turcs, leur rendit impossible toute entreprise sur l'Europe, et
donna le temps d'élever d'autres défenses,
dont nous parlerons tout à l'heure.

Les Latins avoient porté leurs passions
en Asie, et y avoient eu à souffrir de celles
des Grecs. Toutes les intentions particulières
avortèrent, parce que les croisades ne s'é-
toient pas faites pour des vues personnelles;
mais l'intention générale eut un plein succès,
un succès dont nous sommes encore les témoins; et, puisqu'il faut le dire, et proclamer
hautement une des vérités les plus certaines
de l'histoire moderne, *les croisades sauvèrent l'Europe.*

Elles la sauvèrent de ses propres fureurs,
en y éteignant l'ardeur des guerres privées,
et surtout en y affermissant le pouvoir des
rois contre l'ambition inquiète de leurs vas-
saux, qui s'appauvrirent ou périrent dans

S 2

ces expéditions lointaines. Elles sauvèrent l'Europe, et la civilisation avec elle, de la barbarie musulmane, en refoulant, pour ainsi dire, sur elle-même cette puissance, alors dans la crise de son développement, et la forçant à se défendre, lorsqu'elle étoit impatiente d'attaquer. Elles ruinèrent même en Espagne la puissance des Maures, qui, selon la remarque de l'abbé Fleury, « y ont » toujours décliné depuis les croisades ». Ces expéditions donnèrent les premières connoissances de l'art de porter au loin, de faire subsister et mouvoir de nombreuses armées; enfin elles créèrent en Europe la marine qui l'a défendue du joug des infidèles plutôt que les troupes de terre, et qui l'en défendroit encore. Les yeux malades de la haine n'ont pu saisir l'ordonnance générale d'un si vaste tableau, et ne se sont fixés que sur quelques détails; car la petitesse d'esprit, je veux dire, l'esprit des petites choses, est le caractère de la philosophie moderne. Elle a taxé d'injustice l'agression des chrétiens, et elle a passé sous silence l'invasion des barbares; elle a déploré le mauvais succès des croisades, comme si elles avoient été

entreprises pour fonder des principautés à
Edesse, à Antioche, ou même à Jérusalem,
dont le sol, quelque vénérable qu'il soit par
les souvenirs qu'il rappelle, n'a rien de nécessaire, pas plus que tout autre lieu du
monde, à une religion dont le chef-lieu est
hors du monde. Elle s'est apitoyée sur le
grand nombre d'hommes qui périrent dans
ces expéditions, comme si le commerce, et
les guerres dont il est le principe, ne faisoient pas périr plus de monde que n'en
ont consommé les croisades; avec cette différence toutefois qu'une guerre entreprise
par un principe d'humanité, est toujours
utile, même lorsqu'on y succombe; et que
ces guerres éternelles pour des motifs d'avarice et de commerce, sont toujours funestes,
même lorsqu'on réussit : et malheur au
temps, et aux peuples chez qui les motifs
sublimes qui inspirèrent les croisades, ont
pu être attaqués impunément par des déclamations de rhéteurs, ou défigurés par des
subtilités de sophistes !

Ici l'autorité des noms se joint à la certitude des faits. Le célèbre Bacon pense
que les diverses nations sont unies entre

elles par les lois universelles de la nature
et *des gens*, dont l'infraction de la part
d'une d'elles, peut rendre la guerre légitime
de la part des autres. « Ainsi, dit-il, les hom-
» mes qui manquent aux lois civiles, sont
» ramenés à l'ordre par la société ». Il cite
en preuve de son opinion les Turcs, et il les
regarde comme hors la loi, *ex leges*, des nations civilisées. M. Robertson, raisonnant
sur les croisades, dans son introduction à
l'Histoire de Charles - Quint, soutient que
l'Europe leur doit les premiers rayons de
lumière et de civilisation; que ces entreprises
y ont perfectionné, ou plutôt y ont créé les
deux fonctions essentielles de la société civile, l'administration de la justice par l'établissement de la vindicte publique, qui fit cesser les vengeances privées, et l'art militaire
de terre et de mer. Cet historien judicieux
compte encore au nombre des bienfaits des
croisades, les progrès des sciences et du
commerce. En un mot, la cause générale
de ces expéditions mémorables fut juste,
et le plus indispensable qui fut jamais, puisqu'elles eurent pour objet de sauver la chrétienté de la domination des Mahométans;

l'effet général fut heureux, puisque l'Europe fut préservée alors de l'invasion des Musulmans, et acquit de nouvelles forces, pour s'en préserver dans la suite, et même les expulser aujourd'hui de son sein. C'est là l'ouvrage de la nature, et il est bon comme elle dans sa *cause*, et heureux dans son *effet*; les *moyens* furent l'ouvrage de l'homme, et ils furent trop souvent foibles, imparfaits, vicieux comme lui.

Cependant les chrétiens se retiroient de la Palestine; le goût des croisades s'étoit ralenti, depuis qu'elles avoient cessé d'être nécessaires. Ici commence un autre ordre d'événemens, dont il devient important d'observer la suite, et de fixer les dates.

En 1291, les ordres de chevalerie, qui faisoient, dans la Palestine, l'arrière-garde des croisades, après la plus héroïque résistance, évacuèrent Saint-Jean-d'Acre, dernière place que les chrétiens eussent conservée dans la Terre-Sainte.

En 1300, une nouvelle horde de *Turcomans* venus originairement de la Tartarie, se constitua en état politique dans l'Asie-Mineure, sous la conduite d'Ottoman, qui a donné son nom à ses successeurs, et même à l'Empire; et neuf ans après, en 1309, les chevaliers hospitaliers de Saint-Jean-de-Jérusalem, pour couvrir la retraite de la chrétienté, et arrêter la poursuite de l'ennemi, s'emparèrent de l'île de Rhodes, et s'y fortifièrent. Mais dans le même temps que l'Empire des Ottomans s'élevoit en Asie, et menaçoit la chrétienté de ses progrès, il se formoit, dans la partie de l'Europe la plus exposée à ses attaques, cet autre Empire qui devoit opposer à ses efforts une barrière insurmontable. En effet, en 1356, cinquante ans après la fondation de l'Empire Ottoman en Asie, et cent ans avant son établissement en Europe, l'Empire Germanique, placé de ce côté aux avant-postes de la chrétienté, déchiré jusqu'alors par des guerres intestines, recevoit dans la *Bulle d'or* cette forme alors monarchique, démocratique depuis les troubles de la réformation; et la maison d'Autriche jetoit dès lors les fondemens de sa puissance, et associoit ses destinées au sort de la chrétienté.

Dès que les Turcs se furent formés en corps politique, l'Empire Grec n'eut d'autres instans de relâche que les trèves, qu'il achetoit au poids de l'or; il touchoit à sa fin; de nombreux symptômes annonçoient sa dernière heure; « et le plus funeste de tous, le » petit esprit, dit Montesquieu, étoit parvenu à faire le caractère de la nation ». La fureur des factions, l'acharnement des sectes, la vanité des titres, le goût des spectacles y étoient poussés jusqu'à l'extravagance ; et comme les Grecs anciens, menacés par Philippe, avoient défendu, sous peine de mort, de convertir aux usages de la guerre l'argent destiné pour les spectacles, les Grecs modernes, pressés par les Turcs, se passionnoient pour les cochers verts ou bleus du cirque. Et n'avons-nous pas vu les mêmes symptômes, les querelles religieuses, les troubles politiques, la vanité des titres, le goût effréné du théâtre, de ridicules disputes sur la musique, et le *magnétisme*, le petit esprit en un mot, l'esprit des petites choses, annoncer la chute de la première société de l'Univers, et préparer cette épouvantable catastrophe qui a consommé en peu de jours l'ouvrage de tant de siècles ?

Enfin, Mahomet II, l'Alexandre des

Turcs, passa la mer avec une flotte nombreuse; il fit plus, il passa la terre avec ses vaisseaux, et les porta, à force de bras et de machines, dans le port de Constantinople, à travers une langue de terre qui le ferme d'un côté; et ses malheureux habitans, qui croyoient leur port inaccessible aux vaisseaux ennemis, virent au point du jour flotter au pied de leurs murs ses redoutables pavillons.

Alors toute résistance devint inutile, et elle n'en fut que plus glorieuse. Constantin Paléologue prit soin de la dignité de l'Empire à ses derniers momens, et il se fit tuer sur la brèche, revêtu de tous les ornemens de la puissance impériale. La ville fut emportée d'assaut, et son immense population livrée, pendant plusieurs jours, à d'inexprimables horreurs de la part de deux cent mille barbares, ivres de toutes les passions et de toutes les fureurs.

L'Empire Grec, réduit depuis long-temps à sa capitale, périt tout entier; mais déjà les vainqueurs méditoient de nouvelles conquêtes. La Hongrie, attaquée deux ans après la conquête de Constantinople, ne dut son salut qu'à Jean Corvin, connu sous le nom d'*Hu-*

niade, général des armées du roi de Hongrie, et un des plus grands hommes des temps chrétiens (1). Le foible Empire de Trébisonde fut envahi en 1462; et en 1480, moins de trente ans après la prise de Constantinople, ils mirent le siége devant Rhodes, qui étoit le poste le plus avancé de la chrétienté. Cette fois, la constante fortune de ces destructeurs des Empires les abandonna, et il leur fallut honteusement lever le siége d'une ville défendue par une poignée de chevaliers, réduits à leurs seules forces, et privés de communication avec le reste des chrétiens.

Vers le même temps, c'est-à-dire, en 1492, un autre événement ajoutoit aux forces de la chrétienté, et lui permettoit de les diriger toutes contre les Turcs. Les Musulmans d'Afrique étoient chassés d'Espagne, autre époque mémorable de l'histoire moderne,

(1) Il étoit vaivode de Transilvanie. Au lit de mort il ne voulut pas permettre, par respect, qu'on lui portât les derniers secours de la religion dans ses appartemens, et se fit lui-même porter à l'église. Son fils, Mathias Corvin, autre héros, et fort instruit, fut élu roi de Hongrie, de Bohème, marquis de Moravie, et duc de Silésie.

dont des écrivains prévenus ont fait un lieu commun de leurs déclamations.

L'expulsion des Maures d'Espagne étoit juste en soi; car la barbarie ne *prescrit* pas la possession de la terre contre la civilisation: elle étoit utile à l'Europe en général, et à l'Espagne en particulier, en y ramenant le christianisme, et y faisant cesser la tyrannie de mœurs et de lois déréglées.

Si les Musulmans d'Afrique eussent encore occupé l'Espagne dans le même temps que ceux d'Asie envahissoient la Grèce et pénétroient en Hongrie, la chrétienté attaquée à la fois aux deux extrémités, et même dans son centre et en Italie par leurs flottes nombreuses, auroit infailliblement succombé; et cette belle partie du monde, riche aujourd'hui de tous les monumens de la civilisation, seroit au même état que la Grèce moderne, où le voyageur en aperçoit à peine quelque vestige. Les progrès des Espagnols sur les Maures furent encore l'ouvrage des croisades. Dans tous les pays chrétiens, on se croisoit contre les Maures d'Espagne, et la bulle de la *Crusada*, publiée encore annuellement dans ce royaume, est le dernier

monument qui dépose de ces mémorables entreprises, par lesquelles les enfans rentroient
dans l'héritage que leurs pères avoient été
forcés de céder au vainqueur, et dont ils n'a-
voient cessé de revendiquer la possession.

Ce fut pour éloigner jusqu'à la possibilité
du retour des Maures, dans un temps où tout
l'islamisme étoit en mouvement, que le cardinal *Ximenès*, le plus grand ministre qu'il
y ait eu en Europe, persuadé que dans cette
position on ne peut défendre un Etat comme
une forteresse que par des ouvrages avancés,
porta, à ses frais, la guerre en Afrique, et
s'empara, sur la côte opposée à l'Espagne,
des places fortes ou *présides*, qu'il fit fortifier à ses dépens.

Il n'y avoit pas un moment à perdre
pour mettre la chrétienté en état de résister,
et elle alloit être attaquée par toutes les forces de l'Empire Ottoman, dirigées par Soliman II, le plus grand homme de cette monarchie, même par ses vertus. A peine il étoit
sur le trône, et déjà en 1521, il s'emparoit
de Belgrade, et de Rhodes en 1522. Il sou-
mettoit la Hongrie en 1526, et en 1529 il
mettoit le siége devant Vienne, tandis que

ses flottes ravageoient l'Italie, et que ses lieutenans menaçoient la Perse.

Les chevaliers de Rhodes, forcés de quitter leur île après la plus courageuse défense, s'étoient repliés sur Malte, où ils couvroient de plus près les côtes de l'Europe; et telle fut l'ardeur de leur zèle et la promptitude de leurs efforts, que ce rocher qu'ils occupèrent en 1530, se trouva par leurs soins, trente-cinq ans après, en état de braver toutes les forces de l'Empire Ottoman, dans ce siége à jamais mémorable, qui est un des plus beaux faits d'armes de l'histoire moderne.

Lorsqu'on observe, à cette époque, la marche des événemens, et cette disposition des choses, qui, à de nouveaux efforts de la part des Turcs, oppose, de la part des chrétiens, de nouvelles défenses, on croit voir un ingénieur habile défendre pied à pied le terrain, et arrêter l'ennemi à chaque pas, en élevant sans cesse de nouveaux ouvrages à la place de ceux qui ont été emportés.

Mais ce que le seizième siècle offrit de plus remarquable, fut la prodigieuse puissance de la maison d'Autriche pendant un demi-siècle. L'occident de l'Europe avoit été, un moment, réuni tout entier sous Charlemagne, dont la volonté éclairée et l'action puissante étoient nécessaires pour constituer l'Europe chrétienne. Au seizième siècle, la partie de l'Europe qui étoit exposée à l'invasion des Turcs, fut soumise à une seule maison, qui réunit la Hongrie, la Bohême, le Portugal à l'Espagne, à l'Italie et aux Pays-Bas. Un nouveau monde tout entier vint accroître cette énorme puissance, et ajoutant ainsi la plus grande force d'opinion à une très-grande force réelle, fit un moment de la monarchie autrichienne le plus vaste Empire que le soleil ait éclairé : puissance énorme, qui, pour surcroît de bonheur, fut dirigée par un prince profondément habile dans l'art de gouverner les hommes et les affaires.

Cette direction extraordinaire d'événemens préserva l'Europe des derniers malheurs. Les Mahométans, de quelque côté qu'ils l'attaquassent, trouvoient sur tous les points des armées autrichiennes, et dans tous les parages, des flottes espagnoles ou italiennes. Ils trouvoient en Hongrie les chrétiens sur la défensive; ils en étoient eux-mêmes attaqués en Afrique; ils les trouvèrent surtout à Lépante, en 1571, dans le plus furieux combat de mer qui se soit jamais livré. Cette journée glorieuse pour les chrétiens, fut l'époque de la décadence des Turcs. Elle leur coûta plus que des hommes ou des vaisseaux, dont on répare aisément la perte; car ils y perdirent cette puissance d'opinion, qui fait la principale force des peuples conquérans, puissance qu'on acquiert une fois, et qu'on ne recouvre jamais.

La bataille de Lépante se donna non loin des mêmes lieux où s'étoit livré le combat d'Actium, et peut-être fut-elle aussi décisive. J.-J. Rousseau, qui nie qu'il y ait jamais eu d'armée chrétienne, parce qu'il ne voit jamais que l'individu, n'avoit pas lu, sans doute, ce que les historiens racontent de l'impression que fit sur les troupes chrétiennes la vue de l'étendard sacré que don Juan d'Autriche arbora, le jour du combat, sur le vaisseau amiral, aux premiers rayons du soleil, et que toute l'armée salua par des acclamations, présage certain de la victoire.

Il faut le dire à la honte de la France. Les fleurs de lis qui, dans toutes les guerres

contre

contre les infidèles, avoient paru les premières parmi les étendards chrétiens, et
qu'en 1396, les Turcs avoient enlevées à *Ni-*
copoli, au prix de tant de sang français, les
fleurs de lis ne parurent pas à Lépante, où les
plus petites républiques d'Italie avoient envoyé leurs vaisseaux. Les descendans de saint
Louis étoient alors frères d'armes des successeurs de Mahomet. Depuis que François Ier.,
oubliant les intérêts de son pays, avoit voulu
se faire nommer empereur d'Allemagne, il
s'étoit fait une révolution dans la politique
de la France, *et tout avoit été perdu, et*
même l'honneur; non cet honneur de l'homme
qui consiste à se battre avec courage, qu'on
retrouve chez les peuples sauvages, comme
dans les nations les plus civilisées, et que
l'homme partage même avec la brute, mais
cet honneur d'un gouvernement, qui consiste à n'être pas forcé, même par les derniers revers, à des démarches déshonoran-
tes (1). Il étoit honteux, assurément, pour

_____

(1) C'est ce que les alliés proposoient à Louis XIV,
lorsqu'ils vouloient qu'il aidât lui-même à détrôner
son petit-fils. C'est ce que fit le Gouvernement Fran-

le roi *très-chrétien*, lorsque l'Europe résis-
toit à peine aux efforts des barbares, et que
leurs armées emmenoient en esclavage des
milliers de chrétiens, de les appeler au sein
de la chrétienté, et de joindre ses armes aux
leurs, comme au siége de Nice, en 1543,
que le duc d'Enghien assiégeoit par terre,
et que Barberousse pressoit par mer. Cette
conduite de François Ier. étoit de la politique de ressentiment qui, avec la politique
d'amour, tout aussi funeste et plus foible,
gouverna, sous son règne, presque toutes
les affaires. Cette alliance fut l'objet des plus
violentes déclamations (1) de la part des ennemis de la France ; elle donna à la maison
d'Autriche, dans l'opinion de l'Europe, une
supériorité de considération, qui, heureusement pour la France, étoit affoiblie par le
scandale de la prise de Rome, et des violen-
ces exercées sur le pape par les généraux de
Charles-Quint.

çais sous Louis XV, lorsqu'il fit arrêter à Paris, et
conduire hors de France, le prétendant. La nation
sentit la honte qui en rejaillissoit sur elle.

(1) On frappa des médailles où on lisoit ces mots :
Nicea à Turcis et Gallis obsessa, anno 1543.

Henri IV et Louis XIV, qui avoient dans la tête et dans le cœur quelque chose de l'esprit des croisades, réparèrent la faute de François Ier. Henri IV permit au duc de Mercœur d'emmener en Hongrie quelques compagnies de gens de guerre au secours de l'empereur; Louis XIV y envoya l'élite de sa noblesse, sous les ordres du comte de Coligny, et l'on sait la part qu'eurent les Français à la défaite des Turcs au passage du Raab.

Cependant le luthéranisme avoit commencé, en Allemagne, au fort de la guerre avec les Turcs, et dès sa naissance il s'étoit montré d'intelligence avec les ennemis du nom chrétien. Il ne faut pas en être surpris. C'est, de part et d'autre, une religion sans sacrifice, un vrai déisme; absurde et grossier chez les Asiatiques, subtil et poli chez les Européens. Le fatalisme des uns ressemble à la prédestination des autres, et le divorce permis par Luther, ne diffère pas au fond de la polygamie consacrée par la loi de Mahomet (1). C'est à cette identité de princi-

_____

(1) « Il faut avouer, dit Leibnitz, que les soci-

pes, autant peut-être qu'à l'envie de sus-
citer des embarras à la maison d'Autriche, qu'il faut attribuer l'avis de Luther,
qui ne vouloit pas qu'on *résistât à la volonté de Dieu, qui nous visitoit par les
Turcs.* Encore dans l'autre siècle, en 1683,
au temps du dernier siége de Vienne par les
Turcs, Jurieu « trouvoit beaucoup d'appa-
» rence à ce que les conquêtes des Turcs
» n'eussent, dit-il, été poussées si loin en
» Europe, que pour leur donner le moyen
» de servir, avec les réformés, au grand
» œuvre de Dieu », qui est, selon lui, la ruine
de l'Empire papal. Enfin, lorsqu'en 1685 il eut
vu la levée du siége de Vienne, et la révoca-
tion de l'édit de Nantes, persistant à faire
cause commune avec les Turcs : « Je regarde,
» dit-il, cette année comme critique en cette
» affaire. Dieu n'y a abaissé les réformés et
» les Turcs, que pour les relever en même

» niens (sortis de la réformation) ressemblent beau-
» coup aux Mahométans. Je me souviens d'avoir lu
» dans *Comenius*, qu'un seigneur turc, ayant entendu
» ce que lui disoit un socinien polonais, s'étonna qu'il
» ne se fit point circoncire ».

» temps, et en faire les instrumens de sa
» vengeance contre l'Empire papal » : pré-
diction remarquable, assurément, après ce
que nous avons vu des secours donnés au
pape par les Anglais et par les Turcs (1).

Enfin, la puissance ottomane a passé
comme un torrent. Son dernier effort a été,
en 1683 (2), le siége de Vienne, que les

---

(1) Rien ne prouve mieux combien le déisme des
Turcs se rapproche du déisme européen, malgré la
différence des formes, que de voir les comparaisons
que nos déistes font sans cesse des lois, des mœurs,
de la personne du fondateur du mahométisme, avec
les lois, les mœurs, et le divin fondateur du christianisme, et toujours à l'avantage des Mahométans.

(2) Le camp des Turcs fut forcé par les chrétiens,
et à l'instant qu'ils y entroient, ils trouvèrent un grand
nombre de petits enfans que les Turcs avoient eus
pendant leur séjour en Hongrie, et qu'ils abandonnoient à la merci du vainqueur. Ce spectacle désarma
le soldat ; sur-le-champ l'archevêque de Vienne se
rendit au camp, et recueillit ces malheureux orphelins.
C'est dans des traits semblables qu'il faut admirer l'influence du christianisme sur un peuple. Le sort le plus
doux qui attende les enfans chrétiens enlevés par les
Turcs, est un dur esclavage, souvent l'outrage et la
mutilation.

Turcs assiégèrent avec deux cent mille hommes, et qui fut délivrée par Sobiesky, roi
de Pologne (1).

Depuis cette époque, ils ont presque toujours été battus par les armées autrichiennes, et ils ont perdu de leurs conquêtes en
Hongrie; mais un autre ennemi, et plus redoutable peut-être, les menace de plus près,
et leur a déjà porté les coups les plus sensibles.

Nous avons vu ce que la chrétienté a eu
à souffrir ou à craindre des Turcs; nous
allons examiner ce que les Turcs, à leur
tour, ont aujourd'hui à redouter des nations
chrétiennes.

Il faut observer d'abord que les Turcs
sont déchus de leur état, surtout par comparaison. Ils sont réstés au point où ils

***

(1) A l'instant que Sobiesky montoit à cheval pour
aller secourir Vienne, la reine, qui étoit Française,
l'embrassa en pleurant, et tenant dans ses bras le plus
jeune de ses enfans : « Qu'avez-vous à pleurer, Madame,
» lui dit le roi » ? « Je pleure, dit-elle, de ce que cet
» enfant n'est pas en état de vous suivre comme les au-
» tres ». Si cette réponse eût été faite par une femme
grecque ou romaine, on nous l'eût donnée dans les
colléges à mettre en prose et en vers.

étoient, et les chrétiens ont avancé : et il ne
s'agit que d'examiner la raison de la position
stationnaire des uns, et de la marche pro-
gressive des autres.

On me permettra de citer ici un passage
remarquable de M. de Condorcet, dans son
*Esquisse sur les progrès de l'esprit hu-
main* : « J'exposerai, dit-il, comment la re-
» ligion de Mahomet, la plus simple dans
» ses dogmes, la moins absurde dans ses pra-
» tiques, la plus tolérante dans ses princi-
» pes, semble condamner à une incurable
» stupidité toute cette vaste portion de la
» terre, où elle a étendu son empire ; tandis
» que nous allons voir briller le génie des
» arts et des sciences sous les superstitions
» les plus absurdes, et au milieu de la plus
» barbare intolérance ».

Il n'y a qu'à lire le Coran, observer les peuples mahométans et parcourir leur histoire,
pour savoir ce qu'on doit penser de la *simplicité* de leurs croyances, de la *sagesse* de
leur culte, de la *tolérance* de leurs principes ; mais il est fâcheux pour *les progrès de
l'esprit humain*, que M. de Condorcet n'ait
pas eu le temps de nous donner l'explication

du phénomène qu'il a si bien observé. Que d'*esprit* en effet n'auroit-il pas employé, pour nous faire comprendre comment la religion de Mahomet, cette religion si *simple*, si *sage*, si *tolérante*, peut se conserver dans sa perfection contre l'*incurable* barbarie de ses sectateurs, ou comment la barbarie des sectateurs de Mahomet ne le cède pas à la perfection de sa doctrine? Le philosophe auroit opposé la religion *douce* et *éclairée* de Mahomet à la religion de J.-C., *si absurde dans ses superstitions, si barbare dans son intolérance* ; comme il oppose *le génie brillant* et *les connoissances* des peuples chrétiens à *l'incurable stupidité* des Mahométans : et avec ces *données*, il auroit sans doute résolu le problème qu'offre chez les uns, tant de barbarie civile, malgré tant de perfection religieuse ; et chez les autres, tant de barbarie religieuse, au milieu de tant de perfection politique. Je ne sais si je m'abuse ; mais le seul énoncé du problème indique assez où l'on peut en trouver la solution, et j'ose dire qu'on chercheroit en vain un autre exemple de préjugés philosophiques plus absurdes, et d'une déraison plus complète.

Tout peuple doit être considéré sous le rapport de sa constitution et de son administration. Les nations chrétiennes ont toutes, plus ou moins, des constitutions fortes, ou des administrations sages. Ainsi la Suisse, la Hollande, l'Allemagne, foibles de constitution, avoient des administrations attentives et économes : ainsi la France, forte de constitution, étoit trop souvent administrée avec mollesse et prodigalité. Elle eût été ωp forte, sans doute, si son administration eût été aussi vigilante, que sa constitution étoit parfaite.

Chez les Turcs, comme chez tous les peuples mahométans, tout est vicieux, absurde, oppressif, constitution et administration ; constitution de religion, constitution de famille, constitution d'Etat, administration de la paix, administration de la guerre, politique extérieure, et régime intérieur.

La religion du prophète de la Mecque n'est, comme nous l'avons vu, qu'un pur déisme, qui conserve, si l'on veut, l'idée, mais non le sentiment de la Divinité; religion sans culte, amour sans action, qui ne sauroit produire. Aussi le mahométisme, chez

les moins ignorans d'entre les Turcs, n'est
que l'athéisme, et pour le peuple, il n'est que
le culte de Mahomet; car, au fond, le Dieu
des êtres pensans est l'être, quel qu'il soit,
dont les volontés sont leur loi morale. Il
suffit, pour juger les Turcs, d'ouvrir le Coran, et de voir les sottises qui y sont mêlées
à quelques principes de morale universelle,
dont la tradition immémoriale ne s'est entièrement perdue chez aucun peuple, et d'observer dans les Turcs eux-mêmes, quelles
pratiques ridicules ils mêlent même à leurs
bonnes œuvres. Ainsi, il y a en Turquie un
grand respect, et même des fondations pieuses pour les animaux, et nulle part l'homme
n'est plus méprisé, plus avili, plus opprimé.
Ainsi ils font quelques aumônes, et jamais
une cupidité plus universelle; ils s'abstien-
nent de vin, et s'enivrent d'opium.

La constitution domestique est la polygamie, destructive de tout ordre domestique
et public dans une nation formée, où elle
produit l'esclavage d'un sexe, la mutilation
d'un autre, l'abandon, et souvent l'exposi-
tion des enfans, le trafic de l'homme à prix
d'argent. Ce n'est pas que la polygamie,

quoique permise, soit commune chez les
Turcs ; on peut dire qu'elle deviendroit im-
praticable, si elle étoit pratiquée. Ils épou-
sent une seule femme, et lui reconnoissent même, pour la forme, un douaire de
nulle valeur; mais ce mariage, ils le rompent à volonté ; il paroît même qu'ils ont,
dans quelques occasions, un mariage à
temps : et comme, d'ailleurs, la pluralité
des femmes y est consacrée par la religion,
et l'achat de filles esclaves permis par la loi,
le mariage n'y est pas un lien, ni, par conséquent, la famille une société. Cette faculté
indéfinie de possession des femmes, y a produit un effet tout contraire à celui que le législateur en attendoit. Les femmes, mises
comme une denrée dans une circulation trop
abondante, ont perdu de leur valeur. Encore
une fois, en Grèce, des lois contre la nature de l'homme social, ont introduit des
mœurs contre la nature de l'homme physique, et le désordre est porté au point d'in-
fluer sensiblement sur la population.

Les habitudes des Turcs se ressentent du
vice de leur constitution religieuse et domestique. Ils végètent dans la paresse, chère

à tous les peuples barbares , qui ne connoissent que l'inaction ou une violente agitation,
et n'ont pas même d'idée de cette activité
tranquille et continue, qui est une des qualités dominantes de l'homme civilisé.

La constitution politique des Turcs est
assez connue. Elle est despotique comme leur
constitution domestique, comme leur constitution même religieuse; car les Turcs sont
esclaves de leur religion comme de leur gouvernement (1). Le pouvoir de leur chef est
défendu des caprices de la multitude, par
le respect que la nation conserve pour la famille des Ottomans qui occupe le trône ;
mais, et c'est ce qui constitue le despotisme,
la nation elle-même n'est défendue des caprices de son chef, par aucune fixité d'existence indépendante du despote, ou plutôt n'est
pas assez défendue ; car il n'y a pas de pouvoir qui ne soit borné par quelque endroit.
Semblable en quelque chose à la Divinité,
le sultan des Turcs voit tout autour de lui

---

(1) Une des causes qui entretient la révolte de
Passwan-Oglou , est la défense que fait le Coran de
tirer sur une place où il y a des mosquées.

dans une mobilité continuelle ; lui seul est immobile. Les familles passent sans cesse de l'obscurité à l'élévation , et retournent à la condition privée. Rarement la fortune , plus rarement les dignités , jamais l'extrême opulence , ne passent du père aux enfans , et l'élévation ou l'abaissement sont *des jeux de la main redoutable* du maître. Mais aussi le maître lui - même est quelquefois emporté dans ce tourbillon populaire. Les revers qui , dans les Etats chrétiens , rendent le prince plus cher à ses sujets , ne font , en Turquie , qu'irriter le peuple contre le prince , et plus d'une fois , une soldatesque mutinée a demandé et obtenu sa tête.

Le gouvernement se ressent des vices de la constitution politique , et plus encore de ceux de la constitution domestique. La polygamie permise aux sujets , est ordonnée au maître , que la loi de l'Etat entoure d'un nombre prodigieux de femmes (1) , aliment éternel d'intrigues , cause féconde de mobilité dans les places , d'agitation dans l'Etat , de vénalité dans les affaires. Dans un Etat

_____

(1) Le sultan actuel n'a point d'enfans.

ainsi ordonné, toute police est impossible ; et le peuple de Constantinople est continuellement placé entre la famine, la peste et les incendies, sans que l'administration sache ou puisse prendre les moyens de les prévenir, de les arrêter, ou d'en réparer les ravages. La justice civile est un brigandage, la justice criminelle des expéditions ; les *pachalics* sont des fermes, les pachas des traitans, le divan un encan, le Gouvernement lui-même un vaste marché, où tous ont une avidité d'acquérir proportionnée à l'incertitude de conserver.

Je ne parle pas de leur politique extérieure, parce qu'ils n'en ont plus d'autre depuis long-temps, que celle qu'il est de l'intérêt des autres puissances de leur inspirer. Elles sont toujours à peu près certaines de les diriger dans telle ou telle voie, pourvu qu'elles sachent ménager leur orgueil, ou satisfaire leur avarice. Les Turcs n'entretenoient pas autrefois d'ambassadeurs ordinaires dans les cours étrangères, et ils n'en avoient pas besoin ; leurs alliés les instruisoient assez des desseins de leurs ennemis. Aujourd'hui, ils semblent vouloir former avec les nations chrétiennes des relations plus suivies, il n'est plus temps; l'adresse de leurs négociateurs ne fera pas ce que ne peut plus faire la force de leurs armées. Un ambassadeur turc dans nos cours, étranger à la langue, aux usages, aux lois, aux mœurs de l'Europe, dupe de l'intrigue ou jouet de la politique, humilie l'orgueil de sa cour, sans utilité pour son Gouvernement.

La guerre dans laquelle les Turcs ont paru jadis avec éclat, ne se gouverne pas chez eux mieux que la paix. Tant que les peuples n'ont fait la guerre qu'à force de bras, les Turcs l'ont faite avec avantage, parce qu'ils y employoient tous leurs bras, et même ceux dont l'intérêt de l'Etat, l'humanité et le droit des gens ne permettent pas de disposer. Mais alors on livroit des combats; aujourd'hui l'on fait la guerre; elle est devenue un art qui s'apprend par l'étude, se perfectionne par l'observation, et que les différens peuples cultivent avec un succès proportionné au degré de leurs lumières et de leurs connoissances. Les Turcs sont donc demeurés bien loin en arrière de tous les peuples. Ce n'est pas cependant qu'ils aient ignoré totalement

nos arts , même militaires. Quand les chrétiens fondoient des canons de vingt-quatre
livres de balle, les Turcs en fondoient de
deux cents ; et quand nous donnions vingt
pieds d'épaisseur à nos murs de fortification,
ils en donnoient quarante , et élevoient des
tours comme des montagnes. Mais rien n'a pu
se perfectionner chez ce peuple, parce qu'il
n'a pas même , dans sa langue, un instrument suffisant de connoissance, que l'impression chez lui n'est pas usuelle , ni l'écriture
expéditive (1) ; car si les combats se livrent
avec l'épée , on peut dire que la guerre se
fait avec la plume , parce que l'écriture est
le grand moyen de l'ordre, en guerre comme
en paix. L'art d'ordonner, de faire subsister
et mouvoir de concert et à temps les différens rouages de cette immense machine qu'on

_____

(1) Les Romains, quoi qu'on ait dit, faisoient la
guerre avec beaucoup moins d'art que les peuples modernes ; car outre qu'ils ravageoient tout , ils n'a-
voient à combattre que des peuples moins avancés
qu'ils ne l'étoient eux-mêmes. Ils faisoient aux autres
peuples l'espèce de guerre que les Russes font aux
Turcs et aux Persans , et les circonstances de part et
d'autre sont assez semblables.

appelle

appelle une armée, d'en surveiller le service dans toutes ses parties; cet art, le premier de tous, de mettre l'ordre dans un vaste ensemble, est entièrement étranger à des barbares, et ne peut être connu que d'un peuple lettré. Les Turcs, ignorans et grossiers, en sont encore aux routines de leurs aïeux. Le génie de *Mahomet II*, de *Soliman*, de *Kouprogli*, a péri avec eux; mais nous, nous avons fixé sur le papier, que dis-je? nous avons fait un *corps* du *génie* de Turenne, du prince Eugène, de Duquesne, de Ruyter, de Vauban, de Cochorn. Nous y avons même ajouté; car on n'avance dans les arts, qu'autant qu'on assure sa marche, en fixant ce qu'on a déjà découvert. Nous faisons aujourd'hui mouvoir de grandes armées avec plus de facilité qu'on ne faisoit autrefois mouvoir des corps peu nombreux; et nous avons, ce semble, atteint les bornes de l'art, en donnant des ailes à la force, et mettant l'artillerie même à cheval.

Non-seulement la guerre aujourd'hui ne peut plus être faite avec succès que par un peuple lettré, mais elle ne peut être soutenue long-temps que par un peuple humain.

Tome III.   V

Un peuple qui ravage tout autour de lui,
et qui fait la guerre au cultivateur paisible
comme à l'ennemi armé, ne peut, ni aller
en avant, parce que l'ennemi le prévient et
ravage lui-même, ni subsister dans un pays
dévasté, ni se retirer avec ordre à travers
un pays désert. C'est ce qui fait que les armées turques n'ont jamais pu résister à un
échec, et que le point de ralliement d'une
armée battue sur les bords du Danube, est
presque toujours sous les murs d'Andri-
nople.

Mais si leurs armées ne peuvent résister à
la perte d'une bataille, leur Etat peut encore moins soutenir les désastres répétés
d'une guerre malheureuse. La force de constitution des Etats chrétiens, paroît surtout
dans les malheurs publics, où l'intérêt de
l'Etat réunit toutes les volontés, toutes les
affections, toutes les forces; et c'est dans les
revers que se montreroit à découvert l'incurable foiblesse de l'Empire Turc. L'insubor-
dination des pachas éclateroit de tous côtés,
parce que leur obéissance n'a jamais été com-
mandée que par la crainte. Même en pleine
paix, on n'entend parler que de révoltes dans

l'Empire, et la guerre civile y est comme la peste, tantôt en Europe et tantôt en Asie. Jamais les Turcs n'ont pu soumettre les beys d'Egypte; et même il est douteux encore que le grand visir puisse s'y soutenir contre les débris des Mamelucs : les Turcs ont perdu, contre les chrétiens, jusqu'à l'avantage du nombre; et le grand-seigneur pourroit à peine retenir sous les drapeaux une armée de cent mille hommes. Enfin leur armée navale, indispensable pour leur défense, depuis les progrès des Russes sur la Mer-Noire, est restée bien au-dessous de leur armée de terre, parce que les forces navales se forment et se dirigent avec encore plus d'art, d'étude et de réflexion; et que d'ailleurs un Etat ne peut avoir une marine puissante, tant qu'il n'a pas de colonies, ni une marine exercée lorsqu'il ne navigue pas sur l'Océan.

Le fatalisme reçu chez les Turcs, et auquel on a attribué leur courage et leurs succès, ôte à un peuple tout sentiment d'honneur, en lui ôtant toute idée de liberté, et il favorise également la lâcheté et le courage, en faisant de l'une et de l'autre une affaire de prédestination. Ce fatalisme dont ils ont

été long-temps imbus, et qui consiste à attendre dans le danger l'assistance miracu-
leuse de leur prophète, n'est utile que lorsque l'Etat est heureux, parce qu'alors toutes
les opinions sont bonnes. Mais au premier
revers, un peuple fataliste doit tomber dans
le découragement; et il est difficile de persuader l'efficacité de moyens humains, à des
hommes qui se croient abandonnés de la Divinité, et qui pensent, comme disoit Luther,
que *Dieu veut les visiter.* Il n'y a de doctrine raisonnable et véritablement utile, que
celle des chrétiens, qui ont aussi leur fatalisme, que Leibnitz appelle *fatum christia-
num*, et qu'il oppose à celui des Turcs, *fatum Turcicum.* Ce *fatalisme* chrétien consiste à se proposer un motif légitime, à
employer pour réussir tous les moyens que
suggère l'intelligence et que perfectionne la
raison, et à s'en reposer, pour le succès, sur
l'ordonnateur suprême des événemens, qui
fait sortir le bien général même des malheurs particuliers. Les peuples chrétiens
sont, de tous les peuples anciens et modernes, ceux qui font la guerre avec le plus
d'art, et même de valeur. Ce fait incontes-

table répond mieux encore que les raisonnemens, à tout ce que J.-J. Rousseau avance
de faux et d'inconséquent sur ce sujet, à la
fin du Contrat Social, et qui peut-être est
l'endroit le plus foible et le moins pensé de
ses ouvrages (1). Je sais qu'on pourroit m'opposer des armées livrées à l'esprit d'irréli-
gion, et qui ont fait récemment des prodiges
de valeur; mais un peuple ne perd pas, en
quelques instans, les dispositions qu'il tient
de sa première éducation et d'une croyance
de plusieurs siècles, et il en conserve l'esprit, même après qu'il en a oublié les leçons
et cessé les pratiques. D'ailleurs, une nation
ne doit pas compter, pour sa défense, sur
cette force agressive et d'expansion, qui n'est
que la force de la fièvre et du délire; et c'est

_____

(1) Il soutient aussi, comme Luther, qu'un chrétien conséquent doit être indifférent aux malheurs publics, parce qu'il doit penser que Dieu *veut le visiter*,
et il ne voit pas que cette résignation est la patience dans le malheur, et non l'inaction dans le
danger; et que, par un effet des lois générales de
l'ordre, l'homme, ici-bas *moyen* universel, doit *agir*
avant de *souffrir*.

dans les revers, et non dans les succès, que paroît la véritable force de l'homme et de la société.

Tout annonce donc la fin prochaine de l'Empire Turc; car un Etat dont la constitution et l'administration ont été faites pour l'attaque, est perdu, lorsqu'il est réduit à se défendre; et depuis long-temps, les Turcs ne sont plus que sur la défensive à l'égard des puissances chrétiennes.

Mais combien cette défensive est-elle devenue plus périlleuse et plus difficile, depuis les progrès de la Russie vers les provinces turques, et le prodigieux accroissement de ses forces? Nous avons vu dans un temps la chrétienté tout entière assiégée par les Turcs; on peut observer aujourd'hui que l'Empire Turc est bloqué lui-même par les puissances chrétiennes; et il est permis de croire que le blocus sera incessamment converti en siége. Les Russes approchent, et investissent la place : déjà ils ont poussé leurs tranchées jusqu'à la Mer-Noire, par l'occupation de la Crimée, et jusque dans l'Archipel, par la protection accordée à l'Etat des *Sept-Isles*, dont la turbulente anarchie,

garantie par les deux Empires, est entre eux
un moyen de rupture prêt à volonté. L'Autriche sur les bords du Danube, l'Angleterre
en Egypte, peut-être ailleurs d'autres puissances, couvriront le siége avec leurs armées. Cet Empire est la succession d'un
homme mort, sur laquelle les héritiers s'arrangeront à l'amiable : car aujourd'hui, si
l'on sait mieux combattre, on sait aussi
mieux négocier ; on est plus actif dans le
camp, plus patient dans le cabinet; et l'on
a perfectionné à la fois les moyens de la paix
et les instrumens de la guerre.

La France, consultant plutôt les intérêts
d'un commerce local, que ceux d'une vaste
politique, a voulu long-temps étayer l'Empire Ottoman tombant de vétusté. Le Gouvernement Français attribuoit, avec raison,
la foiblesse des Turcs à leur ignorance, et
leur expédioit des connoissances, comme on
expédie des munitions : mais il n'en va pas
ainsi des progrès de l'esprit dans une nation.
Ces progrès sont le résultat de la civilisation, loin d'en être le principe. Le mahométisme *condamne les Turcs à une incurable stupidité;* et c'est par la religion, et

non par la géométrie, que commence la
civilisation.

Les Anglais ont paru, depuis quelques années, vouloir se charger de leur éducation ;
mais trop clairvoyans, et surtout pas assez
généreux pour en faire gratuitement les frais,
ils en abandonneront le projet, à l'instant
qu'ils pourront s'arranger, comme les autres,
des dépouilles de la Turquie. La France, son
ancienne amie, lui a porté le coup mortel,
en montrant, en Egypte, combien les Turcs
cachoient de foiblesse réelle sous une force
apparente, et en apprenant, par son exemple, aux autres puissances, qu'on peut braver
jusqu'à la peste, cette fidèle et redoutable
alliée de l'Empire Ottoman.

Le dernier moment du règne des Musulmans en Europe ne sauroit donc être éloigné ; les murs de Constantinople tombe-
ront au bruit des tambours chrétiens : l'Empire Grec sera rétabli, et alors commen-
cera, pour l'Europe, un nouveau système de
politique.

Selon toutes les apparences, l'expulsion
des Turcs produira un grand événement dans
l'Eglise chrétienne : je veux parler de la réu-

nion à l'Eglise latine de l'Eglise grecque, assez punie de son schisme par une longue oppression ; mais digne de renaître à la liberté, par la constante fidélité à ses dogmes, avec laquelle elle l'a supportée. Les chefs des nations civilisées doivent sentir qu'il n'y a pas plus de religion sans autorité, que de société sans pouvoir ; et l'autorité, j'entends l'autorité définitive, celle qui termine les querelles, décide la conduite, et commande même aux consciences, ne se trouve que dans l'église romaine, comme le pouvoir politique ne se trouve que dans l'État monarchique. « La religion romaine, dit Terrasson, » est une religion d'autorité, et par conséquent une religion de certitude et de tranquillité ». Il est même permis de penser que cet événement désirable, et sans lequel la religion grecque ne seroit bientôt plus qu'un culte vide de morale et d'esprit, n'est retardé en Russie que par la crainte d'indisposer les Grecs, dont elle a besoin, et qui ont de fortes préventions contre les Latins : car le Gouvernement Russe lui-même montre, depuis long-temps, des dispositions à cette réunion.

Les Turcs retirés en Asie, et contemplant avec douleur, du rivage, ce beau pays de la Grèce qu'ils ont si long-temps occupé, tenteront sans doute de s'en ressaisir, et peut-être nos descendans sont-ils destinés à voir, au grand scandale de la philosophie moderne, de nouvelles croisades de chrétiens, soit pour attaquer les Mahométans, soit pour défendre contre eux l'Empire Grec, le plus exposé à leur insulte. Cependant, la nullité absolue des moyens maritimes des Turcs, mettront, ce semble, un obstacle éternel à toute nouvelle invasion de leur part : alors, ne pouvant être des conquérans, ils deviendront des pirates comme leurs frères d'Alger et de Maroc, et ils se borneront à troubler une mer sur laquelle ils ne pourront plus dominer. L'Empire Grec, une fois affermi dans sa nouvelle conquête, borné vers l'Europe par les monarchies russe et autrichienne, s'étendra du côté qui lui offrira à la fois le plus de motifs d'agression, et le moins de moyens de résistance. Il portera ses armes au delà du détroit, et les chrétiens, pour être tranquilles en Europe, repousseront les Turcs des côtes de l'Asie.

Obligés de se retirer dans l'intérieur , les
Turcs s'y trouveront en présence des Persans, Musulmans comme eux, mais d'une
autre secte , et leurs ennemis irréconcilia-
bles de religion et d'Etat. Il n'est pas douteux que les haines de ces deux peuples ,
d'autant plus furieuses que l'objet en est interminable (1) , ne se raniment par leur proximité; et la Russie, déjà maîtresse des bords
de la mer Caspienne et des portes de l'Asie,
profitera de ces divisions, qui porteront un
coup mortel à la religion mahométane (2).

L'Empire Turc n'a pas, pour se tirer de
cet état fâcheux , la ressource d'un grand
homme, et ce n'est pas au despotisme que
convient cette excellente réflexion de J.-J.
Rousseau : «Quand, par hasard, il s'élève

---

(1) Les sectateurs d'Ali prétendent qu'il faut commencer les ablutions par le coude; les sectateurs
d'Omar, par le bout des doigts. Les Mahométans dis-
putent entre eux des pratiques, les chrétiens du dogme.

(2) Si les Européens s'établissent aux environs de la
Mer-Rouge, un jour quelques aventuriers iront piller
les immenses richesses du tombeau du prophète, qui
n'est qu'à quinze lieues de la mer , et jeteront par là
un grand trouble dans tout l'islamisme.

» un de ces hommes nés pour gouverner
» les Empires dans une monarchie pres-
» que abîmée, on est tout surpris des res-
» sources qu'il trouve, et cela fait époque ».
Cette ressource n'existe que pour un Etat
fondé sur des principes naturels de société
qu'il s'agit de rappeler, et non pour un état
de société, qui n'a d'autre principe que les
passions et l'ignorance. Qu'on y prenne
garde : la puissance ottomane n'est pas encore entamée, et cependant sa chute est inévitable, parce qu'elle périt par les vices de
sa constitution. Elle finit avec toutes ses
provinces, comme un paralytique qui perd
le mouvement, en en conservant tous les
organes, et sa fin obscure et sans honneur,
après tant d'agitation et de frénésie, ressemble à ces léthargies mortelles qui suivent
de violentes convulsions.

Nous terminerons cette dissertation par
une observation sur les Tartares. On ne
peut s'empêcher d'être frappé de ce mot de
J.-Jacques : « Les Tartares deviendront un
» jour nos maîtres; cette révolution est in-
» faillible ; tous les rois de l'Europe travail-
» lent de concert à l'accélérer »; et il peut être

intéressant de rechercher sur quels motifs cet écrivain, souvent aussi sage dans ses vues qu'il est erroné dans ses principes, appuie cette étonnante assertion.

Le Tartare, le plus *singulier* des peuples, dit M. de Montesquieu, et qui semble effectivement destiné à renouveler tous les autres, errant dans les plaines immenses de la Haute-Asie, vingt fois aussi grandes que la France, n'a que trois issues à ses éruptions, vers lesquelles il s'est successivement dirigé. La première se fit vers l'Europe, au troisième siècle de notre ère, et y détruisit la puissance romaine; la seconde, au treizième siècle, se dirigea vers l'Inde, où les Tartares fondèrent l'Empire du Mogol, et renversèrent l'Empire des califes; la troisième et dernière éruption eut lieu vers le milieu de l'autre siècle, lorsque les Tartares pénétrèrent dans la Chine, et la subjuguèrent. J.-J. Rousseau a pensé sans doute que ces éruptions périodiques recommenceroient par l'Europe. Si cet événement étoit possible, il ne pourroit être amené que par le désespoir des Turcs, suzerains des petits Tartares et alliés des grands, et qui, chassés d'Europe, feroient

un appel général à toutes les nations maho-
métanes (1), ou ennemies des chrétiens en
général, et en particulier des Russes, et les
croiseroient toutes, si l'on peut employer
cette expression, contre les puissances européennes. La Pologne, dont les hordes tartares connoissent le chemin, seroit la première exposée à leurs attaques, et offriroit,
dans ses plaines vastes et fertiles, de grandes
facilités pour la marche et la subsistance
de leur nombreuse cavalerie. Alors il seroit
heureux pour l'Europe, que cette partie,
la plus foible naguère de la chrétienté par
sa constitution, eût acquis, par son partage
entre les trois monarchies d'Europe les plus
militaires, la plus grande force de résistance.

Croiroit-on que les conjectures du philosophe génevois semblent s'accorder avec

_____

(1) Les Tartares du Thibet ne sont ni précisément
idolâtres, ni mahométans; ils adorent comme un
dieu, sous le nom de *Lama*, un homme vivant et im-
mortel, qui, dans ce moment, est un enfant. Cette
croyance, dont on ne trouve pas d'autre exemple,
semble les disposer aux dogmes du christianisme.

des prédictions du même genre, consignées dans le livre mystérieux de la société chrétienne? On y voit aussi les nations scythiques ou tartares, accourues de l'Orient sous leurs chefs, venir assiéger, mais sans succès, *le camp des saints*, qui ne signifie autre chose que la société chrétienne. Quoi qu'il en soit de ces passages, qui, peut-être, n'ont rapport qu'à des événemens déjà passés, et, si l'on veut, au siége de la chrétienté par le mahométisme, dont nous avons marqué l'époque et suivi les progrès, la pensée aime à s'enfoncer dans ces sombres profondeurs, qui ont occupé, dans tous les temps, les esprits très-forts et les esprits très-foibles, *Joseph Mède* et mille autres visionnaires, comme Bossuet et Newton.

§ I X.

Vues générales sur la politique de la France.

APRÈS avoir parcouru les principaux Etats de l'Europe, et avoir examiné leur position particulière, et ce que chacun peut en craindre pour l'avenir ou en espérer, nous présenterons ici un résumé général de leurs rapports avec les deux puissances de l'Europe qui entraînent toutes les autres dans leur tourbillon, la France et l'Angleterre. Nous parlerons plutôt des anciens rapports que des nouveaux, qu'ont pu établir des événemens dont le résultat n'est pas encore fixé, et ne le sera peut-être pas de long temps.

La France et l'Angleterre occupoient les deux continens de leurs jalousies, le troubloient de leurs querelles, le pacifioient par leur accord. Mais la paix n'étoit en quelque sorte pour elles que l'état accidentel et d'exception. Leur état habituel étoit la guerre, ou sourde ou déclarée, et l'opposition réciproque des êtres n'est-elle pas la loi générale de l'Univers? Dès que la guerre éclatoit entre ces deux puissances, chacune d'elles cherchoit, près ou loin, des alliés dont elle pût faire des ennemis à sa rivale.

L'Espagne, associée à la France d'intérêts et de dangers, seule base constante d'une alliance durable, entroit naturellement dans la querelle; mais elle y entroit seule, et dans ce duel, la France comptoit plus de témoins que de seconds. Au fond, elle n'avoit besoin d'allié que sur mer, et l'Espagne est, après
la

la France et l'Angleterre, la troisième, et presque la seule puissance navale.

Les Etats d'Italie, la Hollande, le Portugal, les couronnes du nord, faisoient des vœux pour la France ou pour l'Angleterre, selon leurs intérêts ou leurs affections; mais alliés timides de l'une ou de l'autre, elles ne vouloient pas, ne pouvoient même pas exposer au choc de ces deux grandes masses leur frêle marine, foible en nombre, plus foible en qualité de bâtimens; ou si quelqu'un de ces Etats, poussé par l'une des deux puissances, sortoit de sa neutralité, comme fit la Hollande, dans la guerre d'Amérique, il ne faisoit qu'embarrasser son allié du soin de le défendre, et aider l'ennemi de sa lenteur.

De petits Etats qui se mêlent aux querelles des grandes puissances, multiplient pour celles-ci les chances défavorables de la guerre et de la paix, parce qu'il faut combattre et négocier pour elles; et qu'un Etat puissant ne peut presque jamais défendre des alliés foibles sans désavantage, ni faire valoir leurs prétentions sans compromettre ses intérêts.

L'Angleterre qui n'avoit pas besoin d'allié

Tome III. X.

sur mer, en cherchoit sur le continent; elle provoquoit de tous côtés, elle payoit à grands frais de puissantes diversions contre le danger d'une descente possible, dont les suites seroient incalculables dans un pays d'où la retraite peut être fermée, et pour un gouvernement posé sur une banque.

L'Autriche, amie constante, opiniâtre ennemie, redoutant autant que l'Angleterre l'accroissement de la France, alliée à la fois de la nation anglaise et de l'électeur d'Hanovre, avoit plus d'une fois fait cause commune avec les Anglais, et échangé ses hommes contre leurs subsides. Elle entroit dans la querelle avec tout le poids que lui donnent une antique domination, un vaste territoire, une population nombreuse, que le commerce et les arts ne détournent point trop de la guerre, une politique invariable, une administration modeste, qui n'a pas entretenu l'Europe de ses théories, mais qui est sage dans ses principes, uniforme dans sa pratique, et qui, un moment égarée de sa route, par l'inquiétude de caractère, et l'ambition philosophique d'un de ses derniers empereurs, veut revenir, s'il en est temps encore, à ces antiques principes, qui ont fait sa force en Allemagne, et sa considé-ration dans la chrétienté.

Avec des bijoux distribués à des favorites, et de l'or semé dans le divan, la France persuadoit aisément les Turcs de la néces-sité où ils étoient d'entrer dans toutes les guerres qu'elle avoit contre la maison d'Au-triche, et depuis François Ier., elle ne man-quoit jamais de donner quelque impulsion à cette masse inerte, mais où le mouvement cessoit aussitôt, parce que la vigueur qui distingue la jeunesse de tous les corps y étoit refroidie, et qu'elle étoit dépourvue des connoissances et des lumières qui font la force de l'âge mûr. Aussi n'offroit-elle à la tactique de l'Autriche, perfectionnée depuis cinquante ans, qu'une proie facile, et un exercice utile à ses armées. Depuis long-temps la Turquie eût infailliblement suc-combé sous les coups de ses redoutables voi-sins, si les autres puissances chrétiennes n'eussent étayé de leur médiation ou de leurs intrigues ce vaste édifice tombant de tous côtés; en attendant qu'elles pussent toutes s'arranger sur la place qu'il occupe en Europe, et comme dans un combat, serrer, sans se heurter, leurs rangs éclaircis.

L'alliance du corps germanique ne présentoit pas à la France un fonds plus sûr. L'opposer à l'Autriche, c'étoit exposer sa frêle existence, et puis dans une guerre où l'Angleterre étoit intéressée, les affinités domestiques, nées des conformités religieuses, influoient chez quelques-uns sur les liaisons politiques, et si les bras étoient pour nous, et même les vœux contre l'Autriche, les cœurs étoient pour l'Angleterre : ce système politique étoit usé, et la France, pour s'être trop reposée sur les alliés du dernier siècle, avoit négligé l'allié de tous les temps, une administration forte et vigilante, qui varie de moyens, et jamais de but.

La Prusse même, qui dans ses craintes de la maison d'Autriche, sembloit offrir aux vues de la France une adhésion plus intime, et dans ses nombreux soldats, un secours plus efficace ; la Prusse n'étoit plus la Prusse du grand Frédéric, parce que la force d'un État se compose d'autres élémens que du génie d'un homme ; la Prusse a une armée, et même un trésor ; mais l'Autriche qui a des armées et des moyens de prospérité, trouve, dans sa forte population, la facilité de les recruter et de les solder. D'ailleurs, l'Angleterre étoit encore interposée entre la Prusse et nous ; mille liens religieux et domestiques, qui seront toujours plus forts, à mesure que les princes seront plus foibles, retenoient l'effusion de son zèle pour la France : le système politique de la Prusse étoit si peu arrêté, qu'on la vit, il y a quelques années, prendre les armes pour soutenir contre nous le parti anglais dominant à la Haye ; et même, puisqu'il faut le dire, les allemands qui nous jalousent, rendent une espèce de culté à la nation anglaise.

La Russie se mouvoit encore dans une orbite éloignée ; mais à mesure qu'elle s'approchoit de notre sphère, et qu'on pouvoit en considérer la direction, on apercevoit sa tendance vers l'Angleterre, et la France acquéroit la certitude qu'elle devoit, en cas de malheur, compter sur la neutralité de la Russie, et en cas de succès, sur sa médiation. Il est facile d'en donner le motif.

Le commerce de l'Angleterre est un tissu dans lequel elle enlace habilement tous les

États, grands et petits, la Russie, comme
le Portugal, quand, plus avides d'argent
que jaloux de force, ils se font des besoins
de ses productions, des habitudes de ses
mœurs, des modèles de ses lois, et qu'ils
laissent les maisons anglaises, leurs facto-
reries, leurs agens partout répandus, partout d'intelligence, former dans leur sein
un État particulier, et même indépendant.
Le Portugal dépend de l'Angleterre pour le
débit de ses vins, dont un ordre de l'administration pourroit prohiber l'introduction ;
mais l'Angleterre devroit en quelque sorte
dépendre de la Russie, parce qu'elle en tire
des moyens de puissance navale, dont la
Russie pourroit lui interdire l'exportation,
et cependant des événemens récens ont
prouvé l'influence qu'exerçoit l'Angleterre
sur les déterminations de la Russie, et l'impossibilité d'échapper à cette dépendance
dont la cupidité privée s'accommode, alors
que le premier de tous les intérêts, la dignité
de l'État, en réclame le sacrifice. Quand un
État en est à ce point, il n'y a plus d'intérêt
ni d'esprit publics. Alors le gouvernement est
tout à la bourse, et la guerre et la paix

sont des effets qu'on joue à la hausse et à la baisse. Puisse cet exemple n'être pas perdu pour la France menacée à la paix, d'une descente de maisons anglaises, de manufactures anglaises, de mœurs anglaises, etc.! puisse-t-elle se persuader que le poli de l'acier, la finesse du coton, la solidité de la poterie ne constituent pas essentiellement la force d'un Etat et la bonté d'un peuple, et qu'à une nation qui a des mœurs et des lois, *tout le reste est donné comme par surcroît.* Je reviens à la Russie. Amie de l'Angleterre, elle ne pouvoit pas l'être de la France, ni par conséquent à un certain point ennemie de l'Autriche, d'autant que ces deux Empires (et les événemens l'ont prouvé) avoient alors dans la Pologne, et ont encore aujourd'hui dans la Turquie un but commun, sur lequel leurs intérêts et leur ambition pouvoient s'accorder.

Je n'ai pas parlé de la Suède, devenue un moment, comme la Prusse, et aussi par le génie d'un homme, un centre d'activité, autour duquel tourna pendant un demi-siècle l'Allemagne, et même l'Europe ; état contre nature, et que la paix de Westphalie voulut en vain fixer. La France en avoit con-

servé le souvenir, et son cabinet, fidèle à ces
traditions diplomatiques, envoyoit constamment de l'argent en Suède pour y relever le
parti du roi contre l'aristocratie du sénat, tandis que la Russie, protectrice intéressée,
en Suède comme en Pologne, de ce qu'elle
appeloit les libertés de ses voisins, y entretenoit, par ses intrigues, un foyer habituel
d'opposition au parti royal. Ce n'est pas que
la Suède pût quelque chose pour la France
contre l'Angleterre; mais la France en espé-
roit une diversion contre la Russie, si le
Turc se trouvoit attaqué par elle; car la
France croyoit encore qu'on pouvoit faire
subsister ce grand corps, où l'ignorance
des chefs le dispute à l'indocilité des peuples.

L'Angleterre opposoit le Danemarck à
la Suède, et cette compensation entre des
forces à peu près égales, réduisoit à rien le
secours que la France pouvoit attendre de
son plus ancien allié dans le nord.

Cependant ces deux puissances, la Suède
surtout, comme puissances maritimes et
commerciales, étoient jalouses de la domination exclusive que l'Angleterre s'arro-
geoit sur les mers; mais subordonnées aux
déterminations de la Russie, elles étoient

forcées de préférer une utile neutralité à une intervention hostile, qui leur auroit donné un ennemi à leurs portes pour un allié éloigné.

La Suisse même, notre ancienne et fidèle alliée, ne l'étoit pas sans partage. Si les cantons catholiques, et même protestans, vendoient leurs hommes à la France, à l'Espagne, au Piémont, l'argent, l'argent si cher aux Suisses, les cantons protestans, les seuls qui en eussent, le plaçoient dans les fonds d'Angleterre ; l'Angleterre qui mettoit tout à profit, se servoit même de la Suisse comme d'un canal, pour faire filtrer en France des opinions qu'il étoit utile à ses intérêts de répandre ou d'entretenir ; et, soit hasard, soit dessein, ses voyageurs, avec leur admiration fanatique pour le bonheur et l'aisance dont on jouissoit en Suisse, et leurs éternelles déclamations sur la misère des habitans de la France, n'ont pas été sans quelque influence sur les événemens qui ont bouleversé la France, et par contre-coup la Suisse, et prouvé que la force des Etats se compose d'autres élémens que de l'opulence des particuliers.

La France, à défaut d'alliés étrangers,

cherchoit à l'Angleterre des ennemis jusque dans son sein; politique plus commune qu'elle n'est sûre, et que les Etats chrétiens devroient s'interdire, comme on s'interdit à la guerre des inventions meurtières bientôt communes aux deux partis. Elle trouvoit des amis chez les catholiques d'Irlande, ménagés par l'administration, mais opprimés par la constitution, et elle en auroit trouvé dans les vieux amis des Stuarts, si elle n'avoit pas fait la faute grave en politique de laisser éteindre, dans le célibat ecclésiastique, cette race infortunée, et ôté ainsi à ses pratiques auprès de leurs partisans tout ce qui pouvoit en légitimer les moyens, et peut-être en assurer le succès.

Enfin, la France suscitoit dans l'Inde des embarras à sa rivale, efforts malheureux par le défaut de suite et d'accord, qui n'ont servi qu'à y étendre, et à y affermir la domination de l'Angleterre. Cette colonie, ou plutôt ce puissant Empire, trop vaste aujourd'hui pour être attaqué avec succès par les princes de l'Inde, ou par des expéditions parties immédiatement d'Europe, ne peut périr que par sa propre grandeur; mais

dans un Etat où le dogme de la souveraineté populaire rend si incertains les principes de l'obéissance, il est à craindre que
cet enfant, devenu trop fort, ne soit pas
toujours un enfant docile.

La France, dans sa lutte contre l'Angleterre, n'avoit donc pour allié sinçère et naturel que l'Espagne, la seule qui pût s'ap-
plaudir de nos succès, qui dût s'affliger de
nos pertes; mais cette Espagne, toujours
traînante, au-dessous de sa réputation ancienne, et même de ses moyens présens, cette
Espagne où dorment tous les germes de grandeur et même d'héroïsme, entraînée quelquefois à de fausses démarches par le philosophisme, paroissoit disposée à s'égarer
dans ces théories si funestes à la France, et
qui élèvent sur les débris de tout esprit public, de tout sentiment généreux, de toute
religion et de toute morale, la suprématie
des sciences physiques, et la domination des
artistes et du commerce. Il n'est pas inutile
d'observer que le parti philosophique, qui
dispensoit en Europe la considération, en
attendant qu'il y usurpât la domination,
avoit pris à tâche, depuis que la France avoit

donné des rois à l'Espagne, et que ces deux puissances s'étoient unies d'un lien indissoluble, de déprimer l'Espagne, et de mettre l'Angleterre au premier rang des nations, et cela même n'étoit pas sans conséquence.

Les politiques ont pu croire que dans cette guerre, la France enleveroit à son ennemi, le Portugal pour le donner à son allié. Ils se sont trompés; mais cette réunion, que la nature commande, arrivera infailliblement lorsque l'Espagne ou le Portugal perdront leurs colonies, qui affoiblissent les moyens d'attaque de l'Espagne, et donnent au Portugal des moyens de défense. Alors, si les révolutions des siècles et les besoins de la société amènent en Espagne, à la tête des affaires et des armées, des *Ximenès* et des *Gonsalve*, la France et l'Espagne, favorisées du climat et du sol, fortes de leur position, et plus encore du caractère de leurs habitans, unies inséparablement d'intérêts, donneront des lois à l'Europe.

Nous aurons occasion de développer dans les réflexions suivantes sur la paix de Westphalie, des considérations ultérieures sur la politique de la France.

AVERTISSEMENT.

CE petit écrit traite dans quelques pages de questions qui ont produit des milliers de volumes. Les publicistes, les Allemands surtout, infinis dans les détails, ont entassé les faits particuliers, pour y découvrir de quoi fonder les prétentions incertaines et variables des hommes : au point où est l'Europe politique, et après tant de siècles de faits opposés et d'écrits contradictoires, il est temps d'observer les faits généraux, pour en déduire le système naturel et fixe des sociétés. La force et le bonheur ne se trouvent que dans les voies de la nature ; et la société qui n'y entre pas volontairement, y est ramenée avec violence : car la nature n'est que la loi des êtres, et les êtres, tôt ou tard, de gré ou de force, obéissent à leurs lois.

Cette manière générale de considérer les objets, est à la science de la société ou des rapports entre les êtres moraux, ce que l'algèbre ou l'*analise* est à la science de l'étendue ou des rapports entre les êtres physiques; et on peut la considérer comme une méthode générale, propre à résoudre les questions particulières.

Cette méthode analitique a été suivie, à quelques égards, par M. Bossuet, dans ses *Discours sur l'Histoire Universelle.* Elle n'abrège que parce qu'elle généralise; et elle ne surcharge la mémoire de moins de faits que pour donner à la pensée plus d'étendue. A mesure que l'Europe avance en âge et acquiert des connoissances, l'*analise* devient plus nécessaire : l'*analise* est aux connoissances humaines, ce que l'or est à l'abondance des autres métaux, un signe plus portatif; et jamais un peuple n'a plus besoin de petits livres, que lorsqu'il possède d'immenses bibliothèques.

DU TRAITÉ

DE WESTPHALIE,

ET DE CELUI

DE CAMPO-FORMIO,

Et de leur rapport avec le système politique des Puissances Européennes, et particulièrement de la France.

« Un État ne cesse d'être agité, jusqu'à ce
» que l'invincible nature ait repris son
» empire ». CONTRAT SOCIAL.

TOUT corps social que sa constitution, et
des raisons prises dans la nature des choses (1),
appellent à l'existence, passe, ainsi que le

---

(1) Je sais combien on abuse de ce mot *nature*,
dont on fait un *être*, comme les anciens en faisoient
un de leur *fatum*. La nature est l'ensemble des rapports et des lois des êtres, et elle suppose un auteur,
comme *loi* suppose un *législateur*.

corps humain, par un état d'enfance et d'accroissement, pour arriver à l'état de conservation et de virilité. Son système de conduite politique doit être relatif à chacun de ces états de sa vie sociale, comme dans l'homme le régime doit être relatif aux différens âges de sa vie physique.

Cette tendance à s'étendre est commune, il est vrai, à toutes les sociétés; mais dans la collision universelle qui en résulte, les peuples institués par l'homme disparoissent; les nations constituées par la nature, je veux dire celles qui obéissent aux lois naturelles des sociétés, se maintiennent; et les États grandissent jusqu'à ce qu'ils soient parvenus à un point d'étendue et de population, qui leur donne assez de force propre et intrinsèque pour avoir en eux-mêmes le principe de leur conservation, quand une administration ferme et éclairée sait en développer les moyens.

Aujourd'hui que les connoissances militaires sont également répandues chez les nations civilisées, et que la manière de faire la guerre est uniforme, une nation trouve un terme à ses progrès dans les progrès des

nations

nations voisines ; quelques-unes même ont ,
à leur extension , des limites fixées par la
nature; mers , fleuves, montagnes, langues
même , limites que l'ambition de leurs chefs
dépasse quelquefois, mais au delà desquelles
elles ne font jamais d'établissement durable.

Il faut bien se garder de chercher ici une
précision mathématique , et de demander ,
par exemple , où est la limite juste de l'Autriche et de la Prusse : car, outre que cette
précision n'est pas applicable aux vérités sociales comme aux vérités géométriques, il
suffit pour établir la proposition que j'avance,
que les grandes conquêtes soient désormais
impossibles, et que les grands Etats se ba-
lancent réciproquement, jusqu'à ce qu'ils
soient parvenus à un certain degré d'étendue, comme les gouvernemens s'agitent jusqu'à ce qu'ils soient parvenus à un certain
état de constitution, sans que les hommes
puissent fixer davantage *le lieu* où s'arrête-
ront les progrès, que *le temps* où se fixera la
constitution. Or, ce balancement réciproque de forces entre les Etats chrétiens, qui
a commencé en Europe à Charlemagne, est
surtout sensible depuis Charles-Quint. Il

peut arriver encore qu'un Etat compense
ce qui lui manque en étendue pour balancer
la force d'un Etat voisin, avec d'autres avantages naturels ou acquis. C'est ici la différence de l'état ancien du monde à l'état
moderne. Rome agissoit contre tous les peuples; mais les autres peuples, trop inférieurs
en connoissances, ne réagissoient pas contre
elle, ou ne réagirent que lorsque son action
fut épuisée; et comme leur résistance étoit
purement passive, elle fut toujours surmon-
tée; au lieu que les nations chrétiennes modernes, *semblables* en lumières et en civilisation, agissent et réagissent les unes contre
les autres avec des forces qui tendent à devenir *égales*.

Une nation parvenue au terme marqué à
ses progrès, s'y fixe, surtout lorsqu'il est
déterminé par des limites naturelles; elle
est, pour ainsi dire, au repos; elle cesse
d'être dangereuse pour les autres nations,
parce qu'elle cesse d'être inquiète; elle n'a
plus à attaquer, parce qu'elle n'a plus à acquérir : et si elle est encore exercée par la
guerre, ou agitée par des dissensions intestines, effet inévitable des passions humaines,

elle n'a plus à craindre d'être effacée par la conquête du rang des nations; à moins qu'elle ne recèle, comme la Pologne, dans des vices de constitution, un principe d'anéantissement.

Ainsi la nation espagnole, obéissant à un principe naturel d'expansion, a formé sa société de l'agrégation de plusieurs royaumes; la Grande-Bretagne, de l'accession de trois pays; la France, de la réunion de plusieurs souverainetés féodales; l'Allemagne et l'Italie tendent à réunir, la première plutôt que la seconde, en un ou plusieurs grands corps, leurs membres morcelés; et le Portugal, quand il perdra ses colonies, rentrera dans l'Espagne, comme la Navarre, détachée de la France et de l'Espagne, s'est rejointe à l'une et à l'autre; comme la Hollande, séparée de la Gaule et de la Germanie, se partagera tôt ou tard entre toutes les deux.

Entre les nations chrétiennes qui sont séparées des autres par des limites naturelles et des langues particulières, il faut distinguer la France, l'Espagne, l'Italie, qui peut-être seroient en Europe, aujourd'hui que les nations qui l'habitent ont fait de l'art de la guerre le plus savant des arts, comme une citadelle où la civilisation se retrancheroit entre les mers et les montagnes, si jamais elle étoit menacée par un débordement de Tartares; et qui sait si la France en particulier, depuis si long-temps le modèle des autres nations, fixée par la disposition des lieux à une quantité déterminée de force territoriale, n'est pas en Europe, pour ainsi dire, comme une mesure publique et commune, sur laquelle, pour l'équilibre général de l'Europe et le repos du monde, doit se régler insensiblement la force territoriale des plus grands Etats ?

La distinction des sociétés par nations, et des nations par la démarcation des territoires et la différence des langues, terme où s'arrêtent les grandes conquêtes et les grandes révolutions, entre dans les vues du pouvoir suprême, conservateur du genre humain : car outre que les progrès de l'homme social sont généralement en raison de la force des Etats, et que tout s'agrandit dans les grandes sociétés; plus les Etats sont puissans, moins dans leurs guerres il y a d'opposition entre les hommes, et plus ils respectent les droits des gens et de l'humanité. La guerre entre grandes puissances est un exercice nécessaire à leurs forces; elle est, entre petits Etats, un duel à outrance entre des passions; là, elle se fait à force d'art; ici, à force d'hommes : les Français et les Russes s'aiment réciproquement, même en se faisant la guerre; les Florentins et les Pisans, les Vénitiens et les Génois se haïssoient même en pleine paix; et la guerre qui est aujourd'hui un accident entre grandes nations, étoit l'état habituel de la société dans ces temps déplorables où toute cité étoit une république, et toute contrée un royaume.

Aucune société en Europe n'étoit douée d'une plus grande force d'expansion que la France, parce qu'aucune n'avoit, dans des lois plus naturelles, des principes de vie plus forts, ni dans sa position géographique, des limites plus fixes.

La France, née dans la Belgique et sur les bords du Rhin, avoit rapidement occupé tout le pays où elle devoit s'établir, comme un habile ingénieur embrasse d'un coup d'œil tout le terrain qu'il veut défendre. Mais dans cette société naissante, et peu accoutumée à tant d'étendue, la loi naturelle de la succession indivisible ne s'étoit pas développée aussitôt que la loi de la succession masculine. La France fut donc partagée en plusieurs Etats; et même ces belles provinces septentrionales qui avoient été le berceau de son enfance, et d'où, comme un géant, elle avoit commencé sa course, furent postérieurement portées en dot dans la maison d'Autriche, et passèrent à la branche allemande, qui voulut même les incorporer à l'Empire Germanique.

Il fallut réunir au tronc ces rameaux séparés; et la France avança lentement et progressivement du midi au nord, comme elle avoit, à l'origine de l'établissement, couru du nord au midi; en sorte qu'elle a fini par la Belgique où elle avoit pris naissance, et qu'après une révolution de quatorze siècles, le terme de la course a été le point du départ.

Louis XIV, que les étrangers accusèrent d'aspirer à la monarchie universelle, plutôt, dit Montesquieu, *sur leurs craintes que sur leurs raisons*, voulut, ce semble, poser lui-même une borne à l'accroissement ultérieur de la France, par la triple enceinte de places fortes dont il l'entoura du côté du Rhin;

mais la disposition à s'étendre au nord, naturelle à la France, a renversé cette barrière *artificielle*, ou même s'en est servie comme d'un point d'appui pour s'élancer en avant; et l'on diroit que la France n'est tombée dans cet accès de délire, qu'on peut appeler sur-humain, que pour y puiser cette force prodigieuse devant qui *l'Univers s'est tu*, et consommer en peu d'années l'ouvrage de son agrandissement.

C'est là que nous en sommes : la fièvre révolutionnaire s'est calmée quand elle n'a plus eu d'objet; et aux pouvoirs populaires qui détruisent, a succédé le pouvoir *un* qui rétablit ou qui conserve, quand on sait en connoître la force et s'en servir avec sagesse.

Après ce court exposé, examinons quel étoit avant la révolution, et quel doit être depuis la révolution le système politique de la France, et cherchons-en la raison dans la nature des choses, et non dans les dispositions variables et passagères des hommes.

La nation française, depuis son établissement dans les Gaules, s'agitoit pour s'étendre d'un côté jusqu'aux Alpes, de l'autre jusqu'à l'Océan; au midi, jusqu'à la mer

Méditerranée et aux Pyrénées; au nord, jusqu'au Rhin, borne ancienne des Gaules et de la Germanie; borne naturelle, puisqu'elle embrasse la Gaule entière (et même la Suisse, toujours partie des Gaules, sous une forme ou sous une autre), en s'appuyant d'une extrémité à la partie la plus inaccessible des Alpes, et de l'autre à l'Océan, et que dans ce long cours, elle reçoit d'un côté toutes les rivières de la partie adjacente des Gaules, et de l'autre toutes celles de la partie adjacente de la Germanie.

Ce n'étoit pas une vaine ambition dans ses chefs, qui donnoit à la France cette tendance à s'accroître; la nature même lui en faisoit une loi, comme elle fait à tout être une loi d'acquérir la plus grande force possible *d'être*, parce que la France ainsi limitée, se trouvoit au plus haut point de la force défensive ou conservatrice d'un Etat, *celui où il a le plus de population disponible avec le moins de frontières attaquables.*

Depuis que la France touchoit aux Alpes, aux Pyrénées, aux deux mers, elle avoit dû diriger tous ses efforts vers la conquête ou l'incorporation des provinces situées au nord et sur le Rhin; et ses acquisitions sous ses deux derniers rois, Louis XIV et Louis XV, l'Alsace, la Flandre, la Franche-Comté, la Lorraine lui en avoient préparé les voies, et facilité les moyens.

La limite du Rhin n'est pas indifférente à la défense de la France, du côté de l'Allemagne; non que le passage d'un fleuve présente à la tactique moderne des difficultés insurmontables; mais parce qu'un fleuve qui borde une ligne de défense dans toute sa longueur, donne de grandes facilités pour en faire parcourir aux troupes les différentes parties, et aussi parce que l'inclinaison des rivières du nord et du nord-est de la France, qui toutes se rendent au Rhin, favorise le transport des hommes et des choses sur les points attaqués; en même temps que cette disposition des eaux ajoute aux difficultés d'une invasion de la part de l'ennemi, obligé, pour pénétrer dans les terres, d'en remonter le cours (1).

_____

(1) Cette dernière réflexion est tirée des *Considérations sur la guerre actuelle*, par le général *Matthieu Dumas*, qui le premier a écrit sur la guerre, d'une manière aussi *large* que les Français l'ont faite.

Cet accroissement naturel de la France étoit prévu depuis long-temps par de bons esprits, même en Allemagne ; et Leibnitz écrivoit il y a un siècle à Ludolphe : « Je » crains que la France, réduisant sous sa » domination tout le Rhin, ne retranche » d'un seul coup la moitié du collége des » électeurs ; et que les fondemens de l'Em- » pire étant détruits, le corps lui-même ne » tombe en ruine ».

Peut-être aussi étoit-il nécessaire, pour le maintien de la balance de l'Europe, que la société la plus forte par les avantages de sa position, par la juste proportion de ses par- ties, et leur parfaite correspondance, ache- vât de se constituer au midi, à l'instant que la société la plus puissante par l'étendue de ses Etats, forte à la fois de sa civilisation récente et de son ancienne barbarie, je veux dire la Russie, commençoit à s'ébranler du nord, et à peser sur l'Europe.

La France, depuis trois siècles, ne pou- voit donc plus s'accroître qu'aux dépens des Etats de l'Empire, et des pays héréditaires de la maison d'Autriche.

La France étoit donc, par la nature même

des choses, en état permanent, nécessaire
même, d'opposition avec l'Empire et l'Autriche, unique raison des longues et san-
glantes rivalités des deux maisons, que tant
d'écrivains, échos les uns des autres, ont
attribuées à la jalousie personnelle et passa-
gère de François Ier. et de Charles-Quint;
motif frivole assurément, et sans aucune
proportion avec son effet. D'ailleurs, la politique de François Ier. étoit si peu la politique de la France, que François Ier.
vouloit se faire empereur et s'établir en
Italie, lorsque le système naturel de la
France vouloit qu'il ne fût roi que de la
France, et qu'il ne s'étendît que vers l'Allemagne.

Cette discordance, plus commune autrefois qu'aujourd'hui, entre le système politique des cabinets et le système des sociétés,
c'est-à-dire, entre le système de l'homme et
celui de la nature, est la ruine d'un État
quand elle se prolonge. La France en a fait
une funeste expérience dans les guerres
d'Italie, contraires à son système naturel,
lorsque son gouvernement vouloit y former
un établissement comme sous les Valois;

mais qui sont rentrées dans ce système, lorsque les conquêtes faites au delà des Alpes, ont servi d'objets d'échange contre des provinces contiguës à la France, comme il est arrivé sous Louis XV et dans la guerre actuelle.

L'Etat le mieux gouverné dans ses relations extérieures, et qui à la longue a les succès les plus soutenus, est donc celui dans lequel le système du cabinet est le plus constamment d'accord avec le système de l'Etat. On a cru long-temps que le cabinet de l'Europe, qui depuis long-temps avoit le moins dévié de son système naturel, étoit celui de Turin; car il faut prendre garde qu'un cabinet habile doit varier quelquefois dans son système accidentel, pour rester toujours fidèle au système fondamental de l'Etat. Au reste, l'on ne doit jamais perdre de vue que pour juger de la sagesse du système politique suivi par un cabinet, il ne faut pas considérer l'Etat pendant la guerre, mais après la guerre, *et quelquefois même après un intervalle de temps assez long* pour que des événemens préparés dans un temps, aient pu se développer dans un autre, et parvenir à leur maturité (1). Cette réflexion est particulièrement applicable à un temps de révolution générale, pendant lequel on ne peut pas toujours juger le système des cabinets, ni même reconnoître celui des Etats, parce qu'une révolution trouble momentanément la politique ordinaire, pour y rétablir ou y affermir les rapports naturels.

Le Gouvernement Français, rentré, depuis François Ier. et vers le temps de Henri IV, dans le système naturel de la France, l'agrandissement sur les terres de la maison d'Autriche et de l'Empire, devoit donc naturellement s'allier avec les puissances qui désiroient l'affoiblissement de cette maison, et par cette raison, plutôt avec les princes protestans de la ligue germanique, qu'avec les princes catholiques. D'ailleurs, l'accroissement de la France devoit principalement se faire aux dépens des Etats catholiques placés sur la rive gauche du Rhin.

---

(1) Il a été souvent militairement utile d'occuper le Piémont. Mais ce pays ne fait point naturellement partie de la France. De là vient que, quoiqu'il y ait souvent été réuni de fait, il en a toujours été séparé.

Depuis Henri IV, la France a donc dirigé toutes ses démarches, conformément à ce système d'opposition à la maison d'Autriche et l'Empire.

Ce fut dans cette vue que François Ier., Henri IV, Richelieu, Mazarin, firent alliance avec les princes allemands contre l'Empereur, et avec la Porte Ottomane contre la maison d'Autriche. Il falloit un lien à ce faisceau de petits princes germaniques. La France effrayoit ses propres alliés de son ambitieuse protection; catholique, et non possessionnée en Allemagne, elle étoit sans intérêt aux yeux des uns, et sans qualité aux yeux de tous, pour s'immiscer dans leurs affaires politiques. Elle fut au fond du nord chercher la Suède, puissance protestante et co-Etat de l'Empire, qu'un zèle de secte et un homme, le plus grand roi de ces derniers temps, avoient jeté un moment hors de sa politique comme de ses limites, et qui, à l'époque du traité de Westphalie, encore toute brillante de ses succès dans la guerre de trente ans, s'étoit élevée à un degré de force, ou plutôt de considération, qu'elle n'a pu soutenir, parce qu'il portoit

sur la base ruineuse de principes populaires
en politique comme en religion, et qu'il étoit
hors de toute proportion avec ses moyens
naturels.

Cette alliance de la France avec les ennemis de la maison d'Autriche, qui se com-
posoit de sa force et de la foiblesse de ses
alliés ; les uns foibles par la position de leurs
États, l'autre foible par son ignorance : celui-ci acculé à la mer Baltique, et voisin du
pôle ; celui-là enfoncé dans la Mer-Noire, et
à moitié hors de l'Europe, devoit à la longue
porter des fruits amers pour la France elle-
même, mettre tous ses alliés, l'un après
l'autre, sous le joug autrichien, et donner
ainsi à la maison d'Autriche une prépondé-
rance de forces incompatible avec l'indépendance de ses voisins. Mais à la place de
la Suède, déchue de la puissance pour avoir
abusé de sa force, et trop occupée à se défendre elle-même de sa propre constitution,
pour s'occuper de celle du corps germanique, il s'éleva dans le sein même de l'Empire, à la faveur des craintes réciproques de
la France et de l'empereur, une puissance
que fonda l'esprit militaire du père, que

hâta le génie guerrier du fils, et qui opposa avec succès sa jeunesse audacieuse à la robuste vieillesse de la monarchie autrichienne.

Le traité de Westphalie, garant en apparence de la constitution germanique, y avoit mis un germe de mort en y détruisant l'unité, sans laquelle il n'existe point de constitution, puisqu'il avoit opposé la puissance des membres au pouvoir du chef, et la ligue protestante, ou le corps évangélique, à l'union des princes catholiques, dont le monarque autrichien étoit le protecteur.

Mais dès que la puissance prussienne se fut élevée dans l'Empire, plus forte que la Suède, et même à cette époque, à cause de sa constitution toute militaire et des talens de son chef, militairement plus forte que la France, il n'y eut plus en Allemagne que les formes extérieures d'une constitution; et si les publicistes de Ratisbonne la cherchèrent encore dans la *bulle d'or* et les *protocoles* de leurs chancelleries, les hommes d'État de tous les pays ne virent plus *une* constitution, là où ils voyoient *deux* pouvoirs égaux et bientôt rivaux, et ils purent prévoir dès lors qu'un jour la Prusse voudroit

droit balancer la maison d'Autriche et partager l'Empire ; et c'est ce qui est arrivé
dans cette guerre, où l'on a vu la Prusse
comprendre dans sa ligne de neutralité la
moitié de l'Allemagne, la détacher de la maison d'Autriche, et la couvrir de sa protection.

Cependant un intérêt commun, le désir
d'abaisser la puissance de la maison d'Autriche, unit l'une à l'autre la France et la
Prusse, qui, plus forte contre sa rivale que
tout le corps germanique ensemble, et voisine de ses Etats héréditaires, lui porta les
coups les plus sensibles, lui enleva même
une de ses plus belles provinces, et donna
pendant trente ans à l'Europe le brillant,
mais trompeur spectacle d'un homme qui lutte
avec son génie contre une puissante société.

Cependant les rapports de la France avec
l'Empire et l'Autriche n'étoient plus les
mêmes. Son influence sur l'Allemagne avoit
baissé, depuis l'élévation de la Prusse sur
l'horizon politique ; et la facilité de développer son système naturel d'accroissement
sur la Belgique et l'Allemagne cisrhénane,
n'étoit plus aussi grande.

La France déterminée, trompée peut-être

par une crainte héréditaire de la maison
d'Autriche, et qui croyoit toujours voir le
fantôme de Charles-Quint dans ses successeurs affoiblis, s'étoit couverte, au traité de
Westphalie, des princes allemands, des protestans surtout, contre la maison d'Autriche.
Mais ces princes, protestans ou catholiques,
ne vouloient pas plus l'agrandissement de la
France que celui de sa rivale ; et placés par
la France elle-même entre elle et l'Autriche, ils faisoient aussi équilibre à l'ambition
de toutes deux. Cet équilibre de volonté,
plutôt que de force, cause de toutes nos
guerres et de tous leurs malheurs, n'avoit
pas arrêté les progrès de la France sous
Louis XIV, tant qu'il n'y avoit eu dans la
balance que des Etats sans force, comme les
électorats, ou même la Hollande : mais lorsque la confédération germanique compta au
nombre de ses membres une puissance telle
que la Prusse, et surtout un roi tel que Frédéric, la France, affoiblie en même temps
par une administration vacillante, qui laissoit crouler sous elle la base des anciennes
mœurs et des anciennes lois, ne joua plus en
Allemagne, et par conséquent en Europe,

qu'un rôle secondaire. L'Europe vit avec étonnement le marquis de Brandebourg déclarer la guerre au roi de France, et les armes de la France déshonorées à Rosbach, par un membre de cette même confédération, qu'elle avoit élevée et soutenue à grands frais pour lui servir de rempart contre la maison d'Autriche. Alors la confédération germanique eut dans son sein un autre garant, ou plutôt un autre chef puissant et présent ; et la France devint aussi étrangère au corps germanique que la Suède, parce qu'elle lui devint aussi inutile. Le développement du système naturel de la France, je veux dire son achèvement au nord, en fut contrarié; car la Prusse, qui, pour s'emparer de la Silésie, s'étoit servie de l'alliance de la France, la Prusse, co-État de l'Empire, n'auroit pas, alors, plus aidé la France à s'emparer des pays allemands, que le roi *très - chrétien* n'auroit, quoiqu'allié des Turcs, permis qu'ils soumissent l'Autriche à leur domination.

Mais c'étoit surtout la tendance de la France à s'étendre sur la Belgique, qui étoit arrêtée ou suspendue par la Prusse.

Cette puissance, que des liens religieux, politiques et domestiques unissoient à l'Angleterre, et surtout à la Hollande, n'avoit garde de permettre la réunion de la Belgique à la France, réunion que ces deux puissances redoutoient plus que tout autre événement. D'ailleurs la Hollande, où il n'y avoit plus que de l'argent, ne pouvoit se passer de la protection continuelle d'une grande puissance continentale; et la Prusse, en éloignant la France des Pays-Bas Hollandais, se réservoit exclusivement le droit de protéger un Etat qui a toujours si bien payé ses protecteurs. Enfin, la Prusse voyoit sans peine, au moins jusqu'à une autre disposition de choses, les Pays-Bas entre les mains du chef de l'Empire et de la maison d'Autriche, qu'ils affoiblissoient par leur éloignement, qu'ils exposoient, en cas de guerre, à une invasion prompte et facile; et ce ne fut que lorsque Joseph II annonça le projet de les abandonner, et qu'il en proposa au duc des Deux-Ponts l'échange contre la Bavière, que la Prusse conçut peut-être le projet de les réunir aux Provinces-Unies, pour en former un Etat à la maison d'O-

range ; du moins il seroit difficile de donner
un motif plus politique aux troubles qui se
manifestèrent dans les pays de Liége et de
Brabant, et auxquels il fut public en Europe
que la cour de Berlin n'étoit pas étrangère.

Quoi qu'il en soit de ces mystères politiques, qui ne peuvent être rendus sensibles
que par leurs effets, l'attention de la Prusse
à ôter à la France toute influence sur les
déterminations de la Hollande, ne fut pas
équivoque ; et dans la guerre d'Amérique,
où la partialité du conseil stathoudérien, en
faveur de l'Angleterre, fut marquée d'une
manière si fâcheuse pour les projets maritimes de la France, la Prusse se déclara
hautement contre le parti français, et étouffa
ou prévint les effets du ressentiment de la
cour de Versailles, par une invasion à force
ouverte, mortifiante pour la France, dont
elle révéla à l'Europe la nullité politique et
militaire.

Cependant le Gouvernement Français se
consumoit en intrigues, et s'épuisoit d'argent pour ajuster son ancienne politique avec
ses nouveaux rapports, et il s'obstinoit à
suivre des routes où tout étoit contradiction

et obstacle, au lieu d'entrer dans les nouvelles voies que les événemens lui ouvroient.
Puissance monarchique, elle étoit l'alliée
publique ou secrète de tous les États populaires, et de tous ceux qui vouloient le devenir; puissance catholique, elle étoit l'alliée de toutes les puissances protestantes;
société civilisée, elle étoit l'alliée d'un peuple barbare. Elle envoyoit de l'argent en
Suède; et la Suède, avec son pouvoir par-
tagé, et ses diètes vénales et factieuses, restoit dominée par l'influence de la Russie.
Elle envoyoit des officiers en Pologne; et la
Pologne, avec son pouvoir avili et sa noblesse ambitieuse, étoit démembrée à ses
yeux, et partagée entre son ennemi et son
allié. Elle envoyoit des négociateurs en Hollande; et la Hollande, avec ses délibérations
éternelles, n'en restoit que plus asservie à
l'Angleterre. Elle envoyoit des ingénieurs
en Turquie; et la Turquie, avec son ignorance, n'en restoit que plus foible et plus
barbare; et ce qui prouve combien loin le
bel-esprit en France avoit chassé le bon sens,
est qu'on n'y voyoit pas que les connoissances perfectionnées sont le résultat de la

civilisation, et non le moyen de la civilisation; qu'avant de faire des Turcs des tacticiens habiles, il falloit en faire des hommes civilisés, ce qui n'est pas pour un peuple l'ouvrage de la politique, encore moins de la philosophie, et qu'au lieu de leur envoyer des géomètres, il eût mieux valu sans doute leur envoyer des missionnaires. La France étoit partout par ses intrigues, elle n'étoit nulle part par sa force; et l'Autriche, qu'elle vouloit abaisser, devenoit toujours plus forte en Allemagne par l'affoiblissement de ses ennemis.

Dans cette alliance de la France avec les princes germaniques, les puissances du Nord et la Porte-Ottomane, il n'y avoit de lien commun qu'une crainte bien ou mal fondée de la maison d'Autriche; tout le reste, constitution politique et religieuse, système naturel des États, vues secrètes des chefs, tout étoit discordant ou même opposé, et ces corps dissemblables ne se touchoient que par des angles.

J'ai dit la religion; et l'on me permettra ici une digression nécessaire. Si la religion n'entre pour rien dans le système politique

des cabinets, elle entre pour tout dans le
système naturel des sociétés; et jamais les
hommes d'Etat ne doivent plus s'en occuper,
que lorsque les administrateurs la comptent
pour rien.

On n'a qu'à jeter les yeux sur l'Europe,
et réfléchir à l'union naturelle qu'ont entre
eux deux systèmes fondés également sur la
nature de l'homme, dont l'un règle ses *volontés*, et l'autre règle ses *actions*, pour se
convaincre de l'influence réciproque qu'exercent l'un sur l'autre la religion et le gouvernement. Le catholicisme s'allie naturellement à l'unité du pouvoir politique, parce
qu'il est *un* aussi; et le protestantisme penche vers la démocratie, parce qu'il est *populaire* comme elle, et qu'il établit dans
l'église l'autorité des fidèles, comme la démocratie établit dans l'Etat l'autorité des
sujets, ou la souveraineté du peuple; car
c'est le presbytéranisme qui, le premier, en
a fait un dogme politique (1). Le presbyté-

_____

(1) Le même parti qui soutenoit, en Angleterre,
la souveraineté du peuple, attendoit le règne visible
de Christ pendant mille ans. Cette opinion *inconnue*

ranisme est donc une démocratie religieuse,
et la démocratie un presbytéranisme politique ; et c'est précisément ce qui a fait
naître dans toute l'Europe, tantôt la *réformation* au sein de la démocratie, et tantôt
la démocratie au sein de la *réformation*.

En Angleterre, la constitution religieuse
est mixte de catholicisme et de calvinisme,
comme la constitution politique est mixte de
royauté et d'État populaire. En Prusse, État
calviniste, si les formes sont monarchiques,
le principe tout militaire de la constitution
vise au despotisme ; et le despotisme n'est
au fond que la démocratie dans le camp,

à l'antiquité, dit Bossuet, fondée sur quelques passages de l'Apocalypse, interprétés à la manière charnelle des Juifs, a reparu même dans notre révolution, et en général on peut dire qu'elle est le rêve
des sociétés malades. Une opinion, qui se reproduit
sans cesse, a sans doute sa raison dans une grande pensée. Seroit-ce qu'il est naturel que les nations qui voient
périr leur pouvoir particulier et local, recourent au
pouvoir général des hommes et des nations ? Il a été
un temps, sous la seconde race, où, dans le midi de
la France, on datoit les actes du *règne de Jésus-
Christ*.

comme la démocratie proprement dite est le despotisme dans la cité. Aussi Montesquieu remarque, avec raison, que le despotisme des empereurs romains ressembloit fort à la démocratie des tribuns.

Cette opposition du protestantisme à l'unité de pouvoir, fut d'abord moins sensible, parce que les peuples retinrent l'esprit de l'ancienne religion qu'ils venoient d'abandonner; mais peu à peu, le protestantisme dégénéra en un philosophisme indocile et hautain, qui porta cet esprit d'opposition jusqu'à la haine la plus furieuse. L'Angleterre, l'Allemagne, les Pays-Bas, la Bohême, la France, en éprouvèrent les terribles effets. La révolution française n'a pas eu un autre principe; il s'aperçoit dans les troubles qui agitent sourdement la Grande-Bretagne, et qui y produiront tôt ou tard une explosion violente; la Prusse en est intérieurement plus travaillée peut-être qu'aucun autre pays, et l'on ne peut douter que le Gouvernement qui a pesé sur la France jusqu'au 18 brumaire, n'eût trouvé dans cette disposition bien connue des esprits de puissans moyens d'inquiéter la Prusse, s'il n'eût jugé de son intérêt de ne pas troubler une puissance dont la neutralité lui étoit, ou lui paroissoit utile.

Cette discordance de formes *unes* du Gouvernement Prussien avec l'esprit *populaire* de son culte, affoiblit cette société, et empêcheroit peut-être qu'elle n'eût, au besoin, autant de force de conservation et de résistance, qu'elle a montré de force d'agression. Cet État, où les opinions *philosophiques* de son plus grand roi, accréditées par ses succès militaires, ont répandu un extrême libertinage d'esprit, manque de ce principe de vie, que la religion seule communique aux sociétés, en donnant la raison du *pouvoir* et le motif des *devoirs*. « Jamais Etat ne fut » fondé, dit Jean-Jacques, que la religion ne » lui servît de base ». La Prusse est encore un camp plutôt qu'une société : sa population est toute en soldats, comme son territoire est tout en frontières; et jusqu'à présent ces amis ont pu lui désirer cette disposition dans les hommes qu'on appelle *esprit public*, ressort puissant qui peut rétablir une nation des crises les plus désespérées, et qu'on retrouveroit au besoin dans plusieurs Etats, et cette disposition de territoire qui permet de dé-

fendre les points attaqués, sans trop s'éloigner de ceux qui peuvent l'être.

Je reviens à la France et à l'Allemagne.
Le traité de Westphalie avoit donc constitué, ou plutôt reconnu en Europe les Etats
populaires, et les religions populaires; et
l'on peut douter qu'il eût été plus signé par
saint Louis que par Charlemagne.

A ne le considérer ici que sous un point
de vue politique, il garantissoit la constitution germanique, véritable démocratie de
princes, de nobles, de villes, de chapitres
et de monastères. Il garantissoit encore la
démocratie de la Suisse (1) et de la Hol-

_____

(1) Ce traité reconnut aux Suisses une *quasi pleine liberté*; expression parfaitement vraie, si on l'entend
de la liberté extérieure de la Suisse, trop foible pour
jouir au milieu de grandes puissances d'une indépendance réelle et entière, et soumise à toutes les influen-
ces politiques; expression plus vraie encore, si on
l'entend de la liberté intérieure ou politique. Car si
l'on observe les priviléges que les villes capitales des
cantons s'étoient arrogés sur les campagnes, au moins
dans les cantons aristocratiques, on peut dire de la Suisse
ce que M. de Montesquieu dit de la République Romaine, « que la liberté étoit au centre, et la tyrannie

lande ; et la nature qui ne fait nulle part de
démocratie , parce que la démocratie est
contraire aux lois naturelles des sociétés ,
repoussoit de l'Allemagne cette constitution
bizarre , si forte contre les foibles , mais si
foible contre les forts. Le traité de Westphalie garantissoit contre la France l'intégrité du territoire allemand , et y incorpo-
roit même la Belgique , comme enclave du
cercle de Bourgogne , déclaré *être et de-
meurer membre de l'Empire*, et il y avoit
dans les choses une disposition naturelle qui

» aux extrémités ». On ne le saura jamais assez. Il
n'y avoit de peuple vraiment et complétement libre
que le peuple français , soit de la liberté domestique ,
qui consiste à ce que chaque *individu* puisse exercer
tel genre d'industrie honnête qu'il lui plaît ; soit de
la liberté politique , qui consiste à ce que chaque *famille* puisse s'élever par ses seules forces , et parvenir à l'état public. Il y avoit cependant en France des
individus à qui la loi ou l'opinion interdisoit toute
industrie uniquement lucrative , et des familles qui ne
pouvoient revenir à l'état purement privé. C'est ce
qu'on appeloit les nobles et la noblesse , véritable servitude publique , *nécessaire* pour assurer la liberté
publique , et dont la condition naturelle (dont la vanité avoit fait un privilége) étoit de *servir*.

tendoit à réunir à la France une partie du
territoire allemand. Le traité de Westphalie
garantissoit donc les volontés de l'homme
contre les volontés de la nature. C'étoit *assurer* un monceau de sable sur les bords
d'un fleuve. Aussi la constitution germanique n'a jamais été plus observée, même en
Allemagne, que le territoire allemand n'a
été respecté par la France ; et le traité lui-
même a souffert de nombreuses dérogations.

Le traité de Westphalie établissoit donc
un système politique purement provisoire,
soit à l'égard de la France, soit à l'égard de
l'Allemagne. Le seul traité définitif que la
France ait conclu, est le traité des *Pyrénées ;* et les seuls définitifs qui lui restent
à conclure, sont le traité des *Alpes* et le
traité du *Rhin.*

La France, l'Allemagne, l'Europe, la société politique, et même religieuse, étoient
donc constituées en Etat provisoire par le
traité de Westphalie. Il n'est pas question
de savoir si l'on pouvoit faire mieux à cette
époque, et cette discussion est aujourd'hui
complétement inutile. Les fautes d'un temps
sont la suite *obligée* des erreurs d'un autre,

et les hommes appellent souvent *bien*, ce qui n'est en soi, et aux yeux de l'éternelle raison, qu'un état provisoire de *moins mal*, qui prépare de loin à l'état permanent qui ne peut être que le vrai bien.

Ce traité, bon ou mauvais, avoit été passé dans un certain état, et pour un certain état de l'Europe; et cet état avoit changé. Les petites puissances étoient devenues plus foibles, parce que les grandes puissances étoient devenues plus fortes, et les princes d'Allemagne entre autres s'étoient appauvris en voulant rivaliser de luxe avec la France, et l'emporter sur la maison d'Autriche. La Suède étoit rentrée dans ses bornes, et la Turquie étoit restée dans sa barbarie. La Prusse, la Russie, l'Angleterre même s'étoient agrandies; la France et l'Autriche s'étoient étendues. L'Europe actuelle n'étoit donc plus l'Europe du traité de Westphalie. L'Europe d'alors étoit l'Europe des petits Etats, comme celle d'aujourd'hui est l'Europe des grandes puissances; et ces changemens, dans la force respective des Etats, avoient mis nécessairement de la contradiction entre les rapports garantis au traité de

Westphalie, et ceux établis par la nature même de la société.

L'Europe se trouvoit donc insensiblement placée dans un ordre de choses, et un système de rapports généraux et particuliers que le traité de Westphalie n'avoit pas prévus, qu'il n'avoit pas pu prévoir, et pour lesquels il n'avoit pas été fait.

L'Europe étoit donc réellement depuis long-temps, et particulièrement depuis le traité de Westphalie, constituée, pour ainsi dire, en révolution générale, puisqu'une révolution n'est que l'effort que fait la société pour passer d'un état provisoire, état contre nature, à l'état fixe, et par conséquent naturel, et pour mettre ainsi les hommes d'accord avec la nature ; et comme le traité de Westphalie avoit constitué, ou plutôt garanti l'état provisoire, en sanctionnant l'existence des sociétés populacières, cause constante de dégénération et de trouble, le traité, dont celui de *Campo-Formio* a jeté les bases, constituera l'état naturel et définitif, en fixant les grands Etats dans leur constitution naturelle et leurs limites naturelles, ou en les disposant à y parvenir un jour;

jour; car la société marche lentement, parce qu'elle ne s'arrête jamais.

La Belgique, véritable pomme de discorde en Europe, parce que la nature veut qu'elle soit à la France, et que les hommes ne le veulent pas ; la Belgique a été, pour ainsi dire, le berceau de la révolution présente, comme elle avoit été celui d'une révolution au seizième siècle ; et aujourd'hui comme alors, les troubles religieux ont amené les troubles politiques.

En effet, le foyer des mouvemens politiques de l'Europe étoit dans la Belgique, parce que c'étoit à l'occasion de ces belles provinces que la contradiction entre les grands États se faisoit le plus sentir.

La Belgique devenoit tous les jours plus française de mœurs, de langage et d'inclination; et l'on peut en dire autant de l'Allemagne cisrhénane (1). Comprise dans les

_____

(1) Les petits princes d'Allemagne avoient en France des biens et des régimens; plusieurs parties de la France étoient situées dans des diocèses allemands; c'étoient autant de liens politiques et religieux par lesquels la France attiroit à elle la partie

limites des Gaules, elle avoit fait partie de
la France, et cherchoit à s'y rejoindre. Les
publicistes feroient valoir ici les droits de
suzeraineté, de *mouvance*, de possession ;
la nature ne connoît que des *nécessités* ou
des rapports naturels, et ils étoient évidens.

Mais si la France tendoit à se fortifier par
l'incorporation de la Belgique, la maison
d'Autriche obéissant aussi à ce principe de
conservation qui a si puissamment agi dans
cette société, tendoit à se fortifier aussi en dé-
tachant d'elle ces mêmes provinces, colonie
territoriale qui a perdu l'Espagne, et qui
perdra tout possesseur éloigné ; elle les of-
froit en échange de la Bavière, et cherchoit
à étendre ses possessions d'Allemagne, et
son royaume de Hongrie. Rien ne prouve
mieux combien les Gouvernemens sont, in-

---

voisine de l'Allemagne, et ils étoient alors précieux
à maintenir. Aujourd'hui ces liens se rompent ; la
France ne souffre rien sur son territoire qui appar-
tienne à l'Allemagne, comme elle ne veut rien conserver sur le territoire allemand. Tout est fini de ce
côté, pour l'une et pour l'autre, et ces liens, jadis
utiles à la France, pourroient aujourd'hui n'être pas
sans inconvénient.

dépendamment des hommes, entraînés par
une disposition naturelle des choses, que de
voir l'Empereur et l'Empire rendre eux-mêmes plus facile la séparation de la Belgique
de la monarchie autrichienne, par l'inobser-
vation de cet article du traité de Westphalie
qui déclare que le cercle de Bourgogne *est
et demeure membre de l'Empire ;* et de voir
qu'en même temps que Joseph II s'agran-
dissoit en Pologne, il faisoit tout ce qu'il
falloit pour livrer à la France les Pays-Bas,
c'est-à-dire, qu'il en démolissoit les forte-
resses, et qu'il en indisposoit les peuples ;
car quoique l'intention de la maison d'Autriche ne fût pas de céder les Pays-Bas à sa
rivale, les Pays-Bas, quand l'Autriche s'en
détachoit, ne pouvoient naturellement ap-
partenir qu'à la France.

Mais ni l'Autriche, ni la France n'étoient
d'accord là - dessus avec leurs alliés ; et ici
surtout se faisoit sentir la foiblesse et la contradiction du système des cabinets. L'Angleterre et la Hollande, ennemies de la
France, vouloient forcer l'Autriche à garder les Pays - Bas, dont, pour leur propre
intérêt, elles lui rendoient la possession oné-

reuse, et la défense impossible; et la Prusse,
alliée de la France, ne vouloit pas que la
France les occupât; et même elle empêchoit
Joseph II de conclure avec le duc des Deux-
Ponts, héritier éventuel de la Bavière, l'é-
change dont nous avons parlé.

Un intérêt semblable, si ce n'étoit encore
un intérêt commun, formoit donc, même à
leur insçu, un point de contact entre la
France et l'Autriche, et les disposoit à s'unir.
Elles avoient déjà jeté les fondemens de cette
union en 1756. Ce traité étonna l'Europe,
parce qu'il fut une déviation formelle de
l'esprit du traité de Westphalie, et de la
route politique suivie depuis cette époque;
et la France même fit la faute de laisser
l'Autriche en recueillir seule le fruit, par
le co-partage de la Pologne; mais si, dans
cet acte mémorable, les hommes eurent leurs
vues personnelles, on peut y apercevoir aujourd'hui des motifs secrets et naturels, des
motifs dont l'influence lente, mais irrésistible, préparoit long-temps à l'avance l'alliance plus étroite qui devoit unir un jour à
Campo-Formio et ailleurs ces deux puissans
Etats. En même temps que la France se rap-

procha de l'Autriche, elle se détacha de ses alliances du Nord et de l'Orient, alliances devenues onéreuses, ou impuissantes, et où trop long-temps affoiblie par la frivolité de ses mœurs, et la variation de ses lois, elle avoit fondé un appui qu'un grand État ne doit chercher, et ne peut trouver que dans une administration sage et forte, alliée naturelle de tout bon gouvernement, et le seul ami qui ne lui soit jamais infidèle.

Le système politique ancien étoit donc, bien ou mal, le système provisoire, relatif à l'état d'adolescence et d'accroissement du corps social. Le traité de Campo-Formio a préparé la France et l'Europe à passer à l'âge viril, et à l'état de conservation et de stabilité; de nouveaux rapports se sont développés, et un nouveau système commence.

L'Autriche, par ce traité, a cédé la Belgique à la France, et semble ne pas s'opposer à son agrandissement jusques au Rhin. Elle a reçu un dédommagement précieux et inespéré de ces cessions forcées ou volontaires, et elle peut en obtenir d'autres. Séparées désormais par le Rhin, au delà duquel elles ne feront plus d'établissement, ces

deux puissances reviendront à cette bonne
intelligence qui existe naturellement entre
des sociétés dont les intérêts ne sont pas opposés, et dont les principes constitutifs sont
les mêmes, telles que des voisins unis par la
sympathie de leur caractère, et qui ne sont pas
divisés par des discussions de propriétés. Cependant l'Autriche est moins fixée, moins *au*
repos que la France, et la paix entre elles peut
encore être troublée pour les intérêts généraux de l'Europe, dont la France doit retenir,
envers et contre tous, la suprême direction.

La maison d'Autriche est actuellement
dans la crise dangereuse du passage d'un
système ancien de politique à un système
nouveau. Elle a dévié un moment du système naturel de son Etat, lorsqu'elle a voulu,
en 1793, à son invasion en France, con-
quérir pour elle la Flandre et l'Alsace, peut-
être la Lorraine. Cette tentative n'a pas été
heureuse. Elle s'exposeroit peut-être à des
désastres plus grands, et s'enfonceroit dans
un labyrinthe, d'où elle ne se tireroit qu'avec
peine et danger, si, d'elle-même, elle
s'obstinoit à soutenir, ou plutôt à recons-
truire l'édifice ruineux de la constitution ger-

manique ; et si, sans y être contrainte par une
force majeure, ou déterminée par des vues
politiques auxquelles il n'est peut-être pas
temps de renoncer, elle s'embarrassoit dans
ce système foible et compliqué, où tout est
contre les lois naturelles des sociétés, et qui
lui donne des rivaux si dangereux et des alliés
si foibles, pour un titre précaire qu'une
guerre malheureuse ou une minorité peuvent
faire sortir de ses mains. Car l'Empire aujourd'hui n'a plus besoin de la maison d'Autriche pour le défendre contre la Turquie,
assez vaincue par sa propre foiblesse, ni
contre la France, qui n'a plus rien à prétendre sur l'Allemagne, et le nouveau collége électoral qui va se former, moins dé-
pendant que l'ancien de la maison d'Autriche,
peut se livrer à des affections ennemies.

L'Espagne est à la France et à l'Autriche
dans les mêmes rapports : même constitution, intérêts semblables ; la France et l'Espagne ont des motifs particuliers d'union
dans la nécessité de s'opposer à l'Angleterre,
et ces motifs seuls ont mis fin à la guerre
que la France avoit déclarée à l'Espagne.
Ces rapports d'amitié peuvent être les mêmes

entre ces trois puissances et l'Italie, si long-
temps le théâtre de leurs querelles et l'*appoint* de leurs marchés, si l'on prend, à l'é-
gard de cette belle partie de l'Europe, des
arrangemens politiques plus naturels, et
par là plus fixes que les circonstances n'ont
permis d'en prendre jusqu'à présent.

La France, l'Espagne, l'Autriche (1),
l'Italie, peuvent donc être unies un jour par
les liens les plus naturels, et par conséquent
les plus durables qui puissent rapprocher des
nations parentes qui seront égales en civilisation, en constitution, en richesses, et où

---

(1) Les circonstances qui ont amené la paix de
Westphalie, sont très-différentes de celles où se trouve
aujourd'hui l'Europe. La France étoit plus foible que
l'Autriche, et aujourd'hui elle est plus forte. La Suède
n'avoit qu'une force d'opinion; et la Russie, qui paroît être substituée à la garantie qu'elle exerçoit, a
une très-grande force réelle. Il étoit dans la nature
des choses que la France gagnât à proportion que la
Suède perdoit de sa puissance factice, et qu'elle de-
vînt seule arbitre des affaires d'Allemagne; la Russie
au contraire ne peut que croître, alliée impérieuse et
peut-être incommode à la France, si l'Angleterre
conservoit de l'influence sur ses conseils.

les inégalités même seront compensées par
des avantages équivalens. Elles formeront
entre elles un *pacte d'État*, bien autrement
fort qu'un *pacte de famille*, dont l'expérience a démontré la foiblesse; et s'il faut
encore parler d'équilibre sur le continent,
ces quatre puissances d'un côté, les puissances du Nord de l'autre, balanceront leurs
forces, et partageront l'Europe et l'Univers.

L'Europe avoit été placée, par le traité de
Westphalie, dans un véritable état d'équilibre, que de petites parties passant fréquemment d'un côté de la balance à l'autre,
entretenoient, par leur mobilité, dans un
mouvement continuel; l'Europe, quand l'é-
difice commencé à Campo - Formio sera
achevé, reposera sur deux bases inébranlables, formées par de grandes masses à peu
près du même poids; car il est temps de le
dire, les petits États, surtout les États populaires, au milieu de grandes puissances,
sont une cause éternelle d'agitation et de
guerre, parce que, condamnés qu'ils sont
par leur foiblesse à dépendre, chaque puissance veut y exercer sa domination, ou, ce
qui revient au même, y faire prévaloir son

influence ; pareils à ces terrains *vagues* , occasion continuelle de procès entre des possesseurs voisins. Il n'y a de repos pour les Etats, comme pour les hommes, que dans la décision, et la dépendance des petits Etats est toujours indécise.

Ce balancement de forces entre le nord et le midi se raccorde, ce semble, avec le plan de l'auteur de la nature, ordonnateur suprême et législateur des sociétés qui lui-même, dans les merveilleuses harmonies du monde social, a placé au nord le nombre des hommes et la fabrique du genre humain, *officina generis humani;* et au midi, l'ascendant des lumières et la force de la civilisation, qui soumet les hommes et dompte les conquérans eux-mêmes. Si la liberté politique est venue du nord avec l'unité de pouvoir, selon la remarque de Montesquieu, la véritable liberté religieuse est venue du midi avec le christianisme. Au moral comme au physique, c'est du midi que vient la lumière; et l'Europe n'a été plongée dans les ténèbres épaisses, qu'elle travaille avec tant d'effort à dissiper, que par les erreurs répandues sur la nature de la société , par des sophistes du nord, Wiclef, Jean Huss, et Luther.

Le traité qui fixera le mouvement actuel de l'Europe, sera donc, quelle qu'en soit l'époque, rédigé dans des motifs plus naturels, et posé sur des bases plus solides que le traité de Westphalie, parce que tout traité fondé sur les mêmes bases ne le fixeroit pas. Alors, comme nous l'avons dit, on constitua les États populaciers, ceux où sont les passions; le traité que les événemens ameneront, et dont celui de Campo-Formio peut être regardé comme le premier article, constituera les États *uns*; ceux où est la raison, et où par conséquent se développent les moyens de perfection, sous l'influence toute-puissante d'un pouvoir indépendant (1).

Il en résultera à la longue, et par l'effet des lois naturelles de l'ordre social, le retour de l'Europe à l'unité religieuse; car l'état de la religion tient beaucoup plus à la nature

_____

(1) Les changemens qui se font en Allemagne, et qui ne seront pas les derniers, ruineront la démocratie des villes impériales, et affoibliront l'aristocratie des *États* dans les pays électoraux.

des sociétés qu'aux dispositions des hommes ;
et déjà l'observateur attentif remarque, dans
quelques Etats dissidens, une secrète disposition à s'en rapprocher. Le protestantisme,
né avec ou dans les petits Etats, et constitué au traité de Westphalie, en religion nationale et publique, ne peut subsister long-
temps dans les grands Etats, parce que les
grands Etats ne sauroient subsister avec lui.
C'est ce qui donne à la religion réformée,
partout où elle s'est établie, une disposition
particulière à morceler les grands Etats en
gouvernemens fédératifs (1), *gouvernemens
éternels !* s'écrioit Montesquieu, à la veille
de la dissolution des Provinces-Unies et de
la ligue helvétique, et réellement les plus
foibles de tous, parce qu'ils sont les plus divisés, puisque la division est la loi fondamentale de leur constitution.

La France n'aura donc plus à l'avenir aucun intérêt à s'épuiser d'hommes et d'argent

---

(1) Le duc de Rohan dit, dans ses Mémoires, « que
» de son temps, on *calomnioit* les religionnaires de
» vouloir par leur ordre, se déjoindre de l'Etat, à
» l'imitation des Suisses et des Pays-Bas ».

pour soutenir, contre leur propre foiblesse, leur plus dangereux ennemi, la confédération germanique et la Porte-Ottomane. La sécularisation de quelques principautés ecclésiastiques deviendra sans doute nécessaire; et bien loin que l'intérêt de la religion s'oppose à la sécularisation des dignités politiques possédées par des ecclésiastiques, ce même intérêt, le premier de tous les intérêts sociaux, réclame cette mesure, parce que l'autorité religieuse de l'évêque-prince est sans force, là où l'autorité politique du prince-évêque n'en a aucune; et qu'il n'y a rien de plus foible que ce pouvoir temporel des ecclésiastiques, dont la puissance législative est un sujet de contestation dans leurs propres Etats, et la puissance militaire un sujet de dérision dans toute l'Europe. Le ministère politique doit être distinct du ministère de la religion, comme dans l'homme l'action est distinguée de la volonté. Il est également contre la nature de la société, que l'évêque soit chef politique, comme en Allemagne, ou que le chef politique soit revêtu de la suprématie religieuse, comme en Angleterre.

C'est précisément à cause de cette confusion des deux ministères, que l'église d'Allemagne a toujours été le côté foible de la société chrétienne, et celui par où *l'homme ennemi* a pénétré ; parce qu'il a trouvé dans la vie nécessairement séculière et mondaine des princes-évêques, des princes-chanoines, des princes-abbés, un prétexte à ses attaques, et dans la foiblesse de leur autorité, une raison à ses progrès. Si, dans le temps de la révolte de Luther, les princes ecclésiastiques, forts de ' puissance impériale, défendirent mieux leurs sujets contre l'invasion de la nouvelle doctrine, une funeste expérience a prouvé qu'ils n'avoient pu se défendre eux-mêmes de l'influence de son esprit : nulle part les liens des premiers pasteurs avec le centre d'unité, ces liens si nécessaires au repos de l'Europe, même politique, ne se sont plus relâchés, ou même n'ont été plus ouvertement méconnus qu'en Allemagne. On peut assurer que le philosophisme y avoit fait, dans quelques Etats ecclésiastiques, plus de progrès même qu'en France, où la religion étoit mieux connue, et même mieux observée que partout ailleurs (et Condorcet s'en plaint), parce que les évêques n'y étoient pas détournés des fonctions religieuses par des fonctions politiques. C'est peut-être ce qui fait qu'en Languedoc, où les évêques exerçoient des offices politiques, les erreurs se sont de tout temps introduites avec plus de facilité.

Mais il ne faut rendre au siècle que le pouvoir politique usurpé par le clergé dans des temps d'anarchie, comme il le fut par les officiers laïques, et non les fonctions ecclésiastiques, et les propriétés qui entretiennent ceux qui les exercent. C'est ce que firent, au traité de Westphalie, des princes chrétiens, successeurs de Charlemagne, qui détruisirent son ouvrage, ou plutôt celui de la nature même des sociétés, en donnant une existence publique à la démocratie religieuse et politique, et constituant dans l'une et l'autre société, l'état *populaire* à la place de l'état *un* (1).

Ce que nous avons dit des évêques, ne peut, sous aucun rapport, s'appliquer au

(1) La cour de Rome protesta contre ces innovations religieuses, et conserva le dépôt des principes.

chef de l'église, dont le patrimoine ne doit
dépendre d'aucune nation, parce que le saint-
siége lui-même appartient à toutes les nations, comme le centre à tous les points de
la circonférence. Les États du pape ne pourroient être soumis à l'autorité d'un prince,
sans que sa personne et sa dignité ne devins-
sent odieuses ou suspectes à tous les autres;
raison pour laquelle la ville de Rome, su-
jette de l'empereur d'Orient, tant que cet empereur fut à peu près le seul prince chrétien de
l'Europe, devint indépendante de tout prince
séculier à l'époque de la fondation de l'Europe politique, et lorsque le grand tout formé
par Charlemagne, fut distingué dans ses diverses parties, et forma différens États (1).

_____

(1) Autrefois les particuliers dotoient le service public de leurs propres fonds; aujourd'hui on vend aux
particuliers la dotation du service public. Alors on
préféroit le public à la famille; aujourd'hui on préfère la famille à la société publique. Nos pères avoient
raison, ou nous avons tort; car rien n'a changé pour
la société, et elle est composée aujourd'hui comme
alors, d'un même nombre de personnes sociales, unies
entre elles par les mêmes rapports, et sujettes aux
mêmes lois.

Les

Les philosophes modernes, échos des novateurs du seizième siècle, ont raisonné comme des insensés sur la prééminence temporelle, ou plutôt politique, du chef de l'église, regardé autrefois comme le modérateur suprême de la république chrétienne. Ils n'ont pas vu que si quelques papes ont abusé de leur pouvoir, tous les États en ont profité, et que l'Europe doit toute sa civilisation à la prédication de l'Évangile et à l'influence du christianisme. Le grand Henri vouloit rétablir cette république chrétienne, et l'illustre Leibnitz, tout luthérien qu'il étoit, avoue la nécessité de cette prééminence d'honneur du saint-siége, prééminence qui à l'avenir n'auroit plus d'abus, parce que les vérités sociales sont plus développées, et à laquelle il n'a manqué, pour être universellement reconnue, que d'avoir été exactement définie.

La civilisation et le christianisme, qui sont une même chose, ne peuvent que gagner à l'expulsion des Turcs hors de l'Europe; et certes, il est temps de repousser aux lieux d'où ils sont venus, cette horde de barbares qui souille la plus belle partie de la chrétienté, de la brutalité de ses mœurs et de l'absurdité de ses lois.

Il faut surtout se garder d'écouter cette politique de comptoir, qui verroit la ruine de la France et l'asservissement de l'Europe dans la chute de l'Empire Ottoman, à cause de la facilité que l'indolence des Turcs donne aux Français pour faire le commerce du Levant, et de l'accroissement de forces qu'acquerroit la puissance chrétienne qui régneroit à Constantinople : car, outre qu'il n'est plus temps d'agiter la question des avantages ou des inconvéniens de l'établissement des Turcs en Europe, puisque leur puissance est finie, et ne peut plus être sauvée de sa propre foiblesse, on peut assurer que de nouveaux peuples auront, au moins pendant long-temps, de nouveaux besoins, qu'une nouvelle industrie s'empressera de satisfaire; et l'on doit croire que dans la concurrence qu'elle fera naître, l'activité française ne restera pas en arrière. Il y a plus: Paris et Lyon pourroient fournir au Levant un peu moins de dorures, et Carcassonne un peu moins de draps, sans que la constitution politique et religieuse de la France en fût ébranlée; et c'est la constitution, et non le commerce, qui est le premier intérêt de la société. D'ailleurs, l'expulsion des Turcs hors de la Grèce, profiteroit à plus d'une puissance, et la France pourroit y gagner l'Egypte, dût-elle l'échanger contre le Canada (1); car au point d'étendue où la France sera parvenue, il lui faut, pour son repos et le repos de ses voisins, une vaste colonie, moins pour en tirer des denrées, que pour que les hommes s'y transportent d'eux-mêmes, aujourd'hui qu'elle aura moins d'occasions de faire la guerre sur le continent. Il existe, chez toutes les nations puissantes, des moyens légitimes ou coupables, doux ou violens, de borner l'excès de la population: dans le nord, c'est le célibat militaire; au midi, le célibat religieux; dans la Turquie,

(1) Quelle est, de ces deux colonies, la plus utile pour la France? Le commerçant, sur cette question, seroit sans doute plus tranchant que l'homme d'Etat. Ceci, comme l'on voit, étoit écrit avant notre retraite d'Egypte. Au reste, si nous n'avons pas obtenu le Canada de l'Angleterre, nous avons obtenu la Louisiane de l'Espagne, ce qui revient au même pour la France.

c'est la peste ; à la Chine, la famine, la peste, l'infanticide, tous les fléaux, et tous les crimes ensemble.

Quant à la crainte de voir une puissance chrétienne s'agrandir démesurément par la conquête de la Turquie d'Europe, il est évident que Constantinople n'appartiendroit pas long-temps au même maître que Vienne ou Pétersbourg ; et quel que fût le prince qui relevât le trône des Constantins, fût-ce un archiduc ou un prince russe, la politique de son État l'emporteroit bientôt sur la politique de sa famille, et l'Empire Grec limiteroit ou arrêteroit l'Empire Russe et l'Empire Autrichien. Les cabinets de l'Europe ne sont pas assez désintéressés pour suivre long-temps une route politique, uniquement déterminés par des affections domestiques ; et la révolution présente en a offert d'illustres exemples.

Il nous reste à parler de la Suisse et de l'Angleterre.

La Suisse vivoit, pour ainsi dire, sur le fonds d'une ancienne réputation de courage et de patriotisme que les voyageurs philosophes lui conservoient, dont ils parlent tous

avec un ridicule enthousiasme, et qui étoit
reçu dans toute l'Europe, sans examen, et,
pour ainsi dire, jusqu'a *un plus ample in-
formé*. On lisoit les Suisses, mais on ne les
voyoit plus. Depuis que la guerre se fait
moins avec des hommes qu'avec des choses,
et à force d'art, ils n'avoient aucune force
réelle, ni dans leur population, ni dans leur
territoire, et leur société cachoit des principes de dépérissement et de mort dans ses
divisions politiques et religieuses. C'est ce
qui l'a perdue. Mais quel que soit le sort
réservé à ce malheureux pays qui a péri par
la démocratie qu'il avoit le premier semée en
Europe, il ne faut pas croire qu'il puisse se
rétablir dans son état précédent, ni que le
principe de ses maux puisse en être le remède.
Un Etat *un* agité, détruit même par une révolution, retrouve sa base; c'est le rocher qui
soutient l'édifice, et qui n'est pas ébranlé
par sa chute; mais une constitution populaire (aristocratique, démocratique ou despotique) périt sans retour, et le torrent emporte jusqu'à la mobile arène sur laquelle elle
avoit posé ses fondemens. Une politique per-
fide essaieroit peut-être de rendre à la Suisse

son ancien gouvernement, pour lui faire
mieux sentir la nécessité d'un pouvoir con-
centré, mais l'humanité défend de le tenter;
elle prescrit à la France de sauver la Suisse
d'elle-même, et des haines affreuses que des
événemens récens y ont allumées entre citoyens et cantons, et de lui donner la paix
domestique en dédommagement de la guerre
étrangère qu'elle lui a apportée.

Cette dépendance nécessaire existoit de-
fait pour la Suisse. Les cantons catholiques
étoient gouvernés par l'influence de la France,
et les cantons protestans dirigés par celle de
l'Angleterre. Ils envoyoient leurs hommes à
l'une, et leur argent à l'autre. L'Angleterre
se servoit même contre la France de l'ascendant qu'elle avoit sur la partie de la
Suisse qui lui étoit unie par des liens politiques et religieux; mais son influence y seroit à l'avenir beaucoup moindre, si le siége
du gouvernement restoit à Lucerne, où le
directoire l'avoit placé.

Je n'ignore pas quelles affreuses, et malheureusement trop justes préventions, les habitans des cantons catholiques, surtout des
petits cantons, ont conçues contre les Fran-

çais. Jamais l'influence secrète des ennemis de la France sur ses mesures révolutionnaires n'a été plus sensible que lorsqu'on l'a
vue attaquer et détruire ces braves et fidèles
alliés. Mais les lois survivent aux affections,
et si les affections privées divisent les hommes, des lois naturelles unissent les sociétés.
Que les Suisses aiment ou non les Français,
la Suisse sera l'amie de la France, si même
elle n'en fait pas partie; car l'état de dépendance, quand il est inévitable, a, pour un
peuple, tous les inconvéniens de la sujétion
sans en avoir les avantages.

Il ne faut pas oublier que des raisons naturelles, prises de l'exiguité du territoire
helvétique et de sa pauvreté, rendent la
Suisse dépendante pour ses premiers besoins;
et même plus dépendante de la France que
de tout autre pays, à cause de la disposition des lieux, des produits du sol français, ou d'une langue en partie commune;
et c'est uniquement ce qui avoit fait que
l'Helvétie, jadis soumise à la domination
de l'Autriche, avoit passé sous l'influence
de la France; car la nature mène ou ramène
tout à ses lois.

Nous finirons par l'Angleterre. L'Angleterre est en système habituel, je dirois presque naturel de guerre, ou du moins d'opposition, avec tous les peuples du monde, et le
repos ne peut être pour elle qu'un état forcé
et accidentel. Cet état d'opposition est totalement indépendant des dispositions personnelles, et du caractère particulier de ceux qui
la gouvernent : il tient à sa position insu-
laire, à sa constitution populaire, qui donne
à sa politique un caractère inquiet et agres-
seur, et qui la place constamment dans le système d'accroissement, et jamais dans celui
de repos et de stabilité ; en sorte que comme
elle est continuellement agitée au dedans,
on peut dire qu'elle entretient au dehors et
dans le monde politique le mouvement perpétuel.

Un Etat continental a des bornes au delà
desquelles il ne peut faire ou garder des conquêtes, parce qu'il ne peut, sans danger pour
lui-même, porter de grandes armées trop
loin de ses frontières ; aujourd'hui surtout
que les moyens d'attaque et de défense devenus semblables entre toutes les nations
civilisées, ne donnent à aucune de supério-

rité constante et décidée sur les autres. Mais une nation puissante et uniquement maritime n'a de bornes que celles de l'Univers, parce que, grâces aux progrès étonnans de l'art de construire les vaisseaux et de les diriger, elle peut avec ses flottes nombreuses promener ses forces dans tout l'Univers, avec moins de dépense et de perte d'hommes que le chef d'un vaste pays continental ne peut porter des troupes d'une extrémité de ses États à l'autre. Il en coûtoit plus d'hommes et d'argent à la maison d'Autriche pour faire passer dans les Pays-Bas des troupes et des munitions de guerre, qu'il n'en coûte aux Anglais pour en envoyer aux Indes; et certainement les Anglais ont parcouru avec leurs flottes de plus grands trajets qu'Alexandre avec ses armées, et ont fait peut-être autant de conquêtes.

Cette disposition à toujours s'étendre, et cette facilité à attaquer partout, ont, dans tous les temps, donné aux peuples dominateurs des mers, comme l'observe Montesquieu, un tour particulier d'esprit impérieux et arrogant, dont les Anglais ne sont pas exempts; en sorte que le caractère particulier de l'Anglais est la soif démesurée d'acquérir, et la fureur de la cupidité, parce que le système politique de l'Angleterre est une tendance sans mesure à l'accroissement.

Comme le système politique naturel de l'Angleterre est le système d'agrandissement plutôt que celui de stabilité et de conservation, elle a toujours attaqué avec plus de succès qu'elle ne s'est défendue elle-même lorsqu'elle a été attaquée; ainsi toutes les descentes faites en Angleterre ont changé ou mis à deux doigts d'un changement, la constitution ou le gouvernement; toutes celles qu'on y fera à l'avenir auront le même succès, et ce n'est pas sans raison que les Anglais en ont été dans tous les temps extrêmement alarmés.

L'Angleterre n'attaque pas le territoire de tous les peuples; mais elle en attaque le commerce ou par la force ou par la ruse.

Au reste, les peuples commerçans ont tous plus ou moins de cet esprit envahisseur, comme tous les hommes qui font le commerce ont tous le désir de s'enrichir les uns aux dépens des autres. Les écrivains qui regardent le commerce comme le lien uni-

versel du genre humain, prennent le rapprochement des corps pour la réunion des esprits; ils ne font pas attention que l'intérêt
du vendeur et celui de l'acheteur qui constituent le commerce, sont en opposition di-
recte et nécessaire, et qu'une opération de
commerce n'est autre chose qu'un combat
entre deux intérêts opposés, celui de vendre
au plus haut prix, et celui d'acheter au plus
bas. Il n'en est pas de même de l'agriculture, qui met à découvert ses procédés, et
où tous, sans concurrence, profitent de la
rosée du ciel et de la graisse de la terre; et
il est peut-être vrai de dire que le commerce
qui peuple les cités, rapproche les hommes
sans les réunir, et que l'agriculture qui les
isole dans les campagnes, les réunit sans les
rapprocher.

Le système d'opposition de l'Angleterre
est plus fort contre le midi de l'Europe que
contre le nord, parce que les puissances du
midi ont des colonies, et que celles du nord
n'en ont pas, ce qui met l'Angleterre en concurrence de denrées et de transport avec les
nations du midi pour approvisionner celles
du nord.

Ce système d'opposition est plus fort contre la France que contre les autres Etats du midi, parce que la France est comme l'Angleterre, mais non autant qu'elle, puissance commerçante, coloniale et maritime. Mais quoique la France soit un Etat commerçant, elle a moins de cet esprit d'envahissement particulier à ces sociétés, parce que le système commercial et maritime n'est chez elle que l'accessoire du système agricole et continental. Aussi M. Hume remarque que dans la rivalité des deux nations, les Français haïssent beaucoup moins les Anglais que les Anglais ne les haïssent. Cependant il faut observer que la France portera son activité vers le système maritime, aujourd'hui que son système continental est définitivement arrêté, et qu'elle deviendra pour l'Angleterre une rivale plus redoutable. Les Anglais le savent, et la crainte qu'ils en ont prolongera la guerre en Europe.

Avec cette disposition générale et particulière à toujours envahir, l'Angleterre a démesurément accru sa puissance maritime; une circulation prodigieuse d'espèces ajoute aux moyens de l'étendre encore, et une administration la plus attentive qu'il y ait en Europe à récompenser les services, à honorer et employer les talens propres à la conduite des hommes et des affaires, plutôt que les arts agréables et les sciences physiques, donne à ces moyens la direction, sinon toujours la plus utile pour elle, du moins la plus funeste à ses ennemis.

Cette combinaison de volonté et de moyens de nuire seroit extrêmement alarmante pour l'Europe, et en particulier pour la France, si le remède ne naissoit de l'excès même du mal, et si dans l'arithmétique sociale la multiplication de l'or par l'or forçant le prix de toutes les denrées, n'avilissoit le prix de toutes les vertus, et ne donnoit pour produit certain... *révolution*.

L'inquiétude particulière à la nation anglaise vient de l'imperfection de sa constitution indécise en politique comme en religion, « parce qu'un État, dit J.-J. Rousseau, ne cesse d'être agité, jusqu'à ce que l'invincible nature ait repris son empire ». Cette constitution formée de *trois pouvoirs*, qui se réduisent toujours à *un* (peuple ou roi), a été vantée par ceux qui prennent l'agitation pour le mouvement, l'opulence des particuliers pour la fortune publique, et qui placent dans le *composé* la force que la nature ne met que dans le *simple*.

Cette imperfection de la constitution anglaise influe nécessairement sur le caractère du peuple anglais, et en fait le moins avancé de tous les peuples civilisés, c'est-à-dire, celui qui dans son état domestique et public a retenu le plus de caractère de l'état qui précède la civilisation. Ainsi le vol et l'intempérance, vices particuliers aux sauvages, sont très-communs chez les Anglais (1). Le peuple y est féroce jusque dans ses jeux ; les voyageurs l'accusent d'un penchant extrême à la superstition, autres caractères

_____

(1) La sobriété et le désintéressement sont au contraire les qualités distinctives de la nation espagnole, si méprisée par nos philosophes.

Le docteur Pinel, médecin de l'hospice de la Salpêtrière, avance dans un ouvrage qu'il vient de publier sur l'*aliénation mentale*, que « l'aliénation men- » tale est due le plus souvent chez les Anglais à *une* » *vie intempérante*, et à l'excès des boissons spiritueu- » ses, au lieu qu'en France elle est presque toujours » produite par des *affections morales* ».

des peuples sauvages ; et enfin les deux
grandes fonctions de l'état public de société, la justice civile et la justice criminelle, y sont extrêmement imparfaites, et
remplissent là moins qu'ailleurs le but de
toute législation, l'une par ses lenteurs in-
finies et sa complication inextricable ; l'autre
par son impuissance à défendre la propriété
de l'homme contre le brigand, et à assurer
le repos de la société contre la rébellion ;
car tel est l'esprit général des lois anglaises
(et l'on en a des preuves récentes), qu'il
est plus difficile à l'autorité publique de
faire punir un factieux, qu'au particulier
de faire arrêter son débiteur pour quelques
schellings.

L'Angleterre, ennemie de la France, devoit donc naturellement s'allier avec l'Autriche, autre ennemie de la France, lorsque
la France cherchoit à s'agrandir sur l'Autriche, ou malgré elle, et c'étoit l'unique
raison de l'étroite et constante alliance de
l'Angleterre ou de l'Autriche ; alliance qu'il
ne faut pas confondre avec celle de l'électeur d'Hanovre et du chef de l'Empire. Par
la raison contraire, dès que la France, par-

venue au terme de son agrandissement ;
cessera d'être l'ennemie naturelle de l'Autriche, l'Angleterre cessera d'être l'alliée naturelle de la cour de Vienne. Ce n'est pas
qu'il ne reste d'autres ennemis à l'Autriche;
mais il ne faut pas croire que l'Angleterre
fût son alliée envers et contre tous. Les
liens commerciaux, les plus puissans de tous
pour l'Angleterre, l'unissent à la Russie, à
la Turquie, et même à la Prusse, comme
pouvant disposer des ports de l'Océan germanique, et particulièrement de Hambourg,
le grand entrepôt de son commerce avec le
nord de l'Allemagne, et elle ménagera toujours des puissances qui pourroient, en cas
de rupture, lui interdire le commerce lucratif qu'elle fait avec leurs Etats et par leurs
Etats.

L'Angleterre a fait à la France et à l'Espagne la guerre des armées, et à toute l'Europe la guerre des principes.

On se rappelle cette ingénieuse plaisan-
terie de la *Satire Ménippée*, où le roi d'Espagne, Philippe II, est représenté en charla-
tan qui débite sa drogue du *catholicon* ; on
pourroit, avec plus de raison, représenter l'Angleterre

gleterre exportant dans les autres Etats le *philosophisme*, dissolvant universel qu'elle nous a envoyé un peu brut, à la vérité, mais que nous avons raffiné en France avec un si déplorable succès. L'Anglais Wiclef, père du presbytéranisme, peut être regardé comme l'aïeul de la philosophie moderne qui en est la conséquence : l'Angleterre est le premier Etat chrétien que des doctrines philosophiques aient séparé de l'unité religieuse; et dans le même temps qu'en France les tribunaux et l'opinion des gens de bien condamnoient des hommes malheureusement célèbres, dont les écrits ont accéléré la ruine des mœurs et des lois, l'Angleterre les soudoyoit de louanges, et même de pensions (1).

L'importation du philosophisme dans les Etats catholiques, avoit été merveilleusement facilitée par l'abolition de l'ordre des Jésuites; événement dont la philosophie moderne s'est attribué l'honneur, et auquel on

_____

(1) J.-J. Rousseau étoit pensionné par l'Angleterre; et l'habile Voltaire, qui s'entendoit au commerce, et même au commerce de réputation, tiroit de *l'étranger* de la philosophie qu'il mettoit en œuvre, et débitoit ensuite dans toute l'Europe.

pourroit croire que l'Angleterre n'a pas été
étrangère, s'il suffisoit, pour l'en accuser,
de considérer le mal qu'il a fait à ses ennemis naturels, la France et l'Espagne. Les
Jésuites étoient mortellement haïs des puri-
tains anglais, qui les ont toujours accusés
d'avoir influé sur les conseils imprudens des
derniers Stuarts; et l'on doit remarquer
peut-être que l'orage contre cette compagnie
célèbre a commencé en Portugal, puissance
foible, dominée par la peur conseillère
d'injustices, et dont les Anglais sont depuis
long-temps en possession de diriger ou de
commander toutes les démarches.

Quoi qu'il en soit, l'utilité politique des
Jésuites pour la France et pour l'Espagne ne
pouvoit être contestée que par la haine, ni
méconnue que par la sottise. L'Espagne faisoit plus de conquêtes dans le continent de
l'Amérique, avec leurs missions, qu'avec
ses soldats; et leurs néophytes, animés de
cet esprit de catholicisme que les Jésuites
s'entendoient si bien à entretenir et à répandre, eussent au besoin, bien mieux que
quelques milices, défendu contre les Anglais
les possessions espagnoles. Chez les Chinois,

les Japonais et les Tartares, les Jésuites, presque tous Français, Espagnols, Italiens, donnoient, par leurs vertus et leurs connoissances, une haute idée de la puissance de leurs gouvernemens, ce qui est aussi une espèce de domination, et ils facilitoient par là entre ces peuples et leurs nations les relations commerciales, objet éternel de la jalousie des Anglais et des Hollandais. En Europe, les Jésuites élevoient la jeunesse dans des principes de fidélité et d'obéissance, instruisoient par une religion plus *sensible* les dernières classes, comme ils dirigeoient les classes élevées par tous les moyens que fournit la culture de l'esprit le plus poli. Ils travailloient avec succès à ramener l'Europe à l'unité religieuse, et affermissoient ainsi les pouvoirs politiques; institution véritablement sociale, seul ordre peut-être où l'on ait connu le grand secret de la société, renfermé dans ces deux mots : *Commander et obéir*. Aussi le grand Frédéric s'étonna-t-il que les puissances catholiques eussent consenti à leur abolition, et, mieux avisé, il leur offrit, ainsi que l'habile Catherine, un asile dans ses Etats.

. Le Gouvernement Anglais, depuis ses révolutions religieuses, s'étoit donné en Europe, et surtout aux yeux des calvinistes de France, l'importance de chef et de protecteur des églises réformées, et cette couleur de religion lui avoit servi, pendant trois siècles, à désoler la France de ses intrigues.

« C'est une maxime d'Etat au roi de » France, dit le duc de Rohan dans ses » *Mémoires*, de ne se montrer animé contre » ses sujets de la *religion*, de peur qu'ils ne » se jettent en la protection du roi d'Angle- » terre ».

Mais la première pensée du parti religionnaire en France, et partout, avoit été l'établissement de démocraties fédératives, consommé dans les siècles passés en Suisse, en Hollande, et de nos jours en Amérique. Il fut résolu pour la France, en 1621, à l'assemblée de Privas, en Vivarais, sous le nom de *divisions des Cercles* ; on le reprit en 1793, et il eût été mis à exécution, si ceux qui gouvernoient à cette époque, n'y eussent vu la ruine de leur monstrueuse puissance. On peut remarquer que les députés méridionaux en étoient les plus ardens promoteurs, et leurs départemens les plus zélés partisans.

La France luttoit contre la démocratie depuis François II. Richelieu en avoit empêché l'introduction, en fermant aux Anglais les ports de l'Océan ; mais ces spéculateurs opiniâtres, irrités plutôt que rebutés par le mauvais succès, ouvrirent une nouvelle route à l'exportation de leur poison philosophique ; et quoiqu'ils fissent encore, au commencement de ce siècle, une dernière tentative pour l'introduire directement en France par le port de Cette, dans le temps des troubles des *Camisards*, le peu de succès de ces expéditions militaires les détermina à s'en tenir au commerce interlope qui se faisoit par la Suisse, et dont l'entrepôt étoit à Lausanne.

. Les jeunes gens du midi de la France, qui se destinoient au ministère de la parole de la religion protestante, alloient faire leurs études à Lausanne, où ils étoient instruits et entretenus gratuitement. Il a été découvert, depuis quelques années, que l'Angleterre faisoit avec un grand secret les frais de cette éducation ; et assurément il étoit

impolitique de laisser à nos ennemis cette
influence sur l'enseignement public d'une
partie de la nation. Il est vrai qu'il avoit été
fondé en France des maisons d'étude pour
les catholiques des deux sexes, sujets de
l'Angleterre; mais ces fondations connues
étoient purement pieuses ; leur publicité
même en ôtoit tout danger, et les principes
politiques que les jeunes gens pouvoient y
puiser, ne déplaisoient pas au fond au Gouvernement Anglais.

On ne peut guère douter que depuis le cardinal Dubois, pensionné, dit-on, par le cabinet de Londres, nos ennemis n'aient, sauf
quelques intervalles assez courts, influé sensiblement sur nos conseils, lorsque l'on voit,
depuis cette époque, toutes les grandes opérations de l'administration, en contradiction
formelle avec les lois naturelles de la France,
finir par en consommer la subversion : et
que l'on remarque, dans ces derniers temps,
les coups portés contre la puissance commerciale et maritime de la France, contre ses
ports, ses villes commerçantes, ses colonies
surtout, horriblement bouleversées par l'af-
franchissement des Noirs, épouvantable me-

sure, dont les Anglais, avec leurs discussions interminables sur l'abolition *de la traite*, ont hâté, innocemment sans doute, la funeste décision.

Les autres nations, et particulièrement la France, n'ont pas fait assez d'attention à cet engouement général que les Anglais ont eu l'art d'inspirer pour leurs mœurs, leurs usages, leur littérature, leur constitution. Des mœurs *à l'anglaise*, indiscrètement adoptées dans la capitale, nous avoient insensiblement disposés à recevoir des lois *à l'anglaise;* car la constitution de 1789 étoit la même dans ses principes que la constitution britannique; comme la constitution civile du clergé, décrétée à la même époque, auroit amené peu à peu quelque religion mixte, telle que la religion anglicane; et l'on ne peut douter que le Gouvernement Anglais, qui connoît à fond le secret de sa constitution, n'eût trouvé très-conforme à ses vues d'en faire présent à sa rivale.

Les ennemis de la France ont voulu la détruire par la révolution, et la France deviendra plus puissante par la révolution, si la révolution établit *l'unité* dans sa consti-

tution, l'*uniformité* dans són administration, l'*union* entre toutes ses parties, triple
unité, ciment indestructible des sociétés,
moyen le plus puissant de leur développement et de leurs progrès.

Une société fondée sur cette triple base,
n'est plus la chose de l'individu, mais la
chose du public, *non res privata, sed res
publica*; et alors, comme dit J.-J. Rousseau au *Contrat Social*, « la monarchie elle-
» même est république ».

FIN DU TROISIÈME ET DERNIER VOLUME.

TABLE

DES MATIÈRES

DU TROISIÈME VOLUME.

De l'Éducation dans la Société. — CHAPITRE PREMIER. *De l'Éducation en général.* Page 1

CHAP. II. *Des professions domestiques e' publiques.* 9

CHAP. III. *De l'Éducation Religieuse.* 20

CHAP. IV. *De l'Éducation particulière ou domestique.* 33

CHAP. V. *De l'Éducation commune et publique.* 52

CHAP. VI. *Des lieux propres à donner l'éducation publique.* 59

CHAP. VII. *Des Maîtres.* 63

CHAP. VIII. *Des Élèves.* 79

CHAP. IX. *Entretien, Instruction.* 82

CHAP. X. *Des Études.* 85

CHAP. XI. *Suite de l'Éducation publique.* 90

CHAP. XII. *De l'Éducation des Femmes.*
Page 101

Discours politiques sur l'état actuel de l'Europe. — § Ier. *De la France et de l'Espagne.* 108

§ II. *De l'Angleterre et de la Hollande.* 124

§ III. *De la Suisse et de l'Italie.* 134

§ IV. *De l'Empire Germanique.* 150

§ V. *De la Russie.* 166

§ VI. *De la Suède et du Danemarck.* 179

§ VII. *De la Pologne.* 205

§ VIII. *De la Turquie d'Europe, et des Tartares.* 256

§ IX. *Vues générales sur la politique de la France.* 319

Avertissement. 333

Du Traité de Westphalie, et de celui de Campo-Formio, et de leur rapport avec le système politique des Puissances Européennes, et particulièrement de la France. 335